辻中 豊責任編集

〔現代市民社会叢書 3〕

ローカル・ガバナンス

地方政府と市民社会

辻中 豊・伊藤修一郎編著

Local Governance: Local government and Civil Society

Eds. by Yutaka Tsujinaka and Shuichiro Ito

木鐸社

《目　次》

序　章 …………………………………………………… 辻中　豊　9

第1章　ガバナンス論の展開と地方政府・市民社会
　　　　―理論的検討と実証に向けた操作化―
　　　　………………………………伊藤修一郎・近藤康史　19
　1．はじめに　(19)
　2．ガバナンス論と国家－社会関係　(20)
　3．ローカル・ガバナンス概念の操作化　(28)
　4．リサーチ・クエスチョンの提示　(32)

第2章　ガバナンス概観
　　　　―政策過程における多様な主体の参加と影響力―
　　　　………………………………………………山本英弘　39
　1．本章の位置づけ　(39)
　2．政策過程への市民参加　(41)
　3．政策過程における影響力構造　(51)
　4．まとめと考察　(56)

第3章　影響力構造の多元化と市民社会組織・審議会 …… 久保慶明　59
　1．本章の位置づけ　(59)
　2．先行研究　(60)
　3．影響力構造のパターン：最大影響力を持つのは誰か？　(64)
　4．市民社会組織の影響力と参加　(68)
　5．まとめと考察　(75)

第4章　地方政府における外部委託の状況 …………………柳　　至　77
　1．本章の位置づけ　(77)
　2．外部委託の状況　(80)
　3．多くの委託を行っている市区町村の特徴　(86)
　4．まとめと考察　(91)

第5章　参加制度の導入と市民社会組織の政策参加 …………柳　至　95
1. 本章の位置づけ　(95)
2. 参加制度の導入状況とその内容　(97)
3. 参加制度の波及状況　(99)
4. 浦安市における市民会議の実施過程　(103)
5. 参加制度の導入と市民社会組織の政策参加　(106)
6. まとめと考察　(109)

第6章　市区町村職員をとりまくネットワーク ……………久保慶明　111
1. 本章の位置づけ　(111)
2. 分析の視点と方法　(112)
3. ネットワークの開放性　(115)
4. 市民社会組織との相互行為　(118)
5. ネットワークはどのようにして活性化するか？　(120)
6. まとめと考察　(127)

第7章　地方議会の現状
　　　　　―代表，統合，立法機能の観点から― ……………濱本真輔　131
1. 本章の位置づけ　(131)
2. 地方議会を取り巻く文脈と論点　(132)
3. 縮小，補完される代表制　(133)
4. 透明性の向上と停滞する立法支援体制の充実　(139)
5. まとめと考察　(145)

第8章　二元代表の関係性
　　　　　―選挙・議会レベルからの検討― ………………濱本真輔　147
1. 本章の位置づけ　(147)
2. 先行研究の検討　(147)
3. 地方議会における党派性，支持関係　(150)
4. 政党の推薦行動の要因　(155)
5. 首長－議員間の影響力関係　(159)
6. まとめと考察　(164)

第9章　市区町村職員のガバナンス意識 …………………山本英弘　167
1. 本章の位置づけ　(167)
2. 職員のガバナンス意識　(169)
3. 市民参加の望ましい方法　(177)
4. 市民社会組織に対する意識　(178)
5. まとめと考察　(186)

第10章　市区町村におけるパフォーマンスの測定 ……横山麻季子　189
1. 本章の位置づけ　(189)
2. 市区町村のパフォーマンスの測定に関する調査・先行研究の考察　(191)
3. パフォーマンス指標の作成　(193)
4. 指標の傾向　(197)
5. まとめと考察　(203)

第11章　ローカル・ガバナンスの現況と公共サービスへの効果
　……………………………………………………伊藤修一郎　205
1. 主体の参加と影響力　(205)
2. 主体間の相互行為　(210)
3. ガバナンスの効果　(213)
4. まとめと考察　(218)

終章　市民社会論への示唆 ……………………………………辻中　豊　223
1. 行政媒介型市民社会の広がり　(223)
2. 下請け論への2つの修正　(225)
3. 「新しい公共」への動き　(227)

引用文献……………………………………………………………………………229
付録：4部署における調査票の構成………………………………………………242
アブストラクト……………………………………………………………………243
索引…………………………………………………………………………………245

ローカル・ガバナンス

―地方政府と市民社会―

序　章

辻中　豊

　本書は，市区町村を対象として市民社会の観点を踏まえた実証的ガバナンス分析である。そして「市民」の社会であり「利益」の集団でもある多くの市民社会組織との関係を踏まえた地方政府論，ローカル・ガバナンス研究を目指すものである。本研究は，以下に述べるような日本における全国規模の市区町村調査（及び市民社会組織調査の一部）を利用した実証的データに基づくという特長をもつ。そうした点で本書は世界的にも稀なローカル・ガバナンスに関する実証研究（1章参照）である[1]。

　日本の政治と市民社会の関係はある意味でパズルに満ちている。例えば，2009年まで日本は，先進国最小の政府公共部門（広義の公務員数やGDP比でみた税収規模）[2]を伴いつつ世界第二の経済規模を30年以上維持してきた。他方で，20世紀末以来，先進国最悪の累積赤字に悩んでいることはよく知られている。また，1995年の阪神淡路大震災におけるボランティア活動にみられるように旺盛で自発的な市民（近隣組織）活動が注目される反面，NGO・NPOの組織・財政的基盤は国際的に見て脆弱である（辻中編 2002）。さらにいえば，日本はアジアで最初に近代化に成功し民主主義政治体制を定着させた国であるが，他方で極めて長期にわたり保守政権が継続し，政権交代は90年代の一時期を除いて行われてこなかった。（そして，2009年になって遂に

（1）　ガバナンス研究を標榜してはいないが，類似のすぐれた地方政府を対象とした実証的研究として伊藤光利編（2009）を参照されたい。
（2）　内閣府経済社会総合研究所報告書21『公務員の国際比較に関する調査』（2006）は内閣府が野村総合研究所に委託した調査であるが，そこでは日本は5カ国中，広義の公務員数で最低である。またOECD等の統計において，日本の税収・GDP比（2004年）は30カ国中下から4位である。

それが大規模な権力配置の変動とともに生じたが,今度は,それがなぜ今生じたか,が問われなければならない。)ある意味で日本の政治と市民社会は,見る方向によって極端な光と影が交互にコントラストを呈するユニークな姿をもっている。その背後にあるいくつもの複合したパズルを解き明かすには,実証的に日本の市民社会構造を位置づけ,市民社会と政府,政党との関係を解明し,ガバナンスという側面からそれを検討することが必要なのではないだろうか。

　本書は,このような日本の政治と市民社会の関係を解明する作業の一環として,基礎自治体と呼ばれる市区町村,つまり地方政府と様々な市民社会組織との相互関係からなるローカル・ガバナンスの実証的な解明に取り組んでいく。

　日本の地域社会は現在,大きな転換期を迎えている。地方分権改革の流れと地方政府の財政逼迫の中で,住民自治への機運が高まっている。その一環として,様々な市民団体による地域活動,行政と住民との連携や協働とこれらを伴う制度整備が模索されている(武智編 2004;羽貝編 2007;山本編 2008 など)。例えば,行政が業務の一部を団体に外部委託することにより団体が政策執行の担い手となることや,政策過程に市民の声を反映させるために自治基本条例や市民参加条例といったかたちで市民参加の制度を整備することなどが行われている。また,行政運営の効率化のために市町村合併が進められたが,合併市町村の範囲が広くなった分,地域ごとの住民の主体的な運営が求められるようになった。こうした背景から,地域社会においては,様々なアクター(ステイクホルダー:stakeholder)の相互関係からなるローカル・ガバナンスが注目されている。その中の重要なアクターとして,自治会,NPO・市民団体,経済団体,農業団体,福祉団体,環境団体といった各種の社会団体など多様な市民社会組織を挙げることができる。

　このように,日本の地域社会ではまさに市民社会の機能が注目されている。しかし,日常的には,市民社会や市民社会組織とはまだこなれない,聞きなれないことばかもしれない。

　ここで市民社会とは,「家族と政府の中間的な領域であり,そこでは社会的アクターが市場の中で利益を追求するのではなく,また,政府の中で権力を追求するのでもない領域」と考えておこう(Schwartz 2003: 23)[3]。

図序−1は、このような政治や経済と一線を画する市民社会の領域を表している。その中でも、政府との相違を明確にするためにN・GO（非政府組織）が位置づけられ、営利企業（市場）との相違を明確にするためにN・PO（非営利組織）が位置づけられる。さらに、家族などの親密圏との相違を明確にするために非私的組織が位置づけられる。これらの組織からなる市民社会

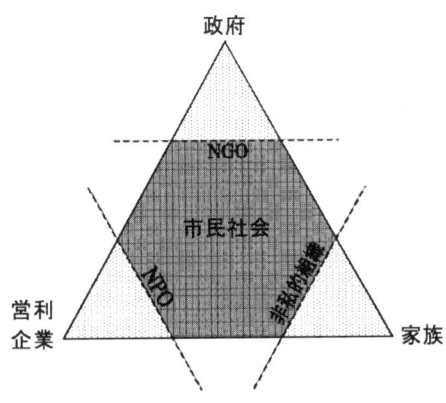

図序−1　市民社会の概念図

領域では、それぞれの利益だけではなく、より広い公共の利益のために様々な活動が展開される。

　このような市民社会領域に存在する団体・結社には次の3つの機能が期待されている。第1に、社会関係資本（social capital）の醸成である。社会関係資本とは信頼、互酬性の規範、ネットワークからなる複合的な概念であり（Putnam 1993, 1995, 2000）、社会的パフォーマンスを高める要因として注目されている（Knack 2002；内閣府国民生活局編 2003；山内・伊吹編 2005；坂本 2005；Nishide 2009など）。そして、このような社会関係資本の形成にとって団体・組織の果たす役割の重要性が幾度も指摘されている（Putnam 1993, 2000; Nishide 2009など）。市民が様々な団体・結社に積極的に参加することにより、そこでの活動を通して信頼や互酬性の規範意識が形成される。

　第2に、公共サービスの供給である。現代社会の最重要課題の1つとして、誰が社会サービスの担い手になるのかを挙げることができる（辻中ほか 2007）。深刻な財政難により国家や地方政府が公共サービスを十分に供給できず、グローバルな市場競争の激化により企業も福利厚生を充実させること

（3）　市民社会の定義を巡ってはさまざまな議論がなされている。日本での文脈については山口（2004）、辻中（2002）やTsujinaka（2009）などを参照。市民社会はここで位置づけるように「領域」と考えることもできるが、市民社会を「機能」と考え、領域と関わりなく、個人や企業も含めた働きと考えることもできる。ここでは対象を明確にするため「領域」と考えている。

ができない。また，家族形態の多様化や個人主義化により，家族のみで生活を支えていくことにも限界がある。そのため，市民の連帯からなる市民社会の団体・結社への期待が高まっている（篠原 2004；山口 2004；神野・澤井編 2004など）。

　第3に，アドボカシー（政策提言）である。市民社会における団体・結社は市民の声を代弁して政策提言を行う（Andrew and Edwards 2004）。様々な利害関心をもとに結成された団体が主張や要求を表明することにより，民主的な政治・社会の運営が行われる。そして，こうしたアドボカシー活動は，政治領域と市民社会領域の接点に位置するものである。

　市民社会組織とは，こうした市民社会領域に存在する社会の組織，団体の総称である。そこには様々なものが含まれる。政府にごく近い特殊法人や独立行政法人から，公益法人，例えば社団法人，財団法人，社会福祉法人や宗教法人，また労働組合や協同組合，商工会議所や商工会，商店街連合会といったものや，マンションの管理組合，そして自治会，町内会，子供会，老人会，NPO，NGO，さまざまな業界団体や経済団体まで，無数に存在するのである（辻中・ペッカネン・山本 2009：24-25，辻中編 2002）。本書では，自治会，NPO・市民団体，環境団体，福祉団体，経済・商工団体，農林水産業団体，といった分類が特に取り上げられることが多いが，それは，市区町村調査において，市民活動担当部署，環境担当部署，福祉担当部署，産業振興担当部署と，4つの部署に分け，4つの部署に注目して調査票を配布したからである。他にも重要な団体があるのは言うまでもない。

　これらの市民社会組織の機能は，まさに今日の日本の地域社会に求められているものである。それでは，実際には，このような市民社会組織は地域社会においてどのように機能しているのだろうか。本書では，市区町村を対象に行った全国調査に基づいて，行政の側からみた団体の機能について解明していきたい。先に述べた3つの機能のうち，主として「公共サービスの供給」と「アドボカシー」が焦点となる。

　ここで調査の実施プロセスについてふれておこう。調査は「行政サービスと市民参加に関する自治体全国調査」という名称で行われた。以下，市区町村調査と呼ぶことにする。

　表序-1に実施の概要をまとめてあるのであわせて参照されたい。調査は

2007年8月から12月にかけて，筑波大学大学院人文社会科学研究科の市区町村調査グループ（代表：辻中豊）が日本全国の全市区町村（2007年3月末時点の1,827）の4つの部署（市民活動，環境，福祉，産業振興）を対象に行った。庁内の組織構造は各市区町村で異なるが，本調査では課に相当する部署への回答を依頼した。町村部も含め全市区町村を対象としたことは，これまでの調査にはみられない本調査の特徴といえる。

表序－1

調査時期	2007年8～12月
調査方法	郵送法（配布・回収とも）
抽出法	全数調査
配布サンプル数	1,827（4部署あわせて7,308）
回収数(回収率)	
市民活動	1,179（64.5％）
環境	1,140（62.3％）
福祉	1,110（60.8％）
産業振興	1,121（61.4％）

　調査票は各部署用の4部を各市区町村の市民活動担当部署にまとめて郵送し，市民活動担当部署のほうで調査の内容にふさわしい部署を選んで調査票を配布していただいた。調査票は自記式であり，各部署の課長相当職の方に記入を依頼している。調査票に回答後は，再び市民活動担当部署に4部署分を取りまとめた上で郵便にて返送していただいた。

　市民活動担当部署については，自治会を担当している部署であれば市民参加・住民参加についての業務を担当していると考え，2006年に行った自治会に対する全国調査で窓口となった部署に依頼した（自治会の調査の詳細は，辻中・ペッカネン・山本 2009参照）。

　調査は2007年8月17日に各市区町村に向けて発送し，9月20日を締め切りとした。その後，全市区町村に対してお礼兼督促状を発送した。さらに，11月1日にその時点で未回答の市区町村に対して再度調査票を発送し，回答を依頼した。最終的な調査票の回収数は，市民活動担当部署1,179票（64.5％），環境部署1,140票（62.3％），福祉部署1,110票（60.8％），産業振興部署1,121票（61.4％）である。

　なお，調査における質問内容は，巻末付録として4部署の調査票における質問の概要をまとめている。本書では，すでに詳細な報告書，コードブックが公刊済みであり，またweb上で公開済みである（http://tsujinaka.net/tokusui/data.html）ため調査票自体の掲載を割愛している。詳細な資料として辻中編（2009）のコードブックおよび辻中・伊藤編（2009）を参照されたい。

　調査で用いた市民社会組織に関する言葉について触れておきたい。調査では，自治会・町内会・区会などの近隣住民組織を「自治会」と呼んでいる。

同様に，さまざまな団体を分類名で，労働組合，環境団体，社会福祉法人，経済・商工団体，農林水産業団体，外郭団体・第三セクターなどと呼んでいる。NPO・市民団体は，厳密にいえばNPO法人かどうかを問うているのでなく，一般に，「NPO・市民団体」などと呼ばれることの多い，近隣住民組織でも特定の業種や経済関係でもない，市民が個人として参加することで成り立っている団体を指している。

さて，本書は市区町村に対する調査に基づく分析結果をまとめたものであるが，我々の調査プロジェクトでは，同時に様々な市民社会組織の調査を行っている[4]。(1)自治会・町内会・区会などの近隣住民組織（33,438送付，18,404自治会から回収），(2)NPO法人（全数23,403送付，5,127団体から回収），(3)社会団体（NTT職業別電話帳に掲載されている経済団体，労働組合，公益法人，市民団体などあらゆる非営利の社会団体，全数91,101送付，15,791団体回収）に関する調査を，いずれも2006年度から2007年度にかけて行った。このうち，自治会については辻中・ペッカネン・山本（2009），社会団体については辻中・森編（2009）を参照されたい。また，2007年度以降も，(4)韓国，(5)ドイツ，(6)アメリカ，(7)中国の各国に対して同様に市民社会組織に関する調査を企画し，これまでにドイツ，韓国では完了し，アメリカ，中国では，一部を終了したが，2009年度も継続して実施中である。

市区町村調査は，日本におけるこのような各種の団体調査(1)〜(3)と接合が可能である。自治会，社会団体，NPOそれぞれの調査が全国調査であることから，市区町村調査での各々の自治体と関連付けて分析し検討することができる。つまり，市民社会の各団体の状況と自治体の状況が相互に，独立変数となり，また従属変数となって分析することが可能となる。特に各地域でのガバナンスを把握する際，この市区町村調査は重要な情報を提供する。

また，自治会の状況や社会団体，NPOを中心とした市民社会の構造を市区町村の側から描き，自治会調査やNPO調査を補強することもできる。例えば同じ自治体と団体の関係について，別々の角度からどう考えているかを，

（4） 辻中編 2009a, 辻中編 2009b, 辻中編 2009c, 辻中編 2009d のコードブックを参照されたい。

双方向の調査によって確認することができるのである[5]。

例えば相当数の主要都市について，今後，4調査を突き合わせ，相互参照しつつ，詳細に分析をすることが可能であり，また必要である（表序－2参照）。同様のことは，都道府県についても同じである。こうした観点からいえば，本書は，市民社会との関係やローカル・ガバナンスを，市区町

表序－2 都市間比較の対象候補と各調査への回答サンプル数

市区町村名	自治会調査	社会団体調査	NPO調査	市区町村調査(部署数)
北海道札幌市	94	313	110	4
岩手県盛岡市	84	133	27	4
山形県山形市	88	91	18	4
茨城県水戸市	215	102	10	4
栃木県宇都宮市	185	128	16	4
埼玉県さいたま市	98	126	41	4
東京都文京区	27	96	36	4
神奈川県横須賀市	72	34	18	4
石川県金沢市	288	137	24	4
長野県松本市	79	52	21	3
静岡県静岡市	172	137	35	3
大阪府堺市	163	30	28	3
兵庫県神戸市	66	161	78	4
島根県松江市	162	60	11	4
香川県高松市	190	125	12	4
福岡県北九州市	88	83	30	4

村の側から体系的にまた比較に基づいて実証的に描こうとした日本で最初の研究書であり，今後の比較研究の一つの出発点であると考えることができる[*]。

> *謝辞
> 　本書のもととなる市区町村調査など各種調査および本書の執筆に際して，多くの関係者，研究者，スタッフの助力を得ている。
> 　市民社会とガバナンスを考える本プロジェクトの全体は，文部科学省特別推進研究「日韓米独中における3レベルの市民社会構造とガバナンスに関する総合的比較実証分析」（平成16年度から平成21年度）によって可能となった。研究代表者である編者の一人（辻中豊）はこれまで基本的に，市民社会や利

---

(5) 本書でもある程度，相互参照による分析を行ったが，まだ一部である。研究著作計画として，調査ごとに報告書を発行（既遂2009年）し，すでに自治会に関する研究書（辻中・ペッカネン・山本 2009）を出版し，今回が第2作である。続いて社会団体，NPOについても出版しつつ，相互参照を次第に深め，総合する書物へとつなげていく予定である。また日本以外でも韓国，米国，ドイツ，中国でも比較のための調査を実施したので，それらとの比較分析も順次行っていく予定である。

益団体，圧力団体といった視角から長年，日本の政治権力配置や政治・政策過程を観察し，記述し，分析し，比較研究を行ってきた。そうした観点から，つまり，政治権力配置や政治・政策過程を説明するものとして，市民社会など社会アクターを見てきたが，ガバナンスというより現代的な問題意識に展開するにいたったのは，共同研究の同僚，特に崔宰栄と伊藤修一郎，両氏の示唆や助力があったからである。崔氏は大規模研究調査の被説明変数の社会的責任・貢献を強調し，その観点から示唆をうけた。また伊藤氏は途中から本研究に参加したが，同氏から以下に展開されるようなガバナンス概念の実証的操作化の観点から示唆をうけた。地方自治を専門とする伊藤氏ぬきでこの研究は不可能であった。

　まず，プロジェクト自体を可能とした文部科学省の関係者各位（特に審査や毎年の進捗状況評価に当たった審査部会の構成メンバー，担当学術調査官である鈴木基史氏，増山幹高氏，研究振興局学術研究助成課）に感謝したい。同様に現在の担当である日本学術振興会の関係各位（審査部会の構成メンバー，研究事業部）にも感謝したい。これは資金面ではいうまでもないが，加えて毎年の研究実地審査，進捗状況審査，中間評価などでの厳しい研究コメントは，学術的な面から私たちに，熟考・再考を促し，いくつかの重要な修正や調査や分析の発展を導いた。ローカル・ガバナンスという本書の成立は市区町村調査の実施が出発点であるが，実は，この市区町村調査は当初計画調書にはなかったものである。ガバナンスをいかに市民社会と相関させて論じるかについての審査部会等審査過程での厳しい批判と議論を受けて追加したものである。その意味で審査関係者に心から感謝申し上げたい。さらに，研究スペースや関連研究への助成を惜しまなかった筑波大学にも心から感謝申し上げたい。関連研究プロジェクトとしての筑波大学「比較市民社会・国家・文化」教育研究特別プロジェクト以来，この特別推進研究に対しても，岩崎洋一（前）学長，山田信博学長を始め多くの関係者から一貫して物心両面での暖かい支援を頂いている。

　また，本書のキー・コンセプトである「ガバナンス」については最終段階で河野勝氏（早稲田大学）にご教示いただいた。理論と実証をどう架橋するかで行き詰っていた段階における河野氏の助言は大変参考になった。記して感謝したい。なお，言うまでもないが，本書の論考自体の全責任はそれぞれの執筆者たちにある。

　大規模調査には，それに丁寧に応えてくれる調査対象組織の皆さんなしには成り立たない。本研究には，既に触れたように全国1827市区町村（調査時点）全体に協力を要請し，およそ1200の市区町村から4種類の回答を得ている。5千人に近い多くの人々にご協力いただいたことに，心から感謝申し上げたい。さらに，一部の市区町村には地方行政と市民参加の実態をご教示い

ただくために，インタビューをさせていただいた。直接的な言及はなくとも，実務に携わる方々のお話が分析の糧となっている。重ねて感謝申し上げたい。

特別推進研究の正式メンバーで本巻の執筆陣に含まれていない森裕城，崔宰栄，坂本治也，小嶋華津子，坪郷實，大西裕，波多野澄雄，竹中佳彦，ティムール・ダダバエフの各位に感謝する。また各国の協力メンバー，Gesine Foljanty-Jost，廉載鎬，李景鵬，Yuan Ruijun, Chu Songyan, Steven Rathgeb Smith, Joseph Galaskiewicz, Susan J. Pharr, T. J. Pempel，さらに国内の協力研究者，大友貴史，三輪博樹，平井由貴子，京俊介の各氏に感謝する。

とりわけ，プロジェクト全体の調査実施・統括および市民社会組織（3種類）調査の実施にあたっては，すでに触れた同僚の崔宰栄氏（筑波大学）に最も力を発揮していただいた。崔氏の優れた調査遂行能力なしにこれほど複雑で大量の調査をほぼ同時に成功させることは全く困難であった。心から感謝申し上げたい。大規模で全国的な各種の調査が可能となったのは崔氏，山本英弘氏を中心とし若手を糾合した集合行為のたまものである。調査当時非常勤職員であった近藤汎之氏や最近まで非常勤職員であった佐々木誓人氏には様々の苦労をかけた。両氏にも心から感謝する。またプロジェクト全体の運営にあたる舘野喜和子，安達香織（現在の非常勤職員），また東紀慧（元）研究員，原信田清子，栄門琴音（以上，元非常勤職員）の日々の努力にも感謝する。

最後にプロジェクト全体のいわば非公式の顧問として，日々何気ない言葉ではあるが的確にご指導いただいている村松岐夫先生に感謝したい。その変らぬ学恩にこころから感謝申し上げます。

第1章　ガバナンス論の展開と地方政府・市民社会
―理論的検討と実証に向けた操作化―

伊藤修一郎・近藤康史

1. はじめに

　本書は地方政府（市区町村）を対象とした調査によって，ローカル・ガバナンスを実証的に把握することを目的とする。ガバナンス論の隆盛，中でも地域経営をめぐってガバナンスが盛んに論じられるようになった背景には，現代福祉国家において公的サービスの供給を行政機構だけが担うことが困難になり，それに代わって企業，NPO・市民団体，サービスの受益者とその団体など，多様な主体が参入するようになったという現状認識がある（Rhodes 1997; 山本 2004, 2008）。多様で大量のニーズを把握し，それに応えるためには，サービス受給者自らがサービスの種類や量の決定に参加するとともに，民間及び非営利セクターの力を活用して，多様なサービスを柔軟かつ効率的に提供する必要が生じたのである。

　このことが最初に指摘されたのは，英国をはじめとする西欧諸国であるが，日本の地域経営に関しても，介護保険，指定管理者制度，新公共経営（NPM）的手法の導入や市民協働の広がりによって，企業やNPOが公共サービスの供給を担う場面が拡大し，ガバナンス論が指摘する変化が起こっているようにみえる。他方，日本のガバナンス論議は，理論研究が先行し，散発的な事例研究が追いかけている段階にある。ガバナンス論が主張する変化が地域社会で現実に起こっているのかを検証する作業は，これからの課題である。そこで本書は体系的な実証分析をめざす。本調査が社会団体，NPO・市民団体，自治会・町内会等を対象とした大規模な国際比較プロジェクトの一環として行われている特徴を活かして，市民社会との関連や市民社会組織の役割に特

に注目する。

　日本の市区町村を単位とした地域において，多様な主体による政策過程への参加はどの程度進展しているのか。それらの主体が参加することによって，政策の決定や実施にどの程度違いが生まれるのか。それは地域の政治状況や行政職員の意識と関係があるか。更には，参加及び影響力の分布は，行政の透明性やサービス水準に違いをもたらすのか。こうした疑問は既に別稿（辻中・伊藤編 2009；伊藤・辻中 2009）で提起し，暫定的ながら答えも示したところであるが，本研究ではこれらの問いをガバナンス概念との関係で整理し直し，より体系立った精密な形で分析を加えたいと考える。

　本章の目的はガバナンスの定義を絞り込み具体化して，実証研究が可能となるよう操作化を試みること，更にこれを踏まえてリサーチ・クエスチョンを示し，何を観察すべきかを明らかにすることである。以下ではまず，様々なガバナンス論をレビューし，ガバナンスとは何を意味するのかという，定義の問題から論を起こす。これによって，多くの論者がそれぞれ異なる定義を用い，多様[1]な論議を展開していることを確認しつつ，それらに共通する要素を探って，本書の目的——地方政府を通じてみた日本のローカル・ガバナンスの実証的理解——にふさわしい定義を構築する。その定義に基づいて地域の政策過程における具体的な場面を想定しながら，そこに参加する主体を特定し，各主体の行動や相互の関係にはどのような様態がありうるのか，それをどう観察するか検討する。

2. ガバナンス論と国家－社会関係

　われわれが捉えようとする「ガバナンス」とは，極めて多義的な言葉である。ガバナンス論の代表的論者であるローズ（Rhodes 1996, 2000）によれば，少なくとも6ないし7通りの用法があるとされる。それらは，コーポレート・ガバナンス，NPM，世銀などが提唱するグッド・ガバナンス，国際的相互依存と政府の空洞化，Socio-Cybernetic System，自己組織的なネットワーク

（1）　後述するように，地方自治に関する豊富な実証研究の蓄積は，ある意味でローカル・ガバナンスを理解するための研究として位置づけることができる（伊藤 2009）。特に，ソーシャル・キャピタルや市民社会の観点から実施された研究は，本書のガバナンス把握に極めて近い問題関心を有しているといえる（例えば小林・中谷・金 2008a；中谷 2005；坂本 2005など）。

などであり，ローズ自身はネットワークとしての用法を推奨している。また，ハースト（Hirst 2000）は，ガバナンスには少なくとも5つのバージョンがあるとした。それらは，(1)グッド・ガバナンス，(2)地球環境問題のような国家の単位では対応が難しい課題への取り組みに際してクローズアップされる民間の政府活動や超国家，(3)コーポレート・ガバナンス，(4) NPM，(5)ネットワークやパートナーシップ，熟議フォーラムを通じた調整に関するもの，となっている。

このように，政治学のみならず国際関係論，経営学など多様な分野においてガバナンスという言葉が使われている。本書が探求するローカル・ガバナンスを論ずるにも，まずはガバナンスが意味するところを特定しなければならないが，それぞれの分野で固有の背景と意味をもち，論者によって意味するところが異なる点に難しさがある。特に，複数の研究分野が交差する地方自治研究にあっては，読者の共通理解を得るために，多様なガバナンス論議に共通する要素や原理を抽出する必要がある。以下ではまず，問題を政治学や行政学の分野，とりわけ日本も含む先進諸国の政治過程に限定し，ガバナンス論が展開されるようになった背景とその意味するところを整理する作業から始める。

2．1．ガバナンス論の背景と意味：国家の空洞化及び国家－社会関係の再編成

政治学や行政学においてガバナンス論が展開されるようになった背景として共通に挙げられるのは，「国家の空洞化」という認識である。社会からの要請に対し国家が十分に対応できなくなり，集合的利益・目標の達成という機能を果たせなくなりつつあると考えられるようになったのである。ピエールとピータースはその原因として以下の4点を挙げる（Pierre and Peters 2000: 54-63）。

第1に，国家の財政的危機である。経済成長の鈍化や財政赤字の拡大，有権者の小さな政府志向の高まりによって，政府は容易には財政支出を拡大できない状況になっている。その結果，政府は以前のレベルの公共サービスを維持するのに必要な財政的・組織的リソースを賄うことができない。第2に，市場重視へ向けたイデオロギーの移行である。1980年代イギリスのサッチャー政権やアメリカのレーガン政権を筆頭として，民営化や小さな政府を旗印に，それまで国家が担ってきた機能を市場や社会に移譲する傾向が強まって

きている。第3にはグローバリゼーションが挙げられる。グローバリゼーションの進行は，経済的競争や政治的争点のグローバル化をもたらし，社会や経済を一国単位で舵取りしていくということの限界を露呈させている。そして最後に，国家の失敗であり，国家は十分なパフォーマンスを達成できなくなってきているという認識である。その中で，政府によって形成された公共政策こそ，社会問題を解決するのに最も適した道具であり，政府はそのような介入的役割を演ずるために必要な形式的・法的権力，能力や知識をコントロールしているという既存の前提が崩れつつある。例えば，福祉に関する要求の多様化や個人化に直面して，政府や官僚は画一的な対応しかできないという批判が日本を始めとして先進諸国に共通してみられたことは，この証左である。

これを一言で表せば，複雑性や多様性，ダイナミクスの程度を高める現在社会の中で，国家がこれまで集権的に独占してきた集合的利益や目標の追求・達成という政治的機能を十分には果たせず，社会的アクターからの要請に応えられなくなっているという状況が，国家の空洞化の核にある（Pierre 2000: 2）。そこで，それらの機能を国家のみで担うのではなく，社会的アクターへと権限を移譲して国家－社会間で機能を共有したり，リソースを共同して動員したりすることによって達成しようとする志向，つまりガバナンスへの注目が集まることになったのである。

こういった志向がガバナンスと呼ばれるのには，上記の機能をこれまで担ってきたのが国家の政府＝ガバメントであったこととの対比としての意味がある。山本（2008）によれば，ガバメントは「政府という統治組織，あるいはそのハイアラキーという制度そのもの」を意味する。他方，ガバナンスは「ガバニング（governing，統治という行為），すなわち統治を行う過程，あるいは統治に関わる過程，そのプロセスにおけるさまざまな様態」である。ガバナンスは政府という公共セクターが行うガバニングだけではなく，企業やNPOなどの民間セクターが，政策過程に関わってくる場合のプロセスにおけるさまざまな様態や枠組みを指す概念である。

このような「ガバメントからガバナンスへ」という視点からすると，問題は必ずしも国家レベルに限られない。同様の状況は，地方政府などにおいても生じていると考えられるのであり，本書が研究対象とするローカル・ガバナンスに関しても以上のような整理は基本的に妥当すると考えられる。

以上のように，政治学・行政学においてガバナンスという場合，その問題の核は「国家－社会関係の再編成」にある（Hirst 2000: 17; Pierre and Peters 2000: 4）。これまで国家あるいは地方政府も含めてガバメントが独占してきた機能を社会的アクターとの間で分有しつつ，その関係の中で新たに集合的利益や目標を達成するという様式への注目である。

2.2. ガバナンスのメカニズム：道具主義と相互行為

ガバナンス論は政治学や行政学の文脈に限定した場合，国家と市民社会の関係とその変容・再編成をめぐる議論に収束する。とりわけ，社会レベルにおいて自己組織化された組織間ネットワークへの権限の移譲と，集合的利益・目標へ向けたその管理が，ガバナンス定義の核となる（Rhodes 2000: 64）。ただし，権限移譲の程度や管理の主体と方法をめぐる違いが存在する。そこで，ネットワーク管理など，ガバナンスのメカニズムや構造に関して，国家を焦点とするアプローチをとるか，あるいは社会を重視するアプローチを取るかによって，ガバナンス論は大きく2つの類型に分けることができる。

第1の類型は，国家の機能に主に着目し，いかに国家が社会や経済を舵取りするか，そこからどのような結果が生まれるかに焦点を当てるものである。ガバナンス論を最も早くから主唱した論者の一人であるイギリスのR.A.W.ローズは，これを「道具的アプローチ」と呼ぶ。このアプローチは，社会内のアクターによって形成されているネットワーク内やネットワーク間の統合を育成し舵取りするために，国家にとっていかなる「道具」がありうるか，という点に主眼を置く。もちろん，ガバナンス論の内部に含まれる以上，国家が社会内のネットワークによって制約されていることを受け入れてはいるが，考察の対象となるのは国家による舵取りの道具・技術・能力であり，基本的にはトップ・ダウン，ヒエラルキーの視点に立ったアプローチである（Rhodes 2000: 72-74）。

これらは，従来のガバナンスの中枢を担ってきた国家に注目するために，「国家中心アプローチ」と呼ばれる場合もある（西岡 2008）。さらにこの中には，社会的ネットワークの重要性を認識しながらも，その中での国家の役割を積極的に捉え，国家がガバナンスの中心として機能するとみる立場と，NPM論のように国家や政府の役割を消極的に見て，国家も含め行政のあり方自体が市場化されることを強調する立場がある。積極派の論者としてはピ

ータース (Peters 2000) が挙げられ，消極派の代表としてよく引用されるのはオズボーンとゲーブラー (Osborne and Gaebler 1992=1995) である。

第2は主に社会的アクター内・間での相互的な自己管理に注目するアプローチであるが，ローズはこれを「相互行為アプローチ」と名づける。国家－社会アクター間の垂直的な関係を依然として前提とする道具主義的アプローチとは異なり，社会アクター間の水平的な相互学習というネットワーク的な関係性の中で，集合的な目標達成や戦略が展開していくという見方である (Rhodes 2000: 74-75)。その代表的論者としては，オランダのコーイマンが挙げられる。コーイマンは，「統治する者から統治される者へという『一方通行』から，システムの統治と統治されるシステムとの両方の側面，問題，機会を考慮に入れる『双方向』モデルへの移行」こそがガバナンス論の関心の基礎にあり，社会的・政治的ガバナンスは，統治する者と統治される者との間の広範でシステマティックな相互行為に基づくとする (Kooiman 2000: 142)。その中では，国家－社会関係はもちろん，国家内における政府間関係や社会内関係も含めて水平的な相互行為としてガバナンスは捉えられる。

西岡晋はこれを「国家と社会のネットワーク関係，市民社会のなかに新たな統治形態の可能性を探ろうとする議論」として，「社会中心アプローチ」に位置づけている（西岡2008:16）。彼によれば，このアプローチも2つのグループに分けられる。1つは，NPMへの反撃として登場したネットワーク・ガバナンス論であり，市場化とも政府とも異なる第3の道として示された。ローズ (Rhodes 1997) が代表的論者として挙げられる。もう1つは，先述のコーイマン (Kooiman 2000, 2003) やキッケルト (Kickert 1997) らで，効率性を重視した企業経営手法を行政経営に適用しようとするマネジェリアリズムへの対案としてパブリック・ガバナンスを提唱し，効率化以上に，法的整合性，正統性，社会的正義，平等といった価値を重視する立場である。また，複雑な政策ネットワークをどう舵取りするかという動態的な側面に光をあてる特徴もある。

さて以上のように，政治学・行政学の領域におけるガバナンス論の展開の中でも，①道具主義＝国家中心のアプローチと，②相互行為＝社会中心のアプローチの類型がありうること，更にそれぞれの内部で幾つかの分化が生じていることが確認された。ただし，国家－市民社会関係の再編成を通じて集合的利益実現に向けた政治的・行政的機能を回復しようとするガバナンス論

の中核的意図からすれば，これらの類型は，一方が他方に取って代わるというよりは，相互に補完的な関係にあるとみることもできる。国家の空洞化の現状において，①道具主義＝国家中心アプローチの側は，政府が特別な位置を占めその正統な権威を行使することにこだわりつつも，やはりその権威には社会的なネットワークによって課された制約があることを認識しなければならないし，実際のところそれを受け入れている。いわば，相互行為の中における国家の機能の変容・再編成に主眼がある。

他方で，②相互行為＝社会中心アプローチの側も，ネットワークを形成する諸アクター間に生じる，協働のコスト問題に配慮しなければならない。ローズが言うように，ネットワークに参加するアクターの数が増えるほど，相互に同意するのに時間はかかり，また課題は曖昧化され，結果は不確定となる傾向が生じる(Rhodes, 2000: 73)。このコストを低減化する鍵は，社会的アクター間のコンフリクトをいかに解決し，集合的利益の達成を保証しうるかという点にある。確かに，国家の空洞化の中で社会的アクターのネットワークの重要性が増したとしても，それらのアクターやネットワークがいかに管理され，集合的利益や目標を保証する回路はいかに担保されるか，という問題は残る。これらのアクター及びそのネットワークは，それ自体として人々の要請に根拠付けられる回路を必然的に持っているわけではなく，その正統性は担保されているとは限らない。この点は，ネットワークの成功はいかに保証されるのか，その際のアカウンタビリティの所在はどこか，という論点に関わる（近藤 2008：104）。ともすれば不透明な政策過程，アカウンタビリティの欠如へと陥る危険性は，社会的ネットワーク型のガバナンスに対してしばしば提起される批判である（Kickert, Klijn and Koppenjan 1997: 171; Rhodes 1997: 58）。これらのネットワークを集合的利益の達成へと向けていかに管理し，いかに舵取りするかは，ガバナンスの時代においても依然として問題となるのである。

この問題は関心を再び国家へと向かせる。ピエールとピータースは，ガバナンスの問題をやはり「国家－社会関係」に関する変化に位置づけつつも，「国家と社会との関係は，依然として非常に政治的に緊張した関係であり，国家は依然として，社会において政治的な――そして民主主義的な――役割を果たしうる唯一の創造物である」とし，ガバナンスの時代にあっても国家政府（ガバメント）は依然として重要な役割を負うとする（Pierre and Peters

2000: 13)。また，ガバナンスの時代であるからこそ，集合的利益の促進と追求という国家の基本的な存在理由が以前にもましてクローズアップされることになるのである（Peters 2000: 67）。もちろん，国家政府は以前と同じような形ではこの機能を果たしえない。「中心的／集権的なアクター」としてではなく，「並列的な関係にある中での第一人者 primus inter pares」として，目標や優先順位を設定し，他の社会的アクターをその目標へと向けて動員する能力を問われる（Pierre and Peters 2000: 82）。従って，公共政策は，社会的アクターのネットワークによって形成される度合を強めるが，国家は依然として，その方向性や結果について，市民社会に対するアカウンタビリティを負うという点で，その関係は相互依存的なものとなる（Pierre and Peters 2000: 19）。②相互行為アプローチを踏まえつつも，①道具主義アプローチの視点が重要視されてくるわけである。

2.3. 集合的利益の実現：ステイクホルダーによる規律付け

これまで見てきたように，国家から社会の側に権限を移譲したことによって，これまでにもまして集合的利益の実現に向けた舵取りが重要になった。再編成された関係のもとで社会的アクターをどのように方向付けすることができるのだろうか。

この問いに取り組む手掛りを与えてくれるのが，河野勝の議論である。彼はガバナンスを「人間社会が抱えるより普遍的な問題」として捉え，その中核的・原理的な定義として「stakeholder の利益のための agent の規律付け」を提案する。そして，ガバナンスには「それが成立していることで，何らかの外部効果をもつような状態」又は「何らかの公共財が提供されている状態」があると指摘する（河野 2006:2, 14）。ここで外部効果や公共財というのは，本章の「集合的利益」と重なり合うものだといえよう。

それでは外部効果（公共財・集合的利益）を成り立たせるものは何だろうか。河野は「機能としてのガバナンス」と「状態としてのガバナンス」を区別することを提案する。機能としてのガバナンスは，「利害関係者（stakeholder）のための規律付けメカニズム」と定義され，そのパフォーマンスは，「関係者にとってガバナンスメカニズムがいかに効率的に機能しているか」，すなわち「そのメカニズムを整備することによって agent の行為の結果と stakeholder の利益とがどれだけ合致することになるか」によって測られると

する。他方で，状態としてのガバナンスは，前述の「それが成立していることで，何らかの外部効果をもつような状態」と定義される。状態としてのガバナンスは，機能としてのガバナンスの結果として成立することもあるが，無関係に成立することもあるという（河野 2006：2, 13）。

河野の議論では，状態としてのガバナンスの外部効果がどのようにして成り立つのか，そこに機能としてのガバナンスメカニズムがどのように貢献するのかについて述べられていない。そこで本章の目的に沿って敷衍すると，規律付けメカニズムが有効に機能し，エージェントがこれに従うと，ステイクホルダーの利益が満たされ（機能としてのガバナンス），それは結果として社会的に望ましい外部効果を成立させる（状態としてのガバナンス）と期待される。ただし，後半部分が成り立つかどうかは実証的課題として残されており，まさに本研究の対象となる。

機能としてのガバナンスと外部効果とを連結する際に重要なのは，プリンシパル（本人）ではなく，ステイクホルダーの語を使い，誰がステイクホルダーで誰がエージェントか，あらかじめ特定されていない点である。更にエージェントの行動に関心をもつステイクホルダーが複数かつ多様であるケースが想定されている。これにより，単にプリンシパルの利益が満たされるにとどまらない，「集合的利益」が視野に入るのである。

以上のような定義をする際，河野がローズやコーイマンら政治学・行政学上のガバナンス論を参照した形跡はないが，両者の間には重要な接点がある。前述のとおり，政治学や行政学において展開されるガバナンス論の核は，「国家－社会関係の再編成による，新たな集合的利益・目標を達成する様式」への注目にあり，そのための目標設定やコンフリクト解決など，ネットワークを舵取りし管理するシステムの形成にあった。これを踏まえるならば，個々のステイクホルダーの利益や集合的利益・公共財の実現へと向けて，それに関わるエージェントを規律付けていくという河野のガバナンス定義は，本章で検討した政治学・行政学上のガバナンス論とも本質的な部分で接点を持つと考えられる。

道具主義と相互行為という二つのアプローチについても，両者が共通の論点としているのは，国家と社会的ネットワークとの間で相互に規律付けようとする相互依存的・補完的関係である。一方で社会的アクターは，自らの要求がより的確に満たされるように国家や他のアクターを規律付けようとする

し，他方で国家の側は，集合的利益・目標が保証されるよう，社会的アクター・ネットワークを規律付けようとするのである。なお，この相互依存的・補完的関係が，どのように形成されるかは一意に決まるものではない。各類型間の選択とともに，それらの組み合わせの中で，様々なガバナンスの様式が構成されると考えたほうがよいだろう。

例えばイギリスでは，サッチャー政権期においてNPM的なガバナンスが生じ始め，メイジャー政権期にかけてNPMがガバナンスの基軸となるが，メイジャー政権後期においては社会的パートナーシップ（相互行為）が注目され始める。そのあとを継ぐブレア政権前期に社会的パートナーシップ中心のガバナンスへと舵が切られるが，集合的利益という点からは十分なパフォーマンスが得られなかったこともあり，中期以降は，そういったパートナーシップをいかに監視・管理するかという国家への道具主義的な関心が集まることになった（近藤 2008）。

ガバナンスは，理論的には①道具主義＝国家中心か②相互依存＝社会中心かなど，理念型としていくつかの志向性の違いを持ちながら展開しているが，ガバナンスの実態は，常に両者の視点を含み込み，それらの組み合わせによって構成されると考えられる。集合的利益を実現するにはどうすべきかをめぐって，ガバナンスの各単位において固有のシナリオが生み出されるのであり，最善の形態が一義的に決まるものではない。このような選択と組み合わせの動態は，内部者にとっては実践的な課題であるとともに，観察者にとっては実証的な課題となる。この点にこそ，現状はどうなっているのか，どの程度国家が空洞化し，社会に統治の中心が移ったのかと問う実証研究の意義がある。

3. ローカル・ガバナンス概念の操作化

ここまでガバナンス概念が何を意味するのか，新たな概念によってどのような変化を捉えようとしているのかを検討してきたが，その内容は次の3点に要約される。(1)国家の空洞化を背景に国家－社会関係が再編成され，従来ガバメントが独占してきた機能が社会的アクターとの間で分有されるようになった。(2)集合的利益の達成に向けたネットワーク管理・舵取りのアプローチについて，国家の道具的利用と社会における相互行為のどちらに重きを置くか，その選択と組み合わせには各地域固有のシナリオがあるが，集合的利

益達成のための中核原埋を一般的に定義すれば，ステイクホルダーによるエージェントの規律付けメカニズムだといえる。(3)ガバナンス概念はそのメカニズムがどの程度の効果を挙げているかという，パフォーマンスにも関心をもつ。

それではこれを日本の地域において実際に観察するにはどうしたらよいか。具体的アクターを想定してローカル・ガバナンス概念を操作化する。地域経営や公共サービス供給に新規参加が想定されるステイクホルダーやエージェントとは何か，規律付けメカニズムとは何かを具体的に思い浮かべながら，ガバメントでは捉え切れず，ガバナンスという新しい概念によって初めて捉えられる変化とは何かを検討しよう。

図1－1には，地域におけるガバメントの枠組みを示した。これは階統制秩序に特徴付けられる。この枠組みでも，公共サービスを供給するためのエージェントの規律付けだけであれば十分に捉えられる。通常はステイクホルダーよりもプリンシパルの語が使われることが多いが，市民・有権者をプリンシパル，首長及び議員をエージェントと捉えて，前者の意に沿うように後者をどう規律付けするかが論じられてきた。地方政府の内部に目を転じれば，

図1－1　階統制的なプリンシパルとエージェントの関係

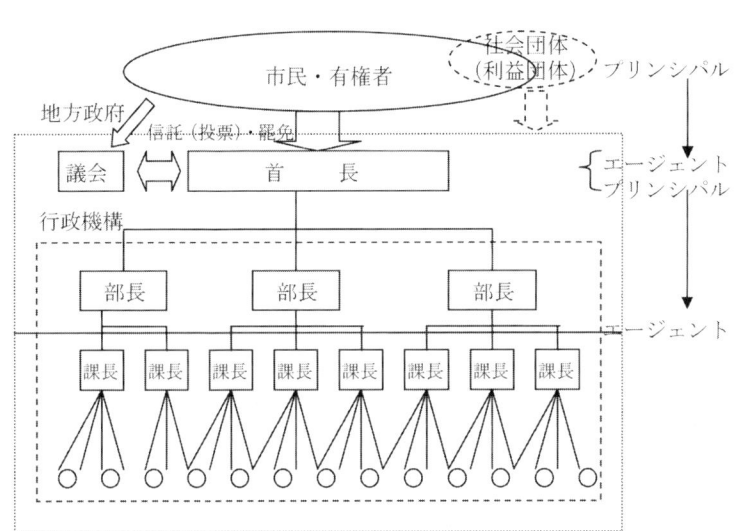

有権者の負託を受けた首長又は議員をプリンシパル，行政職員・行政機構をエージェントとする関係が見出せる。

　一方，プリンシパルの代わりにステイクホルダーの語を用い，改めてエージェントとの関係を問題にするのは，図１－１のような，プリンシパル→エージェント＝プリンシパル→エージェントという単線的な図式には収まりきれない輻輳した関係が意識されるためである。その複雑性を生む第１の要因は，ガバメントで括られる地方政府の外に，公共サービス供給を担う主体が多数登場したことである。これはローズをはじめ多くの論者が指摘する点であることは前節で論じた。しかし，それだけでは十分でない。それらの主体がエージェントとして単に行政から委託を受け一方的に統制されるだけなら，ヒエラルキーの外延が広がっただけである。そこで第２の要因が重要となる。それは，新たに登場した主体が単なるエージェントとしての立場と同時に，地方政府の決定や行動に利害関係を有する，ステイクホルダーとしての側面を有する点である。

　つまり，市民団体やNPOがその典型だが，各主体は福祉などの行政分野のエージェントとしてサービス供給の一端を担う（第１の要因）と同時に，ステイクホルダーとして地方政府など他のエージェントに対してアドボカシー活動なども行う（第２の要因）。これらの主体は，他の主体との関係においてプリンシパルであると同時にエージェントでもあり，一定の利益へと向けて相互行為的なネットワークを形成している。この関係を図示したのが図１－２である。この中には，住民自治組織のように，従来は単なる行政の下請けなどと見られていた存在も新たに位置付け直されている。

　また，ある制度に対するステイクホルダーは，その制度が形づくるガバナンスの下に編成されたネットワークにのみ存在するとは限らない。河野が言うように，ガバナンスとは外部効果にも注目する概念であり，制度の外部にステイクホルダーが存在する可能性がある。それらは制度的にインプットを行いうることが前提とされたプリンシパルとは言えないが，エージェントによるアウトプットの影響を受けるステイクホルダーではある。この点でも，プリンシパルよりもステイクホルダーの語を用いることがふさわしい。

　もう少し具体的に考えよう。従来の枠組みでは，市民はプリンシパルであり，エージェントとしての首長や議会に信託し，自らの利益に沿った行動をとるかを監視し，次の投票の判断基準とするか，時として陳情や要求などの

図1−2 公共サービス供給をめぐるガバナンス

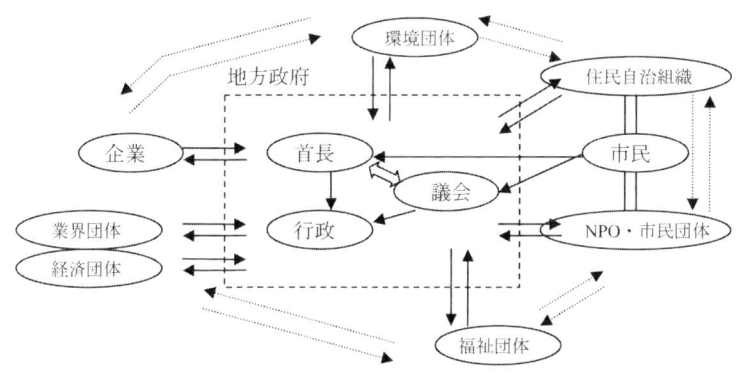

図中の矢印はステイクホルダーからエージェントに向かう

行動を起こすだけであった。

　新たな枠組みでは，市民はNPOや市民団体を結成し，公共サービスの供給に参加する。市民個人がコミュニティ・ビジネスを起業するなどして，公共サービス供給に関わることもある。そうしたとき，サービスの種類によっては地方政府から規制を受けることもあるし，地方政府から業務を受託したり支援を受けたりすることもありうる。このようなケースでは立場が逆転する。すなわち，地方政府がステイクホルダーとなり，市民が結成したNPO・市民団体がエージェントに位置づけられることになる。地方政府の側が市民一般の利益を代弁してサービスの質や量に関心をもつからである。同時に，NPO・市民団体は，地方政府による規制や委託，支援が偏りなく公正に実施されること，少なくとも自分たちの活動の足枷とならないことに関心を抱く。この意味で，NPO・市民団体はステイクホルダーの立場にもある。それだけでなく，NPO・市民団体の中には，地方政府の活動を監視し助言・提言等を行うものもある。こうした団体は本来的に地方政府に対するステイクホルダーの立場にあるといえる。また，これらの団体と地方政府によるサービス供給のネットワークは，住民生活の充実や地域経済の活性化，治安の安定といった，ソーシャル・キャピタル論が主張するような外部効果を生む。これは市民団体等に参加しない市民にも恩恵をもたらし，彼・彼女らに当該ネットワークに対する関心を抱かせ，ステイクホルダーの立場に押し上げるのである。

同様に自治会等の住民自治組織は，地域住民の意向をとりまとめ，地方政府に伝達・要求するなど，地方政府に対するステイクホルダーとしての立場にあると同時に，情報伝達，防犯・防災・美化等の生活に密着した業務・サービスを地方政府に代わって実施し，公共事業への住民合意を取り付けるなど，地方政府のエージェントとしての活動も行っている。地方政府は自治会の活動に多大の利害関心を有するステイクホルダーだといえる。もちろん地方政府は，自治会の存在が行政活動の手助けになるからという理由だけでなく，自治会が存在することによって地域運営や住民生活に様々な効果がもたらされていると認識しているからこそ，その存立に関心をもつのである。こうした関係は，図1－2に示した福祉団体，環境団体にも当てはまる。企業，業界団体・経済団体などの社会団体についても自己の利益の実現のためだけでなく，公益のために政府に働きかける側面を有すると捉え直される。

地方政府の外にあって，公共サービス・公共財の供給に関わる組織・団体は，図1－2に掲げたものにとどまるわけではない。また，地方政府の外にある主体が地方政府を介さずに相互に結ぶ関係も大いに考えられるが（図1－2の点線矢印），これは本研究の対象外となる。本書が分析の基礎とするのは，市区町村を通じて得た，地方政府と各主体との関係に関するデータだからである。この意味で，本研究は道具主義に偏ったリサーチ・デザインを採っていることに留意しておきたい。

4. リサーチ・クエスチョンの提示

ここまでの議論をリサーチ・クエスチョンの形で整理し，実証分析を行うにあたって何を観察すべきか示していこう。まず，本研究が探求すべき最も基本になる問いは，「日本の地域における公共サービス供給をめぐって，『ガバメントからガバナンスへ』の移行がどの進んでいるのか」ということになる。これは(1)国家－社会関係の再編成，(2)主体間の相互行為，(3)集合的利益の実現という3つの論点を含むものであった。これら論点をもう少し実証研究にふさわしい言葉に言い換えると，(1)多様な主体の参加とその立場（ステイクホルダーかエージェントか），(2)主体間の規律付けメカニズムを含む相互行為，(3)ガバナンスがもたらす効果（パフォーマンス）ということになる。ここから次の3つのリサーチ・クエスチョンが導かれ，更に，RQ1～RQ3の小見出しで示した詳細な問いにブレイクダウンされる。

RQ1（主体）　公共サービス供給をめぐる政策過程に多様な主体が参加しているか。各主体は一方的に行政から業務を委託されるような，単なるエージェントの立場を超えて，ステイクホルダーでもあるか。
RQ2（相互行為）　主体間の相互行為（規律付けメカニズム）はいかなるものか。それらは静的な制度か，不特定多数のステイクホルダーとエージェントの関係に対応できる動態的なものか。
RQ3（効果）　新たなガバナンスによって，いかなる効果が生じているか。公共財・サービス供給のパフォーマンスを変化させているか。

RQ1　主体の参加について

1-1　市区町村の政策過程には，いかなる主体がどの程度参加しているか。特に，市民社会組織の参加は市区町村に遍く行われているのか。また，参加が盛んな市区町村はどのような特徴をもつか。

1-2　各主体は，どのような場面やルートで政策過程に参加しているか。

1-3　NPO・市民団体及び自治会・町内会は政策過程にどの程度参加し，どのような役割を果たしているか。

1-4　政策過程に参加する主体の影響力構造はどのようなものか。それを規定する要因は何か。

1-5　政策過程の各段階・各政策分野について詳しくみると，どのような主体が影響力をもつか。段階・分野によって異なるのか。また，主体の組み合わせによる類型化は可能か。

1-6　市民社会組織に着目すると，その影響力はどのような要因によって規定されているか。参加，委託，接触などによってどの程度規定されるか。

1-7　公共財・サービスの供給は，外部委託を通じてどの程度行政組織以外の主体に担われているか。外部委託が進んでいる市区町村はどのような特徴をもつか。これを単にヒエラルキーにおける行政の下請け（エージェント）と捉えるだけでよいか。双方向的な関係が生じているか。

以上は主体に関するリサーチ・クエスチョンを詳細化したものである。ま

ず,参加の現状を明らかにする(RQ1-1)。次に各主体がステイクホルダーとエージェントの両側面をもつかを確認するため,参加の場やルートを解明する(RQ1-2)。本調査では審議会等,計画策定,政策執行,行政評価に各種団体が参加しているかを尋ねた。審議会や計画策定などに参加する主体はステイクホルダーに分類でき,逆に政策の執行段階に参加する主体は,行政の事業実施に協力するという意味でエージェントの性格が強いと考えられる。前節までの議論を踏まえれば,同じ主体が審議会や計画策定に参加すると同時に,事業の委託を受け,政策執行に関わっていることが観察されると予想される。また,本研究はガバナンスにおける市民社会組織の役割や位置づけに興味を抱く(RQ1-3)。

各主体がいかなる影響力をもつかを知ることも,ガバナンス理解の方法である。本調査では7点尺度で各主体の影響力を測定した。影響力構造の把握は,日本の地方自治研究にも蓄積があるが,行政のヒエラルキーに位置する主体だけが影響力を保持するのか,それとも外部の市民社会組織が影響力を分けもつ多元的構造になっているのかを知ることは,まさにガバナンスを理解することだといえる(RQ1-4~RQ1-6)。

外部主体の参加は,業務委託の形でも行われる。前節で述べたように,委託関係にあっては,事業受託者は行政のエージェントであり,あくまでもガバメントのヒエラルキーは維持されているとみることができる。しかし,受託者が特別のノウハウや価格競争力をもっていたり,幅広い業務が外部委託されるようになったりすれば,行政にとってそうした主体は欠くべからざる存在となるだろう(RQ1-7)。本調査では19種の業務について7種の団体がそれぞれ業務委託を受けているかを尋ねた。

RQ2 相互行為(規律付けメカニズム)について

 2-1 参加制度の現状はどのようなもので,それは地方政府の規律付けに関してどのような機能を果たしているか。特に,市民社会組織に着目したとき,制度がある市区町村で参加は活発か。

 2-2 行政職員と外部主体との接触はどのような現状にあるか。政策分野,政策過程の段階に応じて,いかなる接触の様態が現れるのか。

 2-3 これを接触のネットワークと捉えた場合,外部主体に開かれているか。接触の頻度,方向性,内容からみて,特にどの主体に開か

れているか。市民社会組織とのネットワークはどのような要因によって活発化しているのか。

2−4 （住民代表としての）議会が機能するための基礎となる制度は，どのような現状にあるのか。開かれたガバナンスのために十分といえるか。議会制度の現状はどのような要因によって規定されるのか。

2−5 議会や選挙での首長支持及び各会派の議席率はどのような現状にあるか。それは議員−首長関係にどのような影響を与えているか（議会や選挙での支持は，議員の影響力評価を高める源泉となっているか）。政党から首長への支持はどのような状況の下で与えられるか。

エージェントに対する規律付けメカニズムには，公的な制度とそれ以外の動態的な仕組みが考えられる。まず，参加を促す制度の普及状況を明らかにする（RQ 2−1）。参加を促す制度とは，自治基本条例，情報公開条例，パブリック・コメントなどを指し，調査でこれらの有無と導入年度を尋ねた。参加の制度は，ステイクホルダーとしての市民社会組織が，地方政府の政策過程に参加するために不可欠な基盤を提供する。特に自治基本条例や情報公開条例は，エージェントとしての地方政府の行動を規律する。

なお，制度は主体を規律付けするメカニズムとして機能するが，同時に地方政府の政策アウトプットとしての側面を有する。つまり，制度があるから参加が促進される側面と，ステイクホルダーとして参加する主体がエージェントを規律付けるために制度の制定を求め，その結果として制度が導入される側面がありうる（RQ 2−1）。

続いて，公的制度以外のインフォーマルで動態的なメカニズムを分析する（RQ 2−2）。ステイクホルダーはエージェントに接触し，エージェントの行動を自己の利益に合致させるよう試みる。接触の形態には，要望，説得，意見交換，提案，連絡など様々なものがある。調査では，担当部署が各種団体とどのような形態でどのくらい頻繁に接触するか尋ねた。また，こうした接触の前提として，担当部署と各種団体の関与のあり方も尋ねた。それらは，許認可・行政指導，モニタリング，職員派遣などである。担当部署（ステイクホルダー）から団体（エージェント）に職員を派遣すれば，コントロール

は強まると考えられる。また，許認可は行為の禁止を解除したり効果を発現させたりすることでエージェントを規律付けするメカニズムであり，法令に基づく規制や罰則を背景に上記の接触がなされれば，強力な規律付けが可能になる。

なお，担当部署による接触のあり方は，誰とどの程度接触するかをみることで，ガバナンスの開放度を測ることができる。接触のネットワークが政府内部で完結するのか，外部主体に開かれているのかという論点である（RQ2-3）。

さて，行政と他の主体一般の関係とは別に，特別な考慮を有するのが議会である。議会は有権者の多様な選好を政策に反映する場であり，地域住民（有権者）が地方政府を規律付けするために最も重要なルートである。そこで，開かれたガバナンスを実現するためには，議会の機能が発揮される条件が整っているかを探る（RQ2-4）。

住民の負託を受けた議会は，行政の長としての首長に対する関係ではステイクホルダーとなる。この時の規律付けメカニズムにはどのようなものがあるだろうか。その第1は，首長選挙における支持又は敵対がある。議員は首長選挙での支持によって恩を売り，次の選挙での敵対をちらつかせることで，首長の行動を規律しようとする。第2は議会における質問，審議，採決，100条委員会開催といった権限の行使である。これらが有効に作用するかは，議会の多数派を握っているかにかかっている（RQ2-5）。本調査は行政職員に対するものなので，個々の権限行使について尋ねてはいないが，その有効性を支える各会派の議席率を，首長の支持政党などとともに尋ねている。

RQ3　ガバナンスの効果について

3-1　各市区町村の公共サービス水準はどのような現状にあるか。サービス水準が高い市区町村にはどのような特徴があるか。

3-2　特定のガバナンスのあり方が，サービス供給のパフォーマンスを高め，何らかの外部効果を生む傾向は見出せるか。

3-3　ガバナンスをめぐる諸要素に関する職員意識の現状はいかなるものか。それは市区町村のガバナンスの現状と関係するか。

3-4　市民社会組織に対する行政職員の意識はどのようなものか。好意的か，否定的か。それはガバナンスの現状と関係するか。

ガバナンスから何らかの効果が生じたかを知るためには，公共サービス供給のあり方を評価する必要がある。その目安の１つは，サービス水準である。これは先進的な施策・事業がどの程度行われているかを指標とすることができる（RQ 3−1）。こうして測られた効果と，ガバナンスの現状，ガバナンスを構成する参加，影響力，接触，規律付けメカニズム等の諸要素との関係は本研究の興味の中心である。これらの諸要素が独立変数，サービス水準等が従属変数となる（RQ 3−2）。

　ところで，ガバナンスの変容はどのような経路を辿ってサービス供給に効果を発揮するのだろうか。市民社会組織などが参加することによって，必要なところにサービスが行き届き，効率性が高まるというのが，ここまでの議論から導かれる主たる経路である。それにとどまらず，行政職員の意識が変わり，行政からのサービス供給のあり方が変化するという経路もあるかもしれない。そこで行政職員の意識を分析する（RQ 3−3，RQ 3−4）。本調査では自治会の現状や今後，NPO・市民団体のあり方，諸団体との接触，分権や参加についての課長相当職の意識を尋ねている。

　行政職員が上位政府との関係を重視するか，地方分権を求めるか，参加に理解を示すか，行政の効率性を重視するかなどによって，垂直的・ヒエラルキー志向か，水平的・ネットワーク志向（相互行為的）か，効率的・NPM 的なガバナンス志向（道具主義的）かといった類型で大きく捉えることができるだろう。また，こうした職員意識に作用すると考えられるのがガバナンスの現状である。すなわち，多様な主体が参加し，影響力構造が多元化し，行政職員と市民社会組織との接触が盛んであるほど，市民社会組織に対して好意的な意識をもち，水平的・ネットワーク志向となると予想される。

　以上，３つの基本的なリサーチ・クエスチョンとそれを地域の現実に即してブレイクダウンした問いを示し，調査の質問項目と関連付ける作業を行った。よくみると，調査内容は従来の地方自治研究で実施されてきたものと大きくは変わらないことに気づくだろう。本書に独自性があるとすれば，従来からの調査項目をガバナンス概念でくくり直し，新たな意味付け・新たな解釈を与えようとするところである（伊藤 2009）。そもそも，ガバナンス概念自体，全く新しい何かというものではなく，河野（2006：7）が言うように，「時代区分をも超えて普遍性をもった問題を提起している」もので，形を変え

てわれわれの関心を集め，今日までに蓄積されてきた知見を，断片的な形ではなく，より体系的な形で統合しようとする概念枠組みである。従って，本章で試みたのが従来の調査項目の括り直しだとしても，それはまさにガバナンス概念が目指すところだということができるのである。

第2章　ガバナンス概観
—政策過程における多様な主体の参加と影響力—

山本英弘

1. 本章の位置づけ

　本章では，後続の各章の分析に先立って，市民社会組織の政策過程への参加状況と影響力について概観していきたい。第1章でも述べたように，今日のガバナンス論で注目されるのは統治過程に様々な主体が関与するようになったことである。本書全体の着目点からは，市民社会組織（自治会，NPO・市民団体，経済団体や福祉団体などの各種の団体）が，どの程度政策過程に参加し，影響力を行使できているのかが注目される[1]。とりわけ，新しい市民社会の担い手として期待されるNPO・市民団体による関与の度合いを知ることはガバナンスの現況を捉える上で重要である。

　もっとも，各主体は単に政策過程に関与していればよいというわけではなく，ガバナンス論の観点からみれば，主体がステイクホルダーであるとともにエージェントでもあるといえるのかが重要となる。そのため，それぞれの主体が，政策過程のどのような局面に参加しているのかを捉えなければならない。地方政府の政策過程は，政策形成（PLAN），政策実施（DO），政策評価（SEE）の3つの段階に分けて考えることができる（佐藤 2005）。このうち，審議会や計画策定などを通して政策形成に関与できる主体はステイクホ

　（1）　市民参加については，直接民主主義的な参加を通じて，市民が合意形成のためのコミュニケーションを行うという討議民主主義的な機能（篠原 2004など）や，社会関係資本論のように参加を通じて，市民を陶冶する機能（Putnam 1993; Boix and Posner 1998など）も指摘されている。

ルダーとみることができるだろう。一方，政策の執行段階に参加する主体は，地方政府の事業実施に協力するという意味では，エージェントとしての性格が強いと考えられる。さらに，モニタリングや政策評価への参加は，ステイクホルダーとして政策の遂行を監視しているとみることができる。1章の議論をふまえれば，市民社会組織がこれらの政策段階のいずれにも参加し，ステイクホルダーであると同時にエージェントとして機能しているかどうかが注目される[2]。

ところで，各主体が政策過程に参加していたとしても，実質的な政策形成や執行に影響力を行使できなければ，それは形式的なものに過ぎない。そこで，市区町村の側からみた政策過程における各主体の影響力を捉えることで，参加の実質について検討したい。実際の政策過程では，行政のヒエラルキーのトップに位置する主体だけが影響力を保持しているのだろうか，それとも外部の市民社会組織が影響力を分けもつ多元的構造になっているのだろうか。また，市区町村の上位に存在する中央省庁や都道府県はどの程度の影響力を発揮しているのだろうか。このような影響力の分布を明らかにすることは，ガバナンスの実質を捉えることだといえる。市民社会組織に注目する本書の関心からは，これらの組織が全体の影響力構造にどのように位置づけられるのかがポイントとなる。

以下，本章は下記の構成で議論を進めていく。第2節では，政策過程における各主体の参加状況を示し，さらに市区町村の特性により参加状況が異なるのかを検討する。分析から，市区町村の政策過程には，政策形成段階および政策執行段階において，市民社会組織の参加がみられることが明らかとなった。基本的には各部署に関連のある団体の参加が多いのだが，NPO・市民団体も一定程度参加しており，参加の多元化傾向を確認することができる。第3節では，政策過程における各主体の影響力を概観し，市民社会組織の位置づけを確認する。分析から，全体的には首長をはじめとする庁内の主体の影響力が強いが，市民社会組織も相対的にみて一定程度の影響力を有していることが示される。最後に第4節で全体の結果をまとめておく。

---

(2) ただし，ステイクホルダーとエージェントの切り分けは，概念整理の上で便利であるが，実証研究に際しては分析がいたずらに煩瑣になるおそれがある。そのため，特に必要ではい限りは言及しない。

2. 政策過程への市民参加

2.1. 参加の状況

　地方政府の政府過程における市民参加はすでに多くの注目を集めており，規範的な主張から実証的な分析まで様々な研究がなされている（羽貝編 2007；佐藤ほか 2005；篠原 2004；坪郷編 2006 など）。ここでは市区町村調査データを用いて，参加が多元化しているのか，あるいは政策過程が開放的であるのかに着目しながら全国の傾向を示していきたい。

　表2－1は，政策過程の各局面における各主体の参加状況を示したものである。ここでは，自治会，NPO・市民団体，各政策分野に関連した団体，外郭団体・第3セクター，企業のそれぞれについて，参加していると回答した市区町村の割合を示している[3]。関連団体は，環境部署では環境団体，福祉部署は福祉団体[4]，産業振興部署では農林水産業団体と経済・商工団体を指している。これらのうち，どれか1つでも参加していれば参加とみなして割合を求めている。なお，市民活動部署は関連団体に該当するものがないため空欄としている。全体という欄は，各部署で1つでも該当する団体がある割合を示している。

　審議会・懇談会および計画策定への参加は，政策形成への参加ということができる。全体欄から審議会・懇談会への参加状況をみると，市民活動 (94.3%)，環境 (85.0%)，福祉 (77.7%) の各部署では多くの市区町村で行

---

(3) 本章では，調査で質問した結果すべてを示しているわけではない。政策の局面については許認可・行政指導と職員派遣についても質問しているがここでは割愛する。また，アクターについては，一般市民，労働組合，その他の団体についてもそれぞれ質問しているが結果は割愛する。各部署の政策分野と直接関連のない団体（例えば，福祉部署における環境団体）も，その部署の政策過程における参加状況を示していない。これらも含めた詳細については，吉田 (2009) を参照されたい。

(4) 福祉部署の調査票では，社会福祉法人，福祉当事者団体，福祉ボランティア団体に分けて質問しているが，ここではこれらを統合し，どれか1つでも参加していれば福祉団体の参加とみなしている。なお，福祉団体の中では，社会福祉法人，福祉当事者団体，福祉ボランティア団体の順に参加が多い。詳細は，吉田 (2009) を参照されたい。

表2-1　各主体の政策過程への参加状況 (単位:%)

		市民活動	環境	福祉	産業振興
審議会・懇談会	自治会	74.1	57.9	49.0	35.0
	NPO・市民団体	45.1	40.0	39.1	26.5
	関連団体		36.8	72.3	72.7
	外郭団体・第3セクター	13.4	5.3	4.9	17.6
	企業	22.7	24.8	5.1	25.9
	全体	94.3	85.0	77.7	54.7
計画策定	自治会	51.1	34.1	52.3	25.9
	NPO・市民団体	33.5	28.4	47.6	21.7
	関連団体		28.6	86.7	62.1
	外郭団体・第3セクター	10.5	4.0	6.1	16.2
	企業	13.2	17.7	5.7	14.3
	全体	77.4	58.7	91.1	74.1
業務委託	自治会	34.3	10.8	10.8	13.4
	NPO・市民団体	29.6	16.7	32.1	19.7
	関連団体		9.2	87.7	42.6
	外郭団体・第3セクター	22.7	8.6	9.2	29.3
	企業	14.1	21.7	7.4	14.9
	全体	70.0	50.3	91.0	69.4
行政の支援	自治会	82.0	74.9	49.5	40.2
	NPO・市民団体	53.6	50.2	46.4	36.9
	関連団体		46.0	89.1	85.4
	外郭団体・第3セクター	28.4	8.8	12.2	33.7
	企業	16.9	14.5	5.3	35.7
	全体	94.0	92.3	91.3	94.5
政策執行	自治会	18.9	32.9	18.3	16.3
	NPO・市民団体	12.5	21.8	17.9	16.5
	関連団体		19.7	42.7	44.1
	外郭団体・第3セクター	9.2	4.6	5.0	18.5
	企業	5.7	11.8	3.1	9.7
	全体	30.5	43.7	46.1	54.6
モニタリング	自治会	2.6	6.7	4.9	4.8
	NPO・市民団体	2.0	5.0	4.7	2.9
	関連団体		5.9	14.1	9.5
	外郭団体・第3セクター	1.8	0.4	1.8	3.4
	企業	0.5	3.8	1.1	3.2
	全体	7.0	13.8	16.5	14.4
行政評価	自治会	6.1	8.0	11.2	4.1
	NPO・市民団体	4.6	6.4	9.6	3.3
	関連団体			5.3	16.2
	外郭団体・第3セクター	0.9	1.1	1.7	2.6
	企業	1.9	3.8	1.5	2.0
	全体	12.0	15.5	21.9	14.8
N		1083	1071	1092	1098

註) Nは各項目の欠損値により若干異なる。ここでは審議会・懇談会の項目の値を示した。

われている。これに対して，産業振興部署では54.7%と半数強である。NPO・市民団体は40%程度と一定の参加がみられるが，産業振興部署では少ない。市民活動部署と環境部署では自治会の参加が特に多い。環境部署で多くみられるのはごみ収集やリサイクルについて自治会の協力を得ることが多いからだと考えられる（石垣 1999；谷口・堀田・湯浅 2000）。これに対して，福祉部署と産業振興部署では関連団体の参加が多い。政策受益団体として，関連分野の政策に関与している様子がうかがえる。なお，環境部署で関連団体の参加がそれほど多くないのは，環境団体が十分に成熟していないことを示しているとも考えられる。

　計画策定については，市民活動（77.4%），福祉（91.1%），産業振興（74.1%）の各部署において，多くの市区町村で参加がみられる。なかでも，福祉部署では審議会・懇談会よりも参加が多くみられる。また，他部署と比べて自治会，NPO・市民団体，関連団体の割合が高く，参加が多元化している[5]。これは，社会福祉法によって地域福祉計画の必要が規定されているためだと考えられる[6]（平野 2007；荒見 2009）。また，地域福祉計画には，社会福祉協議会による計画づくりが住民参加を促進してきたというコミュニティワークの系譜があるために（平野 2007：5），多様な主体が参加しているのかもしれない。

　その他の部署では，審議会・懇談会と同じく，市民活動部署で自治会の参加が多く，産業振興部署で関連団体が多い。環境部署は計画策定への参加が相対的に少ないものの，その割には企業の参加が多い。環境政策は企業活動を促進したり制約したりする側面があるため，企業が政策受益団体として関与すると考えられる。

---

(5) 市区町村を対象として行った地域福祉計画の調査結果として和気（2007）がある。そこでも計画策定委員会には既存の福祉関連組織の代表者の参加が70～80%程度と多くみられ，市民団体代表者やNPO法人代表者が参加している市区町村は25%と相対的に低い。一概に比較はできないが，我々の行った市区町村調査でのほうがNPO・市民団体の参加が活発な傾向を示している。

(6) ただし，地域福祉計画策定の現状をみると，2008年3月末時点で，策定している市町村は38.4%である。また，策定する意思のない市町村や意思があっても策定できない市町村が一定数存在することが指摘されている（荒見 2009）。

続いて,政策執行段階についてみていこう。業務委託は,市民活動(70.0%),福祉(91.0%),産業振興(69.4%)の各部署で多く,環境部署は50.3%とやや少ない。福祉部署では関連団体の参加が非常に多く,NPO・市民団体も多い。その他の部署では,市民活動部署で自治会,NPO・市民団体,外郭団体・第3セクターの参加が一定程度みられる。環境部署では全体に参加が少ないが,その中では企業が最も多い。産業振興部署では関連団体と外郭団体・第3セクターが多くみられる。

行政に対する支援はどの部署でも90％以上と非常に高い割合を示している。NPO・市民団体からも50％前後の市区町村が支援を受けている(産業振興はやや低い)。市民活動部署と環境部署では自治会,福祉部署と産業振興部署では関連団体が特に多い。産業振興部署では,外郭団体・第3セクターと企業からの支援も一定程度みることができる。

市区町村調査において詳細は質問していないために確かにはわからないが,業務委託が契約に基づく関係なのに対して,行政に対する支援は契約に基づかない協力関係が多いと考えることもできるだろう。近年,契約関係に基づく政策執行への協力が重視されているが(森2001),自治会およびNPO・市民団体では,実際には契約に基づかない協力が多いようである。特に,自治会については業務委託と行政支援との差が著しい。市区町村は自治会ないしは自治会長等との密接な関係に基づいて,業務を依頼していると推察できる(森2001)。なお,詳細は割愛するが,業務委託と行政に対する支援のそれぞれにおける各主体の参加割合の差は,人口規模が大きいほど小さい[7]。都市部では契約に基づく参加の比重が高まっているといえる。

政策執行への参加も一定程度行われている。産業振興部署で多く,市民活動部署で少ない。環境部署では自治会,福祉部署と産業振興部署では関連団体が多い。産業振興部署では外郭団体・第3セクターと企業の参加が他部署よりも多い。企業については環境部署でも多い。

政策評価段階についてみていこう。政策の形成や執行段階と比べると,各主体の参加が非常に少ない。モニタリングも行政評価も,どの部署でも10〜

---

(7) ちなみに,業務委託と行政に対する支援のそれぞれについて人口規模との関連をみると,どちらも人口規模が大きくなるほど割合が減る傾向にあるが,あまり明確ではない。

20％程度である。福祉部署では関連団体の参加が目立つことが特徴的である。

以上の結果から，政策形成と執行の段階では様々な主体の参加を確認できる。全体的な傾向としては，市民活動部署と環境部署では自治会，福祉部署と産業振興部署では関連団体の参加が多い。産業振興部署では，外郭団体・第3セクターや企業の参加もみられる。ここから，各主体は自らが関心をもつ政策分野を担当する部署に関与していることがわかる。政策分野に仕切られた参加というのが基本的な特徴といえるだろう。しかしながら，NPO・市民団体の参加状況をみると，どの部署においても政策の形成および執行に一定程度参加している。ここから，地方政府の政策過程において新たな主体が参加を増やしており，全体的に参加が多元化する傾向をみてとることができる。

さて，このようにNPO・市民団体が政策過程にある程度参加していることが確認できるが，これらの団体と他の団体との参加にはどのような関係があるのだろうか。自治会や政策受益的な関連団体など以前から行政と密接な関係にある団体が参加していると，新興のNPOや市民団体には参加の余地が残されていないかもしれない。この場合，自治会や関連団体の参加とNPO・市民団体の参加は逆相関すると考えられる。これに対して，従来からの団体が活発に参加することによって新興の団体が参加する機会が開かれるとも考えられる。この場合は両者の参加は順相関するだろう。

表2－2，2－3はそれぞれ，政策過程の各局面における自治会および関連団体の参加とNPO・市民団体の参加との関連を示したものである

表2－2　自治会とNPO・市民団体の参加の関連（φ係数）

	市民活動	環境	福祉	産業振興
審議会・懇談会	0.195**	0.318**	0.382**	0.311**
計画策定	0.360**	0.416**	0.280**	0.326**
業務委託	0.101**	0.094**	0.039	0.054
行政の支援	0.109**	0.199**	0.262**	0.325**
政策執行	0.472**	0.504**	0.425**	0.374**
モニタリング	0.306**	0.415**	0.455**	0.365**
行政評価	0.497**	0.476**	0.508**	0.443**
N	1083	1071	1092	1098

**：p<.01

表2－3　関連団体とNPO・市民団体の参加の関連（φ係数）

	環境	福祉	産業振興
審議会・懇談会	0.417**	0.437**	0.249**
計画策定	0.499**	0.271**	0.282**
業務委託	0.280**	0.076*	0.129**
行政の支援	0.320**	0.219**	0.130**
政策執行	0.501**	0.481**	0.342**
モニタリング	0.577**	0.468**	0.328**
行政評価	0.555**	0.638**	0.334**
N	1071	1092	1098

**：p<.01

（φ係数[8]）。部署や局面によって若干の相違はあるものの，自治会等においても関連団体においてもNPO・市民団体の参加とはプラスに相関していることがわかる。つまり，既存の団体の参加が多くみられる市区町村ほど，新興のNPO・市民団体も多く参加している。市民社会組織の参加には相乗的な効果があると考えられる。

2.2. 市区町村の特徴と各団体の参加

ところで，これまでにみた各主体の参加は市区町村のどのような特徴と関連しているのだろうか。ここでは，自治会，NPO・市民団体，各部署の関連団体という市民社会組織について，それぞれ参加の規定因を探っていこう。

従属変数はそれぞれの団体について，政策過程の各局面における参加の有無をダミー変数とし（参加＝1），ロジスティック回帰分析を行う。なお，モニタリングと政策評価は参加率が非常に低いので，ここでは分析の対象としない。分析に際しては，4部署の調査データを接合したデータ・セットを用いる。これにより，部署間の相違を加味しつつ，それを統制した分析を行うことができる。

独立変数については4つの要因を検討する[9]。第1に，人口規模による影響である。都市部であるほど様々な団体が存在し，政策過程に関与していると考えられる。例えば，西出・埴淵（2005）はNPO法人の数が政治・経済的機能の集積に基づく都市の中心性に規定されることを明らかにしている。したがって，NPO・市民団体は特に人口規模のプラスの効果がみられるものと予想される。一方，自治会は全国各地に存在するが，都市部ほど加入率が低く，地域の代表としての正当性を確保するのが困難である。そのため，都市部ほど政策過程への関与が少ないと考えられる。分析に際しては，市区町村の人口を量的変数として投入するが，分布が歪んでいるために対数変換して用いる。

第2に，財政力である。今日，ガバナンスや市民参加が求められる背景に

（8）φ係数とは2値データである2変数間の関連の強さを表す係数である（Bohrnstedt・Knoke 1988＝1992など参照）。

（9）首長の選挙時の政党からの支持・推薦など市区町村の党派性を表す変数も投入して分析したが，目立った効果はみられなかった。

は，地方政府の財政難という問題がある。地方政府の財政が逼迫し，その対処として団体自治から住民自治へという動きをみることができる（牛山2007；羽貝編2007；山本編2008など）。そうであるならば，財政状況が悪い市区町村ほど参加が活発に行われていると考えられる。分析には財政力指数を投入するが，これも分布が歪んでいるために対数変換して用いる。

第3に，市町村合併の経験である。分権改革に伴う合併を経験した市町村ほど，分権に向けた体制づくりや政策形成が進められており，市民の参加も促進されているものと考えられる。例えば，地域自治区や住民協議会などの設置は，新たな参加の機会だということができるだろう。一方で，合併により市町村が認知の上で遠い存在となり，参加が阻害されることも考えられる（初村2006）。分析には合併経験の有無をダミー変数として投入する（経験あり＝1）。

第4に，各部署である。部署による相違は先に検討したが，他の変数を統制しても同様の結果が得られるかを確認する必要がある。分析には産業振興部署を基準カテゴリとしたダミー変数として分析に投入する。

表2−4　自治会による参加の規定因（ロジスティック回帰分析）

	審議会・懇談会	計画策定	業務委託	行政への支援	政策執行
人口（対数）	−0.087*	−0.144**	−0.023	−0.317**	−0.109*
	(0.040)	(0.041)	(0.053)	(0.044)	(0.048)
財政力指数（対数）	0.085	0.063	−0.169	0.052	−0.016
	(0.083)	(.083)	(0.109)	(0.090)	(.097)
合併経験	0.127	0.241*	0.100	0.279*	0.121
	(0.104)	(0.104)	(0.133)	(0.110)	(0.123)
市民活動部署	1.618**	1.082**	1.178**	1.913**	0.179
	(0.108)	(0.105)	(0.124)	(0.115)	(0.130)
環境部署	0.862**	0.361**	−0.173	1.494**	0.957**
	(0.102)	(0.109)	(0.149)	(0.109)	(0.122)
福祉部署	0.532**	1.057**	−0.158	0.396**	0.139
	(0.100)	(0.105)	(0.147)	(0.100)	(0.131)
産業振興部署（基準カテゴリ）					
定数	0.354	0.450	−1.801	2.830**	−0.594
	(0.456)	(0.457)	(0.604)	(0.488)	(0.542)
−2LL	4247.083	4252.528	2940.727	3943.002	3311.183
Cox-SnellR^2	0.077	0.054	0.054	0.140	0.028
NagelkerkeR^2	0.103	0.073	0.090	0.191	0.043
N	3270	3270	3369	3369	3270

（　）内は標準誤差　＊：p<.05　＊＊：p<.01

表2－5　NPO・市民団体による参加の規定因（ロジスティック回帰分析）

	審議会・懇談会	計画策定	業務委託	行政への支援	政策執行
人口（対数）	0.536**	0.408**	0.455**	0.309**	0.362**
	(0.046)	(0.045)	(0.049)	(0.041)	(0.053)
財政力指数（対数）	－0.241*	－0.059	－0.078	－0.171*	－0.099
	(0.093)	(0.095)	(0.105)	(0.083)	(0.118)
合併経験	－0.221*	0.030	－0.108	－0.034	－0.185
	(0.107)	(0.109)	(0.117)	(0.101)	(0.132)
市民活動部署	0.880**	0.641	0.567**	0.652**	－0.257
	(0.111)	(0.118)	(0.120)	(0.100)	(0.144)
環境部署	0.569**	0.285	－0.230	0.498**	0.293*
	(0.113)	(0.122)	(0.134)	(0.101)	(0.133)
福祉部署	0.630**	1.241	0.656**	0.356**	0.068
	(0.112)	(0.115)	(0.120)	(0.101)	(0.136)
産業振興部署（基準カテゴリ）					
定数	－6.706**	－5.585**	－6.194**	－3.792**	－5.420**
	(0.523)	(0.520)	(0.560)	(0.459)	(0.613)
－2LL	3952.9	3736.3	3375.0	4501.8	2797.1
Cox-SnellR^2	0.090	0.089	0.071	0.041	0.030
NagelkerkeR^2	0.123	0.126	0.108	0.055	0.052
N	3270	3270	3369	3369	3270

（　）内は標準誤差　*：p<.05　**：p<.01

表2－6　関連団体による参加の規定因（ロジスティック回帰分析）

	業務委託	行政への支援	政策執行	審議会・懇談会	計画策定
人口（対数）	0.189**	0.228**	0.154**	0.451**	0.235**
	(0.058)	(0.057)	(0.048)	(0.052)	(0.052)
財政力指数（対数）	－0.094	－0.039	－0.166	－0.360**	－0.203
	(0.120)	(0.113)	(0.100)	(0.101)	(0.106)
合併経験	0.084	－0.018	－0.025	－0.066	－0.002
	(0.150)	(0.148)	(0.122)	(0.130)	(0.135)
環境部署	－2.189**	－2.050**	－1.268**	－1.749**	－1.538**
	(0.148)	(0.120)	(0.115)	(0.111)	(0.108)
福祉部署	2.213**	0.279	－0.118	－0.055	1.334**
	(0.123)	(0.143)	(0.098)	(0.108)	(0.122)
産業振興部署（基準カテゴリ）					
定数	－2.297**	－0.547	－1.911**	－3.826**	－2.007**
	(0.654)	(0.628)	(0.544)	(0.569)	(0.582)
－2LL	2282.8	2443.9	3094.1	2967.6	2733.8
Cox-SnellR^2	0.384	0.192	0.063	0.159	0.232
NagelkerkeR^2	0.513	0.278	0.087	0.214	0.313
N	2546	2546	2515	2515	2515

（　）内は標準誤差　*：p<.05　**：p<.01

表2－4～2－6は，参加の有無を従属変数としたロジスティック回帰分析の結果である。前述のように，ここでの分析では4部署のデータを接合したデータを用いている。表2－6の関連団体については各部署の関連団体を表すように変数を合成した（環境部署は環境団体，福祉部署は福祉団体，産業振興部署は農林水産業団体と経済・商工団体）。なお，市民活動部署は関連団体が明確ではないため分析から除外した。

結果については政策の各局面であまり相違がみられないので，独立変数の効果を中心に記述していく。表2－4の自治会の参加については，人口がマイナスの係数であり，規模が小さい市区町村で多いことがわかる（業務委託は統計的に有意ではないが）。非都市部のほうが自治会の加入率も高く，地域を代表する組織として政策過程に関与していると考えられる[10]。財政力指数についてはいずれの局面においても効果をもっていない。合併経験については，行政への支援と計画策定でプラスの係数を示している。合併により拡大した市町村の自治において，自治会が住民自治の担い手として重要な役割を果たしていると考えられる。部署ごとの相違をみると，どの部署も産業振興部署と比べると自治会の参加が多い傾向がみてとれる。これは先に確認したとおりの結果である。

表2－5から，NPO・市民団体の参加については，政策過程のどの局面においても人口規模がプラスの効果をもっている。これは自治会とは相反する結果であり，都市部ほどNPO・市民団体が参加している。前述のように都市部においては多様な団体が存在しており，政策過程に関与していると考えられる。

財政力指数については，行政支援と審議会・懇談会でマイナスの係数を示している。財政状況が悪い市区町村ほどNPO・市民団体の参加がみられることがわかる。ガバナンス論の背景にある地方政府の財政逼迫についてデータからも確認することができる[11]。

---

(10) ただし，辻中・ペッカネン・山本（2009）による自治会の全国調査データに基づく分析では，自治会が都市的地域にあるかどうかで市区町村に接触する程度にあまり差はみられなかった。市区町村の側からみると，地域における団体の少なさもあり，非都市部において自治会の果たす役割が大きいと考えられる。

(11) 地域社会学の実証研究からも，財政悪化や地域管理の危機に直面した地

ちなみに，それぞれの局面におけるNPO・市民団体の参加と財政力指数との2変数間の関係をみるとプラスに関連している。すなわち，財政力指数が高いほど参加が多いのであり，ここでの結果と矛盾している。これは人口規模が大きいほど財政力指数が高いという関係があるために，財政力指数がNPO・市民団体の参加にもたらす正味の影響が打ち消されているためである。つまり財政力指数とNPO・市民団体の参加との間は擬似相関関係である。人口規模を統制することで，同じ規模の都市であれば財政状況が悪いほどNPO・市民団体の参加がみられるということが明らかとなった。

　市町村合併の経験については，審議会・懇談会においてマイナスの係数がみられる。これについては，合併により市町村との認知的な距離が遠くなったことによるものと考えられる。最後に，部署については全体的に産業振興部署と比べれば，どの部署も参加している傾向がみられる。これは先に確認したとおりの結果である。

　表2-6から，関連団体についても人口がプラスに影響している。財政力指数については，審議会・懇談会でマイナスに関連している。これについても人口を統制しなければ両者はプラスに関連しており，疑似相関関係である。人口規模が一定であれば，財政状況が悪い市区町村ほど関連団体の参加がみられるのである。合併の経験については特に効果がみられない。部署間の差をみると，産業振興部署よりも環境部署で参加が少ない。また，計画策定と業務委託では福祉部署のほうが多い。これらは先に確認したとおりである。

　以上の分析から，市民社会組織の参加に影響を及ぼす市区町村の特性は，各局面によってあまり変わらない。しかし，団体ごとでは異なっており，自治会が人口規模の小さい市区町村ほど参加しているのに対して，NPO・市民団体と関連団体では人口規模が大きい都市ほど参加している。また，合併の経験についても，自治会ではプラスの効果を示すものがみられるが，NPO・市民団体ではマイナスの効果を示すものがみられる。このように，市区町村によっては参加の主体が異なっており，非都市部では自治会の存在感が大きいのに対して，都市部ではNPO・市民団体や関連団体の多様な参加がみられる。さらに，NPO・市民団体や関連団体については，人口規模が同程度だと

　　方政府で様々な団体と地方政府のネットワークが発達することが指摘されている（蓮見・町村・似田貝 1983）。

すると，財政状況が悪いほど参加している。今日の市民参加やガバナンスの背景要因を確認することができる。

3. 政策過程における影響力構造

3．1．各主体の影響力の分布

前節までに市民社会組織を中心に様々な主体の政策過程への参加を概観してきたが，参加したとしても実質的な政策の内容に影響を及ぼすことができなければ，それは形式的なものにすぎない。そこで，様々な主体の政策過程への影響力をみることで参加の実質を探っていく。

地方政治における権力または影響力の所在は，これまでも多くの研究者の関心を集め，研究が蓄積されてきた（秋元1971；クロダ1976；加藤1985；小林ほか1987；中澤2005など）。これらの先行研究をふまえた上での分析は3章に譲るとして，本章では政策過程における全体的な影響力構造を概観することにしたい。地方分権やガバナンスへの変革期にあって，各主体の影響力はどのような分布になっているのだろうか。とりわけ，市民参加が一定程度進んでいる中で，市民社会組織はどの程度の影響力を行使できるようになったのだろうか。特にこの点に注目して分析を行う。

市区町村調査では立案・決定・執行の各局面に分けて影響力を7点で評定する方式で質問している（7＝最も影響力が強い）。本章では，各主体について3つの局面における影響力得点の平均値を算出し，影響力指数として用いる。表2－7は，市区町村調査で対象とした20の主体それぞれについて，部署ごとに影響力指数の平均値を示している。

影響力が最も高いのは，どの部署においても一貫して首長であり，平均値は7点満点の6点を超えている。このほか，副首長，当該部署，財務担当部署も高い得点を示している。市区町村の政策過程においては庁内の主体が非常に大きな影響力をもっている。審議会・懇談会も4点程度と一定の影響力を発揮している。ただし，庁内の主体であっても職員組合は2点にも満たず，ほとんど影響力がない。寄本（1986）では地方政府に影響力をもつ主体の1つとして職員組合を取り上げているが，ここでの結果を見る限り，現在ではあまり存在感がないようである。

中央省庁や都道府県については，上記の庁内の主体に次いで4点前後の影

表2−7 影響力指数の部署別平均値
（立案・決定・執行の平均値）

	市民活動	環境	福祉	産業振興	合計
首長	6.47	6.26	6.22	6.30	6.31
副首長	6.03	5.94	5.93	5.93	5.96
当該部署	5.74	6.07	6.10	6.03	5.97
財務担当部署	4.88	4.79	4.78	4.90	4.84
職員組合	1.89	1.77	1.85	1.62	1.78
審議会・懇談会	4.25	4.43	4.40	4.14	4.31
中央省庁	3.31	3.60	4.22	3.93	3.76
都道府県	3.63	4.00	4.57	4.51	4.18
市町村議会議員	4.51	4.42	4.32	4.42	4.42
他の自治体	2.60	3.03	3.12	2.59	2.84
都道府県議会議員	2.63	2.50	2.71	2.88	2.68
地元選出国会議員	2.54	2.34	2.46	2.72	2.52
自治会・町内会	4.18	4.00	3.58	3.51	3.84
NPO・市民団体	3.40	3.28	3.34	3.08	3.28
環境団体	2.80	3.31	2.18	2.55	2.73
福祉団体	3.10	2.37	4.20	2.47	3.09
経済・商工団体	3.09	2.67	2.14	4.15	3.07
農林水産業団体	3.04	2.55	2.00	4.02	2.96
外郭団体・第3セクター	2.59	2.33	2.19	3.15	2.58
企業	2.42	2.61	2.05	3.09	2.56
N	1027	1084	1046	1058	4215

響力得点となっている。やはり市区町村の政策形成には上位レベルの行政が影響力を及ぼしている。ただし，市民活動部署や環境部署ではあまり影響力が強くない。これらの部署では自治会やNPO・市民団体と同等かそれ以下となっている。市民活動の活性化やごみ収集，リサイクルなど，これらの部署が扱う政策分野は市民の日常生活と関わるものが多いため，上位行政からの統制はそれほど受けないのかもしれない。なお，他の自治体については3点前後の影響力得点を示している。

　議員についてみていこう。市区町村議会の議員については4点程度と一定の影響力を示しているが，庁内の各主体からみると影響力は小さく，政策形成は行政主導で行われているといえる。このほか，都道府県議員や地元選出の国会議員については，どの部署でも2点台とあまり影響力を発揮しているとはいえない。

　それでは，市民社会組織はどうであろうか。自治会は市民活動部署と環境部署で4点程度の影響力得点であり，福祉部署と産業振興部署でも3.5点程度と比較的高い。市民活動部署と環境部署で得点が高いのは，前節でみた政策過程への参加の傾向と同様である。NPO・市民団体についても，3点台と高いとはいえないものの，一定程度の影響力を示している。各種の団体については，各部署とも関連団体の影響力が強い[12]。産業振興部署については，外郭団体・第3セクターと企業もやや弱いとはいえ影響力を示している。こ

れらは先にみた参加とも一致する結果である。

　以上，各主体の影響力について総じて言えば，首長をはじめ市区町村庁内の主体の影響力が突出して強い。これは影響力に関する既存の研究からも示されており，市区町村の政策作成はやはり庁内主導で行われているといえる。続いて，中央省庁や都道府県といった上位レベルの行政および市区町村議会議員が影響力を保持している。市民社会組織はこれらの主体の次に影響力を示している。庁内の主体を除くと，相対的にみて一定程度の影響力を有しているといえるだろう。なお，前節において政策過程への参加が行われていることが確認された団体ほど，影響力が強いことがみてとれる。

3.2. 影響力の構造

　続いて，多様な主体の影響力を少数の次元に縮約し，全体の影響力構造を析出しよう。表2-8は，主成分分析を行った結果である（主成分法，プロマックス回転[13]）。固有値1を基準とすると，4つの主成分を取り出すことができる。

　第1主成分は，中央省庁，都道府県，他の自治体，都道府県議会議員，地元選出国会議員の因子負荷量が高い。これらは市区町村の上位にある政治・行政アクターだということができる。

　続いて第2主成分は，経済・商工団体，農林水産業団体，外郭団体・第3セクター，企業の因子負荷量が高い。これらは市民社会組織のうち，経済セクターとでも総称できるものである。先の分析から，産業振興部署への参加が多く，影響力も強い。

　第3主成分は，審議会・懇談会，自治会・町内会，NPO・市民団体，環境団体，福祉団体の因子負荷量が高い。これらは市民セクターと名づけることができるだろう。環境団体や福祉団体は関連分野の政策受益団体としての性格も併せ持つが，ボランティア活動なども多くみられる。また，審議会・懇談会もこの主成分の因子負荷量が大きいことは興味深い。つまり，審議会・

---

(12) 福祉部署について，影響力においても社会福祉法人，福祉当事者団体，福祉ボランティア団体に分けて質問している。ここでの分析では3者の平均値を用いている。なお，3者の間では影響力にそれほど差はみられない。

(13) 主成分分析は本来ならば回転をかけるのは望ましくないが，ここでは実質的な発見を優先して回転により主成分の構造を捉えやすくする。

表2－8 影響力得点の主成分分析

	上位行政・議員	経済セクター	市民団体	庁内エリート	共通性
首長	0.163	0.044	−0.150	**0.781**	0.662
副首長	0.042	0.024	−0.061	**0.866**	0.752
当該部署	−0.366	−0.049	0.183	**0.661**	0.438
財務担当部署	0.077	0.079	0.039	**0.596**	0.448
職員組合	0.240	0.054	0.327	−0.078	0.257
審議会・懇談会	0.190	−0.149	**0.528**	0.220	0.467
中央省庁	**0.920**	−0.032	−0.101	0.028	0.752
都道府県	**0.910**	−0.031	−0.111	0.049	0.741
市町村議会議員	**0.636**	−0.174	0.302	−0.094	0.514
他の自治体	0.326	−0.029	0.316	0.299	0.511
都道府県議会議員	**0.671**	0.179	0.109	−0.048	0.686
地元選出国会議員	**0.683**	0.210	0.061	−0.071	0.678
自治会・町内会	−0.007	−0.067	**0.809**	0.060	0.626
NPO・市民団体	−0.119	0.069	**0.875**	0.001	0.736
環境団体	−0.127	0.336	**0.664**	−0.045	0.671
福祉団体	0.161	−0.008	**0.668**	−0.118	0.529
経済・商工団体	−0.046	**0.951**	−0.042	0.060	0.845
農林水産業団体	−0.029	**0.923**	−0.065	0.058	0.786
外郭団体・第3セクター	0.048	**0.793**	0.083	−0.028	0.743
企業	0.062	**0.777**	0.083	−0.025	0.732
固有値	7.759	2.080	1.526	1.209	
寄与率	38.795	10.402	7.629	6.046	

註）N＝2647，主成分法，プロマックス回転
太字は因子負荷量が0.5以上

懇談会には多様な主体が参加しうるが，その影響力は市民セクターと同様のパターンをもつのである。ここから審議会・懇談会が，市民セクターの政策過程への参入回路として機能していると考えることができる[14]。

最後に第4主成分は，首長，副首長，当該部署，財務担当部署の因子負荷量が高く，庁内の主体を表している。

このように，市区町村の影響力構造は明瞭な次元から構成されていることがわかる。このうち，市民社会組織に関する2つの主成分について，部署と人口規模ごと主成分得点の平均値をみていこう。

図2－1は，経済セクターの影響力の平均値を示している。これまで確認してきたように，産業振興部署が突出して高い値を示している。経済セクタ

---

(14) 第3章では，市民社会組織の審議会への参加と影響力との直接的な関連が分析されている。

ーは産業振興の政策受益団体であるため当然ともいえる結果である。その他の部署については，大きい順に市民活動，環境，福祉となっている（一部で逆転）。市民活動部署と福祉部署では人口規模が大きくなるにつれ影響力が弱くなっている。

図2-1 部署・人口規模別にみる経済セクターの影響力（主成分得点の平均値）

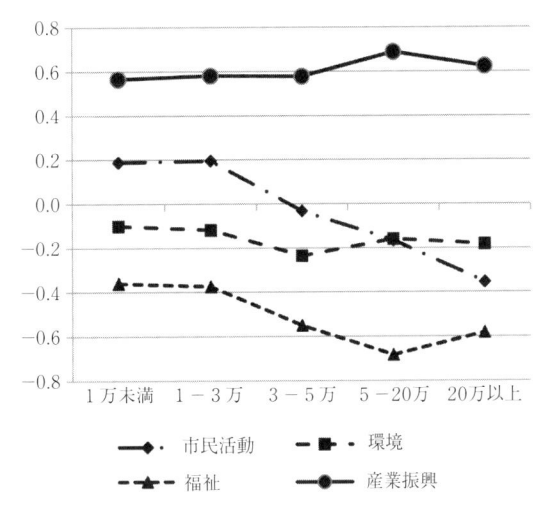

図2-2は，市民セクターの影響力の平均値である。市民活動，環境，福祉の各部署で影響力が高い。また，人口規模が大きくなるほど影響力が増しており，都市部であるほど市民セクターが台頭していることがわかる。さらに，それぞれの団体について個別に影響力と人口規模との関連をみたところ，NPO・市民団体は明確にプラスの関連がみられた[15]。

図2-2 部署・人口規模別にみる市民セクターの影響力（主成分得点の平均値）

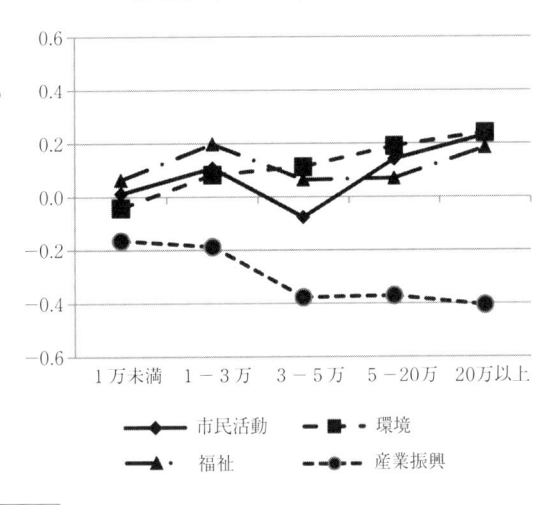

産業振興部署では経済セクターとは異なり，市民セクターの影響力が小

---

(15) 自治会，環境団体，福祉団体については，環境部署において環境団体の影響力が人口規模とともに高まる傾向がみられた。それ以外の団体については人口規模による影響力の差異が確認できなかった。

さい。また，人口規模が大きくなるにつれ影響力が低下している。都市部ほど団体が機能分化し，関連団体以外の影響力行使が難しくなっているのかもしれない。

4. まとめと考察

　本章では，市区町村におけるガバナンスを概観することを目的とし，各主体の参加と影響力について全体の特徴の把握に努めてきた。ここでの分析から得られた結果をまとめておこう。

　まず，市区町村の政策過程には，政策形成段階および政策執行段階において，自治会，NPO・市民団体，関連団体（環境団体，福祉団体，経済・商工団体，農林水産業団体）が参加している。市民社会組織は，ガバナンスのステイクホルダーとしてもエージェントとしても機能している。もっとも，行政評価やモニタリングといった政策評価段階における参加は少ない。

　部署ごとの参加の特徴をみると，市民活動部署と環境部署は自治会，福祉部署と産業振興部署は関連団体という傾向がある。基本的には各部署に関連のある主体の参加が多く，政策分野に仕切られた参加といえる。もっとも，どの部署においても，NPO・市民団体が政策の形成および執行に一定程度参加している。ここから，地方の政策過程において新たな主体が参加を増やしており，全体として参加の多元化傾向を確認することができる。

　それぞれの市民社会組織の参加に影響する市区町村の特性を検討すると，政策過程の各局面によって大きく変わらない。しかし，団体ごとでは異なっており，人口規模の小さい市区町村ほど自治会が参加しているのに対して，人口規模が大きい市区町村ほどNPO・市民団体と関連団体が参加している。非都市部では自治会の存在感が大きいのに対して，都市部ではNPO・市民団体や関連団体の多様な参加がみられるのである。さらに，NPO・市民団体や関連団体については，人口規模が同程度だとすると，財政状況が悪い市区町村ほど行政への支援および審議会・懇談会への参加がみられる。データからも今日のガバナンスの背景にある財政難という要因をみてとることができる。

　以上にみた市民社会組織の参加が形式的なものでないことを確かめるために，政策過程における各主体の影響力についても検討した。全体的にみると，市区町村の庁内の主体の影響力が突出して強い。続いて，中央省庁や都道府県といった上位レベルの行政および市区町村議会議員が影響力を保持してい

る。市民社会組織はこれらに次いで高い影響力を示しており，政策過程において一定程度の影響力を有しているといえる。

　各主体の影響力に対して主成分分析を行うと，上位行政・議員，経済セクター，市民セクター，庁内の主体という4つの主成分が抽出される。このうち，経済セクターと市民セクターについて部署と人口規模ごとに影響力をみると，産業振興部署だけ異なる傾向を示し，経済セクターが高く，市民セクターが低い。これに対して，市民活動，環境，福祉の各部署では人口規模が大きくなるほど影響力が増しており，都市部であるほど市民セクターが台頭していることがみてとれる。都市部において市民社会組織の政策過程への関与が強まり，実質的にも多元的な参加が行われているといえる。

　以上のように，本章の一連の分析から，市民社会組織が一定程度政策過程に参加し，さらに影響力を発揮している様子をみることができた。本書の後続の諸章では，参加や影響力をはじめ，市区町村と市民社会組織との接触，市民参加を促進する制度との関係，議会におけるガバナンス，政策パフォーマンスなど多様な課題に取り組み，ガバナンスの実態を掘り下げる詳細な分析を行っていく。

第3章　影響力構造の多元化と市民社会組織・審議会

久保慶明

1. 本章の位置づけ

　本章のテーマは，地方政府の政策過程における影響力の集中の程度である。第2章での検討を踏まえて，各地方政府における影響力構造をより詳細に検討する。具体的な問いは以下の2つである。第1に，地方政府の規模（あるいは都市化度），政策分野，政策段階別に，どの主体が影響力を持つのか。また，どの程度多元化しているのか。第2に，市民社会組織に着目すると，その影響力はどのような要因によって規定されているのか。政策過程への参加，業務委託，接触の活発さに応じて影響力は変化するのか。

　ローカル・ガバナンスを解明するにあたって本章に期待される役割は，政策過程への参加主体の拡がりを影響力評価から捉えることにある。第2章も明らかにしているように，地方政府の活動には多様な主体が参加している。しかし，各主体が参加しているからといって，それが影響力の発揮につながるとは限らない（井出 1972：160-165）。市民社会組織の形式的な参加が進んだ地方政府であっても，官僚制や議会など従来型のガバナンス構造が政策決定の中心であり続けているかもしれない。単なる参加のみならず，影響力構造を含めた検討を行って初めて，ローカル・ガバナンスの変容を論じることができるのではないか。

　以上の問題意識に基づき，本章では地方政府の政策過程における影響力構造を明らかにしていく。第2節で先行研究を検討した後，第3節では人口規模，政策分野，政策段階別に多元化の程度を検討する。そして，市民社会組織および審議会の影響力に注目する必要があることを明らかにする。第4節

では，市民社会組織の影響力を規定する要因を探求する。審議会への市民社会組織の参加が相互の影響力を増大させること，また，政策過程への参加，法制度的な関与，日常的な接触活動が，市民社会組織の影響力を増大させることを示す。

2. 先行研究

地方政府の政策過程で誰が影響力を持つのかという問いは，地域権力構造論の登場以来，長らく地方政治研究の中心的な課題であり続けてきた（Dahl 1961；Hunter 1956；秋元 1971；クロダ 1976；Elkin 1987；Stone 1989；中澤 2005）。主たる論点は，影響力構造が多元化しているのか，どのような組み合わせが存在するのか，という点であった。本節では主に，日本の市区町村を対象として実施されたサーベイ調査を概観しながら，地方政府の規模，政策分野，政策段階別に影響力構造を検討する必要があることを示す。

2.1. 市区町村における影響力主体

まずは，政策過程に登場する影響力主体を分類しておこう。前章での主成分分析を踏まえて，本章では8つに分類する。①庁内幹部（首長，副首長），②庁内職員（担当部署，財務担当部署，職員組合），③議会，④審議会，⑤政府間関係：行政（中央省庁，都道府県，他の地方政府），⑥政府間関係：政治（地元選出国会議員，都道府県議会議員），⑦経済セクター（経済・商工団体，農林水産業団体，外郭団体・第3セクター，企業），⑧市民セクター（自治会・町内会，NPO・市民団体，環境団体，福祉団体）である。以下では便宜的に，①〜⑥を「政治行政主体」，⑦〜⑧を「市民社会組織」と呼ぶ。

もっとも，市区町村内部の影響力構造を対象とする本章では，①〜④および⑦〜⑧が主たる分析対象となる。大きな影響力を持つのが，選挙によって選出される首長である。首長の任命および議会の承認によって選ばれる副首長と共に，庁内幹部（①）として分類する。他方，担当部署や財務担当部署などを庁内職員（②）も影響力を持つ。また，二元代表制をとる日本の地方政府では，執行機関である首長に対して，議決機関である議会（③）も大きな影響力を持つであろう。審議会（④）の影響力も重要である。前章における主成分分析では，審議会の影響力は市民セクター（⑦）の影響力と関連していた。さらに，経済セクター（⑧）の諸団体も存在する。

以上が，本章で検討対象とする影響力主体である。次に，主な先行研究を概観する。特に，市民社会組織の影響力がどのように捉えられてきたかに注目しながら検討していこう。

2.2. 影響力構造の多元化

都市化度・人口規模との関連　　都市化度や人口規模と影響力構造の関連に注目した研究として，野口・新村・竹下・金森・高橋 (1978)，加藤 (1985) および伊藤 (1990) がある。社会学では地域経済類型にもとづく地域権力構造の分類も行われている（平岡・高橋 1987）。本章では，多元化との関連を論じた加藤 (1985) および伊藤 (1990) に依拠しながら議論を進める。

　加藤富子らの研究グループは，野口ほか (1978) が調査分析した地方政府の予算編成過程を「マクロ」な政策形成過程であるとして，「ミクロ」な政策形成過程の研究を行った（地方自治研究資料センター 1979, 1982；加藤 1985）。加藤らはまず，様々な指標を因子分析にかけ，都市の発展を「人口の流動化」と「産業構造・消費形態の高度化」という2つの指標によって捉え，①地域社会が単純で安定した「農村型」から，②人口が増大し産業・社会構造が変化していく「中間型」を経て，③人口変動が安定化しながらも社会経済環境が高度化・専門分化した「成熟型」へ至る3類型を提示した。そして，これらの都市類型に応じて，①農村型では議会の影響力が大きく，②都市化が進み中間型に移行するにしたがって首長の影響力が増大し，③成熟型に移行するにつれて，影響力構造が多元化することを発見した。伊藤 (1990) も加藤

（1）　伊藤光利は多数の先行研究をレビューする中で，影響力構造の4類型を提示した。①合意型の影響力構造（農村）や②準（擬似）合意型では，議会と伝統的地域組織の影響力が大きい。ただし，開発指向の地方工業都市においては，地方官僚の自律性が高まり，その影響力が大きくなる。さらに，③対立型では，「新中間層」たる「住民参加」の影響力が大きくなり，伝統的地域組織や議会の影響力は低下する結果，首長の影響力が大きくなり，④多元型では，議会，伝統的地域組織，地方官僚，住民参加がそれぞれ一定の影響力を保持するとされる（伊藤 1990：133-130）。寄本勝美も，市民参加の強化により，市政への参加者が多様化すると指摘している（寄本 1986：185-6）。

らと類似の議論を展開した[1]。

これらの研究において，市民社会組織はどのように位置づけられてきたのか。大きくは，伝統的地域組織と新興住民層という2区分が想定されていた（加藤 1985；伊藤 1990）。自治会など住民自治組織に代表される伝統的地域組織は，農村型都市における議会の支持層であった。それに対して，都市化の進展と人口増加に伴って影響力が増大するのが新興住民層であり，議会の影響力低下と首長の影響力増大をもたらすとされた。このような議論の前提には，都市化の程度が市民社会組織の影響力を規定するという認識があったと考えられる。

しかしながら，現在，都市部であっても自治会が盛んに活動し，その一方，農村部で活動する NPO も登場している。また，住民自治組織や新興住民層以外の組織（福祉団体，商工団体など）は，分析対象として取り上げられることが少なかった。さらに，2章をみてもわかるように，伝統的地域組織の影響力も行政活動への参加と関連する可能性が高い。伝統的地域組織と新興住民層という2区分を捉え直しながら，市民社会組織の影響力と都市化との関連を再検証する必要がある。

政策過程の多様性：政策分野と政策段階　影響力構造を捉えるに際しては，各地方政府における政策過程の多様性も考慮する必要がある。本章では特に，政策分野と政策段階という2点に留意しながら分析を進めたい。

第1に，政策分野ごとに政策過程は異なる様相を呈している（Reed 1984＝1990; 伊藤 2002a）。小林良彰らが全市区に対して実施した調査では，特に市民社会組織に関して，分野別に影響力を持つ主体が異なっていた（小林・新川・佐々木・桑原 1987）。

市区町村調査では，市民活動，環境，福祉，産業振興という4分野を調査対象とした。すでに2章で検討したように，上位政府や市民社会組織の影響力評価が分野ごとに大きく異なっている。

第2に，各政策段階で影響力を持つ主体が異なる。青木康容らが関西地方の行政職員を対象として実施した調査（青木編 2006）では，立案段階では庁内幹部・職員や上位政府，決定段階では庁内幹部や議会，執行段階では議会や市民社会組織の影響力が大きかった（中道 2006：14−16）。

市区町村調査でも，立案・決定・執行の各段階における影響力評価を質問

第3章　影響力構造の多元化と市民社会組織・審議会　63

表3－1　各政策段階における影響力

		政治行政主体									
		首長	副首長	担当部署	財務担当部署	職員組合	議会議員	審議会・懇談会	中央省庁	都道府県	他の地方政府	地元選出国会議員
市民	立案	83.1	80.1	81.3	56.1	4.2	48.3	54.5	27.4	33.8	14.1	13.0
	決定	98.2	93.2	77.0	70.9	3.6	59.9	49.4	25.2	30.5	9.9	13.1
	執行	87.9	84.1	80.7	55.4	3.6	45.1	34.4	22.1	26.9	8.6	11.6
環境	立案	74.2	73.0	87.2	50.0	2.5	43.7	51.8	33.7	40.9	21.9	9.4
	決定	97.4	92.5	83.6	67.4	2.2	55.8	54.6	26.4	34.7	13.2	10.1
	執行	83.1	79.8	88.7	53.1	2.4	41.6	37.8	23.0	29.9	12.5	8.5
福祉	立案	73.1	71.4	85.5	45.8	2.5	39.4	50.3	50.2	56.4	25.6	12.6
	決定	98.1	92.6	92.2	63.6	2.3	54.4	51.6	41.3	49.9	15.6	12.6
	執行	80.2	78.1	85.6	50.9	2.1	40.2	34.4	34.2	42.1	12.0	10.8
産業	立案	78.7	75.4	86.1	49.4	0.8	41.2	44.4	36.3	50.7	13.2	13.9
	決定	98.4	92.4	83.0	71.6	1.7	57.2	45.6	36.4	50.6	7.9	15.4
	執行	82.9	78.1	87.1	53.7	2.2	40.7	26.9	29.6	42.8	6.9	13.7

		(つづき)			市民社会組織等						
		都道府県議会議員	自治会・町内会	NPO・市民団体	環境団体	福祉団体	経済・商工団体	農林水産業団体	外郭団体・3セク	企業
市民	立案	12.4	43.6	23.4	10.9	14.8	15.4	15.9	7.4	5.4
	決定	12.3	38.3	17.4	8.8	12.7	13.2	13.3	6.5	4.7
	執行	11.2	43.3	23.7	11.1	15.0	14.8	15.6	8.4	5.9
環境	立案	8.5	36.7	18.6	20.0	5.3	8.9	7.9	6.2	8.9
	決定	9.0	31.0	13.5	14.8	4.8	7.5	6.9	5.2	6.5
	執行	8.5	43.8	21.5	20.5	6.0	10.5	8.6	6.8	10.9
福祉	立案	10.6	26.1	20.2	4.3	42.6	3.8	3.1	5.5	3.2
	決定	9.9	22.3	15.2	3.6	34.1	2.9	2.9	4.3	2.9
	執行	8.2	27.7	20.0	4.0	41.9	3.4	3.6	5.1	3.7
産業	立案	12.9	25.4	13.7	6.0	6.0	44.3	41.6	17.4	16.7
	決定	13.7	22.5	11.5	5.5	5.4	35.7	33.7	14.9	13.0
	執行	12.0	26.6	14.1	7.0	6.0	41.5	38.7	18.7	18.3

註）値は7件尺度で5点以上（中間は4点）の割合。最大のカテゴリを太字で示している。福祉部署における「福祉団体」の影響力は，社会福祉法人，福祉当事者団体，福祉ボランティア団体のうち最大値をとって計算した。表3-5，表3-6，表3-7も同様。

した。表3－1に示したのが，各政策段階で各主体が影響力を持つ割合（7件尺度で5点以上，質問文は2.3.項参照）である。3段階のうち最多の割合を示す太字に注目すると，政治行政主体は主に立案・決定段階，市民社会組織は立案・執行段階において影響力を持ちやすいことがわかる。

2.3. 分析方法

これらの先行研究および予備的分析を踏まえ，本章では以下のように議論を展開する。まず，人口規模，政策分野，政策段階という3つの軸に沿って

影響力構造の多元化の程度を検証し，市民社会組織と審議会の影響力に着目する必要があることを示す。その上で，市民社会組織が持つ影響力の規定因を詳しく分析する。結論からいうと，市民社会組織の影響力は，政策立案段階では審議会の影響力と相互補強的な関係にある一方，執行段階では政策過程への参加，行政活動への関与，職員との直接的な接触が活発であると増大する。

なお，地方政府の規模に関しては，人口規模に応じて3つのカテゴリを設定する。加藤らの研究に倣い都市化度を示す指標を作成する方法も考えられるが（地方自治研究資料センター1982；加藤1985），人口規模は都市化度と相関関係にあることから，本章では人口規模による分析を行うことにした[2]。

分析に用いる質問は，「次にあげる人や集団は，市民活動部署が関わる政策・施策の立案，決定，執行のそれぞれに対して，どのくらいの影響力がありますか」である。回答選択肢は，1点（影響力なし）から7点（影響力あり）の7件尺度（4点が中間）である。順位ではなく尺度を採用したのは，アクター間での影響力差を捉えるためである[3]。分析に際しては，主体間の影響力関係を考慮して影響力構造を分類するため，各地方政府で最大の影響力を持つ主体に注目する。

3. 影響力構造のパターン：最大影響力を持つのは誰か？

先にも述べたように，本章での分析対象は，庁内幹部（首長，副首長：以下，首長），庁内職員（担当部署，財務担当，職員組合のいずれか：以下，職員），議会，審議会，市民社会組織（自治会，NPO・市民団体，環境団体，福祉団体，経済・商工団体，農林水産業団体，外郭団体・第3セクターのいずれか），企業の6分類である。この中で最大の影響力を持つ主体の数（以下，

---

(2) 都市化に関わる指標と人口規模の関連をみるために，ピアソンの相関係数をとったところ，人口集中地区人口比は0.455，第1次産業就業者数比は−0.353，第3次産業就業者数比は0.419であった（いずれも1％水準で有意（両側））。

(3) 尺度は異なるものの，自治大学校（2005）や日本都市センター（2008）も同様の質問形式を採用している。市区町村調査において尺度を7件にしたのは，本研究プロジェクトが実施した社会団体調査やNPO調査と揃えるためである。

最大影響力主体数) を数えていく。たとえば，首長と議会の 2 者が 7 点，他の主体が 6 点以下の場合には，最大影響力主体数は 2 となる。首長，議会，職員の 3 者が 6 点，他の主体が 5 点以下の場合，最大影響力主体数は 3 となる。なお，最大影響力主体数が 1 のケースを「一元型」，2 を「二元型」，3 を「三元型」，4 以上を「多元型」と呼ぶ。

市区町村調査が対象とした 4 部署・3 段階全体で集計すると (N = 12512)，一元型は44.8%，二元型は35.1%，三元型は12.7%，多元型は7.3%である (表 3-2)。具体的な組み合わせをみると，1 位の首長一元型，2 位の首長－職員二元型が 5 割以上を占め，首長部局優位の構造にあることがうかがえる。注目されるのは，3 位の多元型7.3%である。割合としては10%に満たないが，行政職員による影響力評価であることを考えれば，政策過程が多元化した地方政府は少なくないと評価できるように思われる。以下，人口規模，政策分野，政策段階の順にみていこう。

3.1. 人口規模

まず，人口規模別に集計したのが表 3-2 である。人口 3 万人未満では一元型が約 5 割を占めるのに対して，20万人以上では 3 割程度に低下する。代わって二元型が42.7%に増加し，三元型と多元型の割合も増加している。人口規模が大きくなるほど影響力構造は多元化しており，加藤 (1985) や伊藤 (1990) と整合的な結果であるといえる。

表では詳しい内訳を省略したが，人口規模が大きくなるほど影響力が増大するのが行政職員である (3 万未満47.6%，20万未満61.9%，20万以上70.8%)。市民社会組織の影響力も人口規模に応じてやや増大しており (14.8%，15.2%，16.8%)，これは主に NPO・市民団体の影響力評価に起因している (3.1%，4.6%，6.0%)。これらの点も，先行研究と同様の結果となっている。

注目されるのは，審議会の影響力が，人口規模の拡大に応じて大きくなる傾向にある点である (12.6%，14.8%，16.8%)。市民社会組織にとって，審議会は政策過程に参与する重要な機会である。しかしながら，先行研究

表 3-2 人口規模別の最大影響力主体数 (単位 : %)

	一元型	二元型	三元型	多元型	N
3 万未満	49.3	31.9	11.9	7.0	6371
3 万以上20万未満	41.4	37.7	13.6	7.3	5241
20万以上	33.7	42.7	13.4	10.2	900
全体	44.8	35.1	12.7	7.3	12512

は二元代表制（首長と議会）の影響力関係に注目する一方で，審議会に関する検討を必ずしも十分に行ってこなかった。本章では第4節において，審議会の影響力を詳しく検討することとしたい。

3.2. 政策分野

次に，政策分野別に集計してみよう。表3－3をみると，市民の一元型49.2％，環境の三元型14.0％と多元型8.5％がやや多いものの，部署間での差はほとんどない。多元化の程度は政策分野とは関連しないといえる。

表3－3 政策分野別の最大影響力主体数 (単位：％)

	一元型	二元型	三元型	多元型	N
市民	49.2	31.6	12.8	6.4	3083
環境	42.8	34.8	14.0	8.5	3219
福祉	42.8	37.8	12.4	7.0	3066
産業	44.7	36.2	11.7	7.4	3144
全体	44.8	35.1	12.7	7.3	12512

内訳を詳しくみておこう。庁内幹部・職員や議会に関しては，職員の影響力が市民活動で小さいほか（市民48.2％，環境59.9％，福祉55.9％，産業56.8％），4分野間で大きな相違はない。市民社会組織の影響力もほとんど変わらない（市民14.4％，環境14.1％，福祉14.7％，産業17.3％）。もっとも，市民，環境分野では自治会，福祉分野では福祉団体，産業振興分野では経済・商工団体や農林水産業団体の割合が高いという違いはある。

その一方，環境，福祉分野で影響力が大きいのが審議会である（市民11.4％，環境17.9％，福祉15.7％，産業10.2％）。ここでも，影響力構造を捉える際に審議会が重要であることがうかがえる。

3.3. 政策段階

最後に，政策段階別に集計したのが表3－4である。人口規模別，政策分野別の集計に比べて主体間の組み合わせに特徴的な点がみられたので，表では内訳も詳しく示している。表中の略称は最大影響力を持つ主体を示しており，首：首長など庁内幹部，職：担当部署など庁内職員，議：議会，審：審議会，社：市民社会組織，企：企業である。値は，それぞれの組み合わせが各段階の総数（立案4121，決定4211，執行4180）に占める割合である。

まず，立案段階では一元型が5割を占め，そのほとんどが首長および職員の一元型である。それに対して，決定，執行段階では一元型が減少して二元

第3章　影響力構造の多元化と市民社会組織・審議会　67

表3－4　政策段階別の最大影響力主体数とその組み合わせ（単位：%）

	一元型		二元型		三元型		多元型	合計
立案								N＝4121
	首	27.0	首職	23.0	首職審	4.4	多元 6.9	
	職	19.0	職議	2.1	首職議	2.4		
	他	4.3	他	6.1	首職社	2.4		
					他	2.4		
計		50.3		31.2		11.5	6.9	100.0
（うち社含む）		1.7		2.7		4.3	5.5	14.2
決定								N＝4211
	首	38.6	首職	28.9	首職議	6.1	多元 7.2	
	職	2.6	首議	4.6	首職審	4.5		
	他	1.1	他	3.3	他	3.0		
計		42.3		36.8		13.7	7.2	100.0
（うち社含む）		0.6		0.8		2.1	4.4	8.0
執行								N＝4180
	首	33.4	首職	27.3	首職社	4.2	多元 7.9	
	社	4.2	職社	2.8	首職議	3.8		
	職	3.6	他	7.1	首職審	2.5		
	他	0.9			他	2.5		
計		42.0		37.2		13.0	7.9	100.0
（うち社含む）		4.2		5.9		6.3	6.9	23.2

註）　略称は以下の通り。首＝首長，職＝職員，議＝議会，審＝審議会，社＝市民社会組織，企＝企業。なお，首長は首長／副首長，職員は担当部署／財務担当部署／職員組合，市民社会組織は自治会／NPO・市民団体／環境団体／福祉団体／経済・商工団体／農林水産業団体／外郭団体・第3セクターのいずれかが該当する場合。

型が増えている。これは主に，立案段階で19.0%を占める職員一元型（職）の割合が，決定，執行段階で減少することによる。そのかわり，首長と職員で影響力を分けもつパターンや，議会と市民社会組織の影響力が伸長する。結果，三元型，多元型の割合は，立案段階よりも決定・執行段階でやや増加する。

　注目すべき点は，立案や決定段階では審議会（審）および議会（議），執行段階では各種市民社会組織（社）を含むパターンが多くなっていることである。これらの主体を含むパターンの割合を立案，決定，執行段階の順で示すと，審議会：17.2%，13.5%，10.3%，議会：12.2%，18.7%，14.7%，市民社会組織：14.2%，8.0%，23.2%となる。影響力の中心が，立案段階では審議会，決定段階では議会，執行段階では市民社会組織と移行していることがわかる。ここから，2つの論点が導き出される。

　第1に，立案段階で審議会，決定段階で議会の影響力が大きいことは，市

民社会組織にとっても,働きかける対象が異なる可能性を示唆する。議会に関しては第7章で詳しく検討するため,本章では審議会との関係に着目したい。第2章で検討したように,審議会の影響力は市民セクターの影響力と関連する。市民社会組織が審議会に参加することによって,両者の影響力はどのように変化するのだろうか。

第2に,最大影響力を持つ市民社会組織の割合を詳しくみると,自治会(立案8.0％,決定4.9％,執行13.6％),NPO・市民団体(3.5％,2.0％,6.7％),その他諸団体(9.1％,4.5％,14.8％)のいずれも執行段階で最多となる。ローカル・ガバナンスにおけるエージェントとして,市民社会組織が執行段階で大きな影響力を持つことが示唆される。この背景にはどのようなメカニズムが働いているのか。以上の2点に関して,次節で詳しく検討する。

本節での分析をまとめると,まず,人口規模の拡大によって影響力構造は多元化する。この背景には,これまで指摘されてきた行政職員や市民団体のほか,政策立案段階で影響力を発揮する審議会の存在が関連している。さらに特筆すべきなのは,政策執行段階における市民社会組織の影響力である。ローカル・ガバナンスにおけるエージェントとして,市民社会組織は大きな影響力を持っている。

4. 市民社会組織の影響力と参加

本節では,市民社会組織が持つ影響力の規定因を分析する。具体的な問いは以下の3つである。(1)審議会に参加する市民社会組織ほど大きな影響力を持つのか,(2)市民社会組織が参加する審議会ほど大きな影響力を持つのか,さらに,(3)行政活動一般への関与,業務の受託,職員との接触は,市民社会組織の影響力評価とどう関連するのか。まず,政策立案段階における市民社会組織と審議会との関係から検討していこう。

4.1. 政策立案段階での審議会への参加

仮説　市民社会組織にとって,審議会への参加は地方政府の政策過程に直接参与する重要な機会である。審議会への参加を通して,市民社会組織は直接的な影響力を発揮していると考えられる。あるいは,大きな影響力を持つ市民社会組織であるからこそ審議会のメンバーになっていることも考えられる。

他方，審議会にとっては，市民社会組織の参加は2つの点で重要である。1点目として，当該部署に関連する市民社会組織の参加が重要である。たとえば住民自治組織の参加は，行政活動の正統性を調達する上で重要な役割を果たすと推察できる。あるいは，個別の連絡や意見聴取などのコストを低減することにもつながる。

もっとも，正統性の確保という点では，特定の市民社会組織が参加するのみでは偏りがあるとの批判が生じる可能性もある。そのため，より多くの市民社会組織が参加している審議会ほど，正統性が高く影響力を持ちやすいと考えられる。あるいは，多様な市民社会組織が参加する審議会には，実質的な利害調整を行うことも期待されていることから（森田 2006；寄本 2009），その決定の重みが増すことも考えられる。いずれにしても，参加する市民社会組織が多様な審議会ほど影響力が大きくなる，というのが第2の点である。

まとめると，検証すべき仮説は以下の3つである。

【仮説1-1：審議会仮説】審議会に参加している市民社会組織ほど，政策立案過程における影響力が大きい。

【仮説1-2：関連組織仮説】関連する市民社会組織が参加しているほど，審議会の影響力が大きい。

【仮説1-3：多様性仮説】参加する市民社会組織が多いほど，審議会の影響力が大きい。

分析　審議会仮説から検討していこう。表3-5に示したのは，審議会への参加の有無別にみた，各市民社会組織に対する影響力評価（立案）の平均値である。審議会に参加している市民社会組織ほど，影響力が大きくなっていることがわかる。このような傾向は分野別にみてもほとんど変わらない。【審議会仮説】は支持される。

ただし，審議会に参加している市民社会組織は，計画策定や政策評価などにおいても政策過程に関与している場合が多い。この点に関しては，4.2.

表3-5　審議会に参加する市民社会組織等の影響力（立案段階）

	自治会・町内会	NPO・市民団体	環境団体	福祉団体	経済・商工団体	農林水産業団体	外郭団体・3セク	企業
なし	3.63(1653)	3.10(1999)	2.57(2507)	2.69(2111)	2.64(1767)	2.51(2062)	2.47(2811)	2.42(2586)
あり	4.12(2036)	3.76(1440)	3.61(655)	3.96(1307)	3.70(1631)	3.85(1305)	3.58(400)	3.16(724)
F値	93.814**	173.986**	263.504**	580.205**	394.112**	593.299**	198.720**	144.378**

註）値は平均値（度数）。＊：p<.05　＊＊：p<.01　太字は1％水準で有意な差があり，大きい値を示す。

項で詳しく検討する。

次に,審議会の影響力に関する仮説を検討していこう。まず,関連組織仮説である。表3－6には,審議会の影響力（立案）の平均値を,各市民社会組織の参加有無別に示した。全体としてみると,各種市民社会組織が参加している審議会の方が,参加していない審議会に比べて影響力が大きくなる傾向にある。F検定の結果5％水準で有意な差がある場合（値が大きい方を太字で示している）に着目すると,環境では7主体,福祉では5主体,産業振興でも4主体が該当する。それに対して,市民活動で該当するのはNPO・市民団体と一般市民のみである。

主体別にみると,NPO・市民団体および一般市民が参加する審議会では,

表3－6　市民社会組織等の参加と審議会の影響力（立案段階）

分野	参加主体	自治会・町内会	NPO・市民団体	環境団体	福祉団体	一般市民
市民	なし	4.50 (222)	4.44 (474)	4.58 (684)	4.56 (474)	4.36 (148)
	あり	4.65 (669)	**4.80 (417)**	4.72 (207)	4.67 (417)	**4.66 (743)**
	F値	1.367	10.791**	1.169	0.957	4.020*
環境	なし	4.49 (375)	4.43 (534)	4.51 (564)	**4.65 (850)**	4.20 (275)
	あり	**4.75 (546)**	**4.93 (387)**	**4.85 (357)**	4.49 (71)	**4.83 (646)**
	F値	5.189*	19.312**	9.423**	0.588	27.453**
福祉	なし	4.46 (456)	4.47 (543)	4.60 (894)	4.22 (225)	4.32 (342)
	あり	**4.70 (473)**	**4.74 (386)**	4.20 (35)	**4.69 (714)**	**4.74 (587)**
	F値	5.085*	6.394*	2.077	14.731**	15.274**
産業	なし	4.28 (564)	4.23 (636)	4.36 (825)	4.34 (802)	4.24 (428)
	あり	4.45 (329)	**4.62 (257)**	4.16 (68)	4.34 (91)	4.44 (465)
	F値	2.079	10.107**	0.885	0.000	3.447

分野	参加主体	経済・商工団体	農林水産業団体	外郭団体・3セク	企業	労働組合
市民	なし	4.51 (371)	4.61 (442)	4.59 (764)	4.57 (683)	4.59 (738)
	あり	4.68 (520)	4.62 (449)	4.76 (127)	4.74 (208)	4.70 (153)
	F値	2.338	0.009	1.270	1.545	0.526
環境	なし	4.43 (529)	4.51 (635)	4.63 (871)	4.53 (685)	4.62 (850)
	あり	**4.93 (392)**	**4.93 (286)**	4.82 (50)	**4.97 (236)**	4.89 (71)
	F値	20.257**	12.036**	0.596	11.926**	1.643
福祉	なし	4.56 (793)	4.58 (863)	4.56 (879)	4.57 (879)	4.58 (874)
	あり	4.73 (136)	4.62 (66)	**5.04 (50)**	4.88 (50)	4.71 (55)
	F値	1.291	0.039	4.289*	1.805	0.358
産業	なし	4.15 (279)	4.21 (379)	4.32 (720)	4.26 (642)	4.33 (792)
	あり	**4.43 (614)**	**4.44 (514)**	4.45 (173)	**4.55 (251)**	4.47 (101)
	F値	5.533*	4.205*	0.827	5.749*	0.630

註）値は平均値（度数）。*：p<.05　**：p<.01　太字は5％水準で有意な差があり,大きい値を示す。

4分野全てにおいて影響力が大きくなっている。これらの主体が参加することにより，審議会の正統性が高められていると推察できる。自治会の参加も，一般に審議会の影響力増大につながっている（環境と福祉のみ有意）。環境団体（環境），福祉団体（福祉），経済・商工団体（産業），農林水産業団体（産業）など，各分野に関わりの深い市民社会組織の参加も，審議会の影響力を大きくする傾向にある。これらの結果は【関連組織仮説】を支持する。

図3−1 参加主体数別にみた審議会の影響力（立案段階）

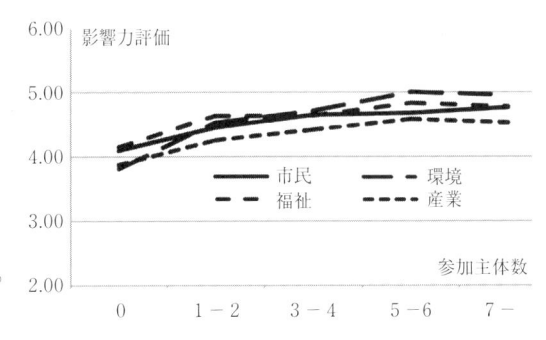

註) 値は7件尺度の平均値（1：影響力なし…4：中間…7：影響力あり）。

最後に，多様性仮説を検討しよう。図3−1に示したのは，市民社会組織の参加主体数別にみた審議会影響力（立案）の平均値である。いずれの部署でも，参加主体数が多いほど審議会の影響力が増大している。多様な市民社会組織が参加している審議会ほど正統性が高く，また，実質的な利害調整が行われていると推測できる。【多様性仮説】も支持される。

以上の分析から，市民社会組織と審議会との影響力は相互補強的な関係にあるといえる。市民社会組織は審議会への参加を通して立案段階で影響力を発揮し，審議会の影響力も市民社会組織の参加によって増大しているのである。

4.2. 政策執行段階での影響力

仮説　次に，市民社会組織の影響力がどのような要因に規定されているか，詳しく分析していこう。ここでは，政策執行段階を分析対象とする。3.3.項で明らかにしたように，執行段階における市民社会組織の影響力が，立案および決定段階に比べて大きいためである。

まず考えられるのが，政策過程への参加である。前項で検討した審議会への参加のほか，立案段階では計画策定過程への参加，決定段階より後では政

策執行や政策評価などへの参加も，市民社会組織が地方政府に働きかける重要な機会となる。これらの過程を通して，市民社会組織は自らの利益を表出し，影響力を発揮すると考えられる。

また，許認可や行政指導，人員の交換（地方政府からの職員派遣，団体からの委員派遣），行政活動に対する団体からの支援なども，地方政府と関わりを持つ契機となる。業務委託も，地方政府と関わりを持つ重要な機会といえよう。このような行政活動一般への関与を通しても，市民社会組織は影響力を発揮していると考えられる。

もっとも許認可や行政指導などは，政策過程への参加に比べると地方政府から市民社会組織に対する規律付け（あるいは統制）としての側面が強く，市民社会組織の影響力が抑制されることも考えられる。しかし，そもそも規律付けを行う前提には市民社会組織の影響力が大きいという認識があると考えられるため，上記の関わりを持つほど市民社会組織の影響力は大きくなると予測する。

さらに，以上のような関わりでは市民社会組織を統制することができない場合，地方政府職員は直接的に接触する可能性がある。その一方で，市民社会組織からの働きかけや，情報提供を通して，市民社会組織が影響力を発揮することも考えられる。いずれの場合も，市民社会組織の影響力は大きく評価されるであろう。以上の仮説をまとめると，以下の通りとなる。

【仮説2－1：参加仮説】政策過程に参加する市民社会組織ほど，影響力が大きい。

【仮説2－2：関与仮説】地方政府の行政活動に関与する市民社会組織ほど，影響力が大きい。

【仮説2－3：委託仮説】地方政府からの業務委託を受けている市民社会組織ほど，影響力が大きい。

【仮説2－4：接触仮説】職員との接触が頻繁な市民社会組織ほど，影響力が大きい。

以上4つの仮説を検証するため，政策執行段階における各市民社会組織の影響力を従属変数とした重回帰分析を行う。それぞれの仮説に対応する独立変数は以下の通りである。政策参加数（0～4）：審議会・懇談会，計画策定，政策執行，政策評価。関与方式数（0～5）：許認可・行政指導，職員派遣，

行政支援，業務委託，モニタリング。受託業務数（0～19）：一般ごみ収集など19項目（詳しくは第4章を参照のこと）。接触項目数（0～5）：要望，事業提案，説明・説得，業務連絡，意見交換[4]。このほか統制変数として，市民活動部署を基準カテゴリとする部署ダミー変数，人口，財政力指数を投入する。

分析　分析結果を表3－7に示している。モデルは全て1％水準で有意である。統制変数の効果を確認しておくと，部署ダミーはいずれの主体の影響力評価とも有意に関連している。環境部署では自治会，環境団体，企業，福祉部署では福祉団体，産業振興部署では経済・商工団体，農林水産業団体，外郭団体・第3セクター，企業の影響力が，市民活動部署と比べて大きくなる。人口に関しては，全般に人口規模が大きいほど市民社会組織の影響力は小さくなる。また，財政力指数は全般に有意でないものが多いが，福祉団体と農業団体では財政力指数が低いほど影響力が大きくなる。以下，4つの仮説を検討していこう。

政策参加数は，いずれの市民社会組織の影響力とも正の関連を持つ。特に環境団体，農林水産業団体，外郭団体・第3セクターなどで係数が大きくなっている。【参加仮説】は支持され，政策過程に多く参加する市民社会組織ほど大きな影響力を持つようになる。

関与方式数はNPO・市民団体，福祉団体，経済・商工団体，農林水産業団体，外郭団体・第3セクターで有意な正の関連を持つ一方，自治会，環境団体，企業では関連がみられない。【関与仮説】は部分的に支持される。NPO・市民団体などのグループでは法人格を有する団体が多く，地方政府との間に何らかの法制度的な関わりを持つ組織である。それに対して自治会などのグループは，法制度的な関わりが弱い組織であると考えられる。法制度的な関わりを持つ市民社会組織では，それに付随する地方政府との関与を通して影響力が増大していると推察できる。

受託業務数は，経済・商工団体を除いて有意な関連がない。経済・商工団体に関しても，有意水準は10％で係数も非常に小さい。【委託仮説】は支持されないといえる。地方政府から業務委託を受けることは，市民社会組織が行

（4）　なお，接触に関しては「月に1回以上」あるいは「半年に1回以上」の場合を「1」として加算した。

表3-7 市民社会組織等が持つ影響力（執行段階）の重回帰分析

	自治会・町内会	NPO・市民団体	環境団体	福祉団体	経済・商工団体	農林水産業団体
政策参加数	0.216**	0.291**	0.494**	0.340**	0.348**	0.432**
	(0.029)	(0.028)	(0.035)	(0.032)	(0.028)	(0.028)
関与方式数	−0.039	0.157**	0.013	0.133†	0.142**	0.092**
	(0.035)	(0.049)	(0.035)	(0.072)	(0.036)	(0.030)
受託業務数	0.039	0.038	−0.033	−0.004	0.021†	0.012
	(0.031)	(0.033)	(0.033)	(0.023)	(0.012)	(0.017)
接触項目数	0.168**	0.144**	0.054**	0.082**	0.086**	0.068**
	(0.020)	(0.020)	(0.017)	(0.017)	(0.016)	(0.016)
部署ダミー						
（基準カテゴリは市民）						
環境	0.255**	−0.045	0.372**	−0.439**	−0.212**	−0.243**
	(0.082)	(0.082)	(0.084)	(0.083)	(0.079)	(0.079)
福祉	−0.391**	−0.158*	−0.573**	0.579**	−0.778**	−0.766**
	(0.083)	(0.079)	(0.105)	(0.084)	(0.085)	(0.084)
産業振興	−0.331**	−0.183**	−0.135	−0.500**	0.642**	0.659**
	(0.085)	(0.081)	(0.089)	(0.089)	(0.080)	(0.079)
人口	−7.8E-07**	−7.8E-09	−5.2E-07*	−7.5E-07**	−6.6E-07**	−8.1E-07**
	(0.000)	(0.000)	(0.000)	(0.000)	(0.000)	(0.000)
財政力指数	−0.045	0.014	−0.010	−0.243**	−0.070	−0.233**
	(0.096)	(0.094)	(0.096)	(0.092)	(0.090)	(0.090)
（定数）	3.622**	2.905**	2.555**	2.879**	2.548**	2.653**
	(0.097)	(0.077)	(0.082)	(0.090)	(0.085)	(0.083)
R^2	0.103	0.099	0.155	0.240	0.258	0.285
調整済 R^2	0.100	0.097	0.153	0.238	0.256	0.283
F値	41.22**	37.19**	56.66**	106.20**	115.5**	131.09**
N	3258	3039	2780	3030	2997	2970

註） 値は非標準化係数，（ ）内は標準誤差。†：p<.10 *：p<.05 **：p<.01
・政策参加数は 0～4，関与方式数は 0～5，受託業務数は 0～19，接触項目数は 0～5。
・影響力評価と受託業務数では，主体の不一致がある。一致していない主体の操作化は以下の通り（影響力評価：受託主体の順）。環境団体：NPO・市民団体，福祉団体：福祉法人，経済・商工団体：企業，農林水産業団体：その他。
・接触項目数に関して，自治会，NPO・市民団体以外の「諸団体」に企業は含まれていないものの，企業と経済・商工団体等との関連が深いと考え，企業に関する接触項目数には「諸団体」との接触項目数を投入した。

政活動に関わる方策ではあるものの，その影響力増大にはつながっていない。

最後に接触項目数は，政策参加数と同様，全ての市民社会組織で正の関連を持つ。【接触仮説】が支持される。多様な目的で頻繁に接触しているほど，市民社会組織の影響力が増大するといえる。形式的な参加だけでなく，地方政府職員との実質的なコミュニケーションも，市民社会組織の影響力の増大を促すのである。

全体としてみると，政策過程への参加，団体による行政支援や許認可など

の法制度的な関わり，日常的な接触活動の3点が，市民社会組織の影響力増大につながる。それに対して業務委託は影響力増大につながらない。単なるエージェントとしてではなく，ステイクホルダーとしてローカル・ガバナンスに関わることが，市民社会組織の影響力増大につながると考えられる。

5. まとめと考察

本章では第2章での検討を踏まえ，影響力構造の多元化と，市民社会組織の影響力の規定因という2点から，各地方政府における影響力構造の実態を分析してきた。

第3節では，地方政府の規模（都市化度），政策分野，政策段階別に，影響力構造がどの程度多元化しているのかを検討した。まず，人口規模の拡大によって影響力構造は多元化していた。その背景には，先行研究で指摘されてきた行政職員や市民団体のほか，政策立案段階で影響力を発揮する審議会の存在が関連していた。さらに，政策執行段階における市民社会組織の影響力の大きさも明らかとなった。

第4節では，市民社会組織と審議会に対象を絞って，その影響力がどのような要因によって規定されているのかを検討した。第1に，審議会への参加主体である市民社会組織は，審議会に参加するほど影響力が大きくなる傾向にあった。審議会の影響力も，関連する市民社会組織が参加しているほど，あるいは参加する市民社会組織が多いほど増大していた。第2に，市民社会組織の影響力と行政活動への関与との関連を探った重回帰分析からは，政策過程への参加，法制度的な関与，直接的な接触が影響力増大につながるのに対して，業務委託は影響力の大小と関連しないことが明らかとなった。

以上の知見を踏まえ，影響力構造の観点からローカル・ガバナンスを捉えると，以下の3点を指摘できる。

外郭団体・3セク	企業
0.486**	0.346**
(0.036)	(0.035)
0.089*	−0.176
(0.038)	(0.123)
0.003	0.013
(0.024)	(0.013)
0.079**	0.083**
(0.017)	(0.017)
−0.154†	0.220**
(0.080)	(0.077)
−0.492**	−0.404**
(0.082)	(0.081)
0.354**	0.634**
(0.085)	(0.084)
−1.7E-07	−1.8E-07
(0.000)	(0.000)
−0.112	−0.101
(0.094)	(0.095)
2.399**	2.236**
(0.076)	(0.078)
0.147	0.116
0.145	0.114
52.48**	41.10**
2741	2819

第1に，市民社会組織が影響力を発揮するルートとしての審議会の重要性である。地方政府における審議会の機能には，①政策発案・形成段階での政策決定の支援・補完，②政策実施段階での裁定・基準設定，政策変更，③政策評価機能の支援・補完の3つがある（新川 1997）。その背後では，市民社会組織の審議会への参加が両者の相互補強的な関係を生みだしている。一方では，審議会は市民社会の意向をくみ上げ，利害調整の場となっている。他方，市民社会の意向をくみ上げた審議会は正統性を高め，政策過程において大きな影響力を持つ。審議会は，市民社会組織の意向を政策過程に反映させる上で，重要な役割を担っているのである。

　第2に，政策執行段階における市民社会組織の影響力の大きさである。執行段階での関与は，主にエージェントとしての活動であると推測される。しかし市民社会組織の影響力増大につながるのは，エージェントとしての関与と考えられる業務委託ではなく，政策過程への参加や行政活動への関与，日常的な接触であった。業務委託のみが行われている場合には，行政の「下請け化」（田中 2006）ともいわれるように，市民社会組織は影響力を持ち得ていないと推察される。ここから，エージェントとして活動すること自体が重要なのではなく，エージェントになることで得られるステイクホルダーとしての関与が重要であることが示唆される。

　第3に，参加と接触の進展が市民社会組織の影響力増大をもたらすことは，市民社会組織の参加を，形式的参加と実質的参加という二段階で論じる必要性を示唆する。ここで「形式的参加」とは制度的枠組みに則った行政活動への参加，「実質的参加」とは行政職員との日常的な接触を意味する。たしかに，形式的参加が行われることで，市民社会組織の影響力は増大する。しかし，形式的参加がなくとも，日常的な接触活動の中で市民社会組織は影響力を発揮しうる。政策的含意を引き出すならば，参加を制度化した後の運用状況によって，市民社会の発揮する影響力の大きさが変わってくる。あるいは，非公式の接触活動が活発な地方政府でも，参加を公式に制度化することによって，市民社会の影響力増大が期待できるのである。

第4章　地方政府における外部委託の状況

柳　　　　至

1．本章の位置づけ

　本章の目的は，公共財の供給は，外部委託を通じてどの程度市民社会組織に担われているか。また，外部委託が進んでいる地方政府（市区町村）はどのような特徴をもつかというリサーチ・クエスチョンを解くことである。これにより，外部委託は双方向的な関係を有しているのではないかという疑問に答えたい。

　外部委託は地方政府がステイクホルダーであり，NPO・市民団体等の市民社会組織がエージェントとして業務を請け負う関係として捉えられる。ただし，市民社会組織は地方政府の活動に関心を持つステイクホルダーとしての側面も有し，自らの活動やパートナーシップの実現のために業務の外部委託を促し，その一環として業務委託が行われていると捉えることもできる。本章では，外部委託がこうした相互行為的なネットワークであるかどうかを確かめることにより，公共財の供給をめぐってガバメントからガバナンスへという移行が進んでいるかを明らかにしたい。

　多くの市区町村でごみ収集やし尿処理といった業務の実施を市民社会組織に委託する動きがみられる。外部委託（アウトソーシング）の主目的は，「サービスの提供のために競争的な環境を導入することによって効率性を高めること」とされる（OECD 2005＝2006: 172）。こうした業務の外部委託は行政改革の一環として行われることが多い。

　わが国の地方政府で行政改革が積極的に進められるようになったのは，国レベルの「第二次臨時行政調査会」による行政改革を受けて，地方でも行政

改革を進めるという方針が自治省（当時）により打ち出されたことによる（金井 2007:40）。外部委託の推進が世論レベルで強く求められるようになったのも，自治省（当時）が1985年に地方行革大綱策定を地方政府に義務付ける次官通知を出して以降であり[1]，その後も1994年，1997年と三度にわたる行革通知において外部委託の推進が盛り込まれた（市川 1999:37）。このように，外部委託は地方政府の行政改革という文脈で実施が求められてきたため，その実施に際しては委託がもたらす効率性という側面を強調する論者が多い（地方自治経営学会 1995；松原 1999など）。

ただし，そうした効率性の追求という観点だけから外部委託を捉えることはできないだろう。R.A.W.ローズはガバナンスを説明する中で，公共サービスの提供主体は民間セクターやボランタリーセクターも含んでいるとする（Rhodes 1997: 51）。山本啓はPPP（Public Private Partnership）モデルは，行政セクターだけではなく，企業セクター，非営利セクターも公共サービスの提供主体となることが前提であることを指摘する（山本 2004:109）。新川達郎は多様な主体間のパートナーシップによるサービス実現が市民的な観点から要請されていることを述べ，将来的には行政サービスを民間主体が提供するという間接的な方法ではなく，行政サービスそのものがNPO・地縁組織・各種地域団体によるサービスや市民によるサービスに転換されることを予想する（新川 2008:39-40）。

つまり，外部委託は地方政府とNPO・市民団体，自治会，企業といったガバメント（行政セクター）以外の主体が対等の立場で協力し，共同で地域の統治を行うパートナーシップの一環として行われている側面もある。パートナーシップが究極的には公共サービスの提供自体をNPO・市民団体等の団体が実施することを想定しているとしても，その前段階として，行政が提供する公共サービスの業務をNPO・市民団体等の団体に委託するという間接的な方法をとっているのではないだろうか。このように考えると，外部委託とは地方政府が単に業務の効率化を目的に委託しているのではなく，NPO・市民

（1） もっとも，地方政府の行革や外部委託の推進は1960年代の公営企業の経営悪化や国の財政危機を契機として断続的に行われてきた（宮崎 1997:49-51）。本章では，外部委託が世論レベルで強く求められるようになったという観点から，1985年の地方行革大綱策定への通知を外部委託の推進の契機として捉えた。

団体等の市民社会組織からの求めに応じてパートナーシップを実現するために行っているものとも考えられる。そうだとすれば，外部委託を積極的に行っている地方政府の特徴としては，業務の効率化が必要とされているという点のみならず，NPO・市民団体から行政へのアプローチが盛んであり，パートナーシップの土壌を有していることが予想されるだろう。

外部委託に係わる調査としては，総務省が全国の市区町村を対象として，数年おきに実施している外部委託の実施状況に関する調査や，日本経済新聞社・日経産業消費研究所（当時）が全国の市区を対象に1998年から隔年で行っている「全国市区の行政比較調査」が存在する。これらの調査結果を紹介したり，外部委託の事例研究を行ったりした研究は数多くあるものの，外部委託を積極的に行っている地方政府の特徴を量的に分析した研究はほとんど見当たらない。

市区町村調査では，全ての市区町村を対象として，行政がNPO・市民団体や企業，自治会などの団体に対して，一般ごみ収集などの一般事務やごみ処理施設などの施設の運営事務といった19の業務を外部委託しているか質問している[2]。本章では，この調査結果を利用して，市区町村における外部委託の状況を概観した上で，外部委託に積極的に取り組んでいる地方政府の特徴を明らかにする。なお，外部委託については業務の効率化や住民の自治意識の向上といった利点以外にも，委託が行われることによって責任の所在が曖昧になったり，労働条件の切り下げに結びついたりするといった問題も生じうることが指摘されている。こうした委託の是非論はすでに多くの先行研究で述べられてきているため[3]，本章は委託の是非を論じるのではなく，外部委

（2） 市区町村調査では，市民活動部署の調査票で，「貴自治体では，下記にあげる事業や施設の運営について，外部委託を行っていますか。行っている場合には，その主体としてあてはまるものすべての欄に✓をつけてください」と質問をし，行の欄に委託事務の内容，列の欄に委託先を配置した表を示している。また，以降の記述では，表4－1の項目の欄のごみ処理施設からコミュニティセンターにかけての12の公の施設の管理事務については「施設運営事務」と呼称し，その他の一般ごみ収集から水道メーター検針にかけての7つの事務については「一般事務」と呼称する。

（3） 外部委託に係わる論争をまとめたものとして，宮崎（1997）や後（2009）を参照。

託の現状を把握して，分析することを目的とする。

以下，第2節では外部委託の状況を概観する。第3節では，積極的に委託を行っている地方政府の特徴を分析する。第4節では，本章における知見と含意をまとめる。

2. 外部委託の状況

本節では市区町村における外部委託の状況を概観する。外部委託は全国の市区町村においてどの程度実施され，どのような主体をエージェントとしているのだろうか。本節では，(1)まず委託が行われている市区町村の割合を概観する。(2)続いて，委託先別に委託をしている市区町村の割合をみて，人口規模別にみた時にどのような傾向がみられるか明らかにする。(3)最後に，業務別に委託が行われている市区町村の割合をみて，人口規模別にみた時にどのような傾向がみられるか明らかにする。

2.1. 委託が行われている市区町村の割合

一般ごみ収集など19の業務について，企業等の各団体に委託を行っていると答えた市区町村の割合を示したものが表4-1である。表4-1は業務ごとにその委託先を区別して示している。つまり，行が「一般ごみ収集」，列が「企業」の欄の数値は，一般ごみ収集を企業に委託している市区町村の割合を示している。

企業への委託を行っているとした市区町村の割合は総じて高く，様々な業務を委託している。特に一般ごみ収集やし尿収集などの一般事務を委託している割合は高い。一般事務と比較すると，施設運営事務の委託率は低くなっている。外郭団体・第3セクターや財団法人への委託を行っている市区町村の割合は総じて低い。ただし，体育館，プールなどスポーツ施設の運営事務を委託する傾向がある。NPO・市民団体への委託を行っている市区町村の割合は総じて低い。自治会については，コミュニティセンター，公園，公民館，道路維持補修・清掃等といった住民に身近な施設の運営事務や一般事務を委託している。広域行政・一般事務組合についてはごみ処理施設，し尿収集，一般ごみ収集，下水処理施設など廃棄物関連の一般事務や施設運営事務の委託をする傾向がある。社会福祉法人については，ホームヘルパー派遣，在宅配食サービス，養護老人ホーム，保育所など法人の専門分野の業務を委託す

表4－1　外部委託が行われている市区町村　N＝1143（単位：％）

項目		企業	外郭団体第3セクター	NPO市民団体	自治会	広域行政一般事務組合	財団法人	社会福祉法人	その他
一般事務	一般ごみ収集	68.8	1.0	0.3	1.0	18.5	0.3	0.2	6.4
	し尿収集	60.0	0.9	0.0	0.2	19.2	0.6	0.0	3.9
	ホームヘルパー派遣	12.0	4.1	4.2	0.0	0.3	1.9	60.1	4.1
	在宅配食サービス	18.7	2.9	7.4	0.5	0.1	0.9	48.2	6.5
	学校給食	25.1	3.0	0.3	0.0	3.3	0.5	0.2	3.8
	道路維持補修・清掃等	39.3	1.7	2.1	12.4	0.1	1.1	0.3	7.1
	水道メーター検針	25.3	2.3	0.2	0.7	2.5	2.2	0.5	39.4
施設運営事務	ごみ処理施設	16.4	1.3	0.2	0.1	56.3	0.3	0.1	2.6
	下水処理施設	29.1	1.0	0.1	0.6	15.3	0.9	0.1	3.5
	図書館	4.1	1.1	2.2	0.0	0.1	1.2	0.3	2.7
	公園	12.0	8.4	5.9	19.9	0.2	6.4	1.7	9.4
	保育所	4.5	0.4	0.6	0.1	0.1	0.5	18.8	4.5
	養護老人ホーム	3.1	1.2	0.0	0.0	7.8	0.2	25.0	1.5
	児童館	1.0	1.6	2.8	1.7	0.0	0.5	8.1	3.2
	体育館	7.0	8.8	5.7	0.6	0.1	10.6	0.1	6.2
	プール	15.7	8.5	2.5	0.5	0.3	7.9	0.4	4.5
	陸上競技場	3.2	6.1	2.1	0.1	0.1	7.4	0.3	3.1
	公民館	1.5	1.2	1.3	12.9	0.0	0.7	0.3	4.3
	コミュニティセンター	1.5	2.7	4.2	20.4	0.2	1.3	1.6	6.1

る傾向がある。その他の主体については，水道メーター検針を委託している市区町村の割合が高い。本調査からはその委託先の具体名はわからないが，自治省（当時）が全国の市区を対象に行った外部委託に係わる調査によると，水道メーター検針を個人に委託している市区は9割近く存在していた（出口1981：26, 34）。この調査の数値は1980年3月時点のものであるが，水道メーター検針については，現在でも個人に委託している市区町村が多いものと思われる。

2.2. 委託先別にみた割合

　委託先ごとに委託が行われている割合を示したものが表4－2である。1つでもその委託先に委託を行っていれば「委託あり」としている。表をみると，企業に委託を行っている業務があるとした市区町村は9割近くになり，非常に多い。自治省（当時）が全国の市区を対象に行った外部委託に係わる調査によると，総体的に委託先をみたときに民間企業が占める割合は69.7％であった（出口 1981：26）。この調査の数値は1980年3月時点のものである

表4−2 委託の状況（委託先ごと） N＝1143 （単位：％）

委託先	委託あり
企業	89.2
外郭団体・第3セクター	26.0
NPO・市民団体	25.0
自治会	46.5
広域行政・一般事務組合	65.1
財団法人	19.2
社会福祉法人	79.2

が，現在でも企業への委託が盛んに行われている。その他の委託先についてみると，社会福祉法人，広域行政・一般事務組合，自治会に委託をしている業務があると答えた市区町村は5−7割前後と比較的多いが，外郭団体・第3セクター，NPO・市民団体，財団法人に委託している業務がある市区町村は2−3割前後と比較的少ない。ただし，全体としてみると市区町村は様々な主体に業務を委託していることがわかる。

各委託先への委託が行われている市区町村の割合を，市区町村の人口規模別に示したものが表4−3である。企業，外郭団体・第3セクター，NPO・市民団体，財団法人への委託の有無については人口規模による違いがみられ，人口規模が大きい市区町村ほどこれらの委託先への委託を実施している傾向があった。小規模市区町村においてはこうした主体がそもそも存在しないか，存在したとしても委託事務の遂行能力を有していないことが影響しているものと考えられる。大規模市区町村ほど委託先として多くの選択肢があることが窺える。

広域行政・一般事務組合への委託の有無についても，人口規模による違いがみられ，人口規模が小さい市区町村ほど広域行政・一般事務組合への委託が行われている傾向があった。広域行政等に委託されている業務は廃棄物処理関係の業務である。こうしたスケールメリットを発揮する業務では，小規模市区町村は広域行政や一般事務組合を活用しようとするのだろう。

自治会と社会福祉法人については人口規模別の違いがみられなかった。自

表4−3 人口規模別の委託が行われている割合（委託先ごと）（単位：％）

人口規模	企業	外郭団体 第3セクター	NPO 市民団体	自治会	広域行政 一般事務組合	財団法人	社会福祉法人	N
1万未満	78.2	16.1	10.0	43.9	71.8	3.9	83.6	280
1万以上3万未満	89.9	16.4	18.6	41.8	79.6	12.6	81.1	318
3万以上5万未満	91.5	24.9	23.2	51.4	60.5	19.8	79.7	177
5万以上20万未満	94.8	36.5	40.6	49.7	58.0	30.9	71.9	288
20万以上	98.8	63.8	51.3	52.5	20.0	56.3	81.3	80
合計	89.2	26.0	25.0	46.5	65.1	19.2	79.2	1143

註） 網掛けしている項目は委託の有無と人口規模に正の関係がみられたもの。太字の項目は委託の有無と人口規模に負の関係がみられたもの。

治会への業務の委託の歴史は古く，戦後しばらくして自治会が復活するとともに，委託が行われるようになった（大塚 1978：66；伊藤 2007：92）。また，社会福祉法人にはホームヘルパー派遣や在宅配食サービスの他に，養護老人ホームなどの社会福祉施設の運営を委託している。養護老人ホームは，行政が要保護者をこれらの施設に入所措置し，その費用を負担することがあり，その施設が民間施設であっても，措置に伴う費用は行政から支弁される。そのため，従来から多数の民間施設が存在していた（小田川 1982：43）。このように，自治会と社会福祉法人への委託は長い歴史をもち，委託遂行能力が培われてきた。したがって，小規模市区町村においても委託遂行能力を有する主体が存在し，人口規模別による違いがみられないものと考えられる。対して，先述した企業やNPO・市民団体等については業務の遂行能力を有する主体がどの地域にも満遍なく存在しているわけではないため，人口規模による違いがみられるものと思われる。

2．3．業務内容別にみた割合

続いて，委託する業務ごとに委託が行われている割合をみていく。「その他」という委託先も含めて，どの委託先であれ委託を行っていれば「委託あり」として，委託業務ごとに委託が行われている割合を示したものが表4－4である。

一般事務と施設運営事務を比較すると，施設運営事務に比べて，一般事務を委託している市区町村の割合は高い。特に一般ごみ収集は90.2％，し尿収集は82.2％の市区町村で委託が行われており，廃棄物関連の一般事務を委託している市区町村の割合は高い。一般事務の中では，学校給食の委託率が35.6％と低いが，これは過去の文部科学省がどちらかといえば委託に消極的であったことに加えて，委託化に対する反対運動があることに起因するものと考えられる（小田川 1982：40）。施設運営事務について

表4－4　委託の状況（委託業務ごと）　N＝1143（単位：％）

		委託あり
一般事務	一般ごみ収集	90.2
	し尿収集	82.2
	ホームヘルパー派遣	70.4
	在宅配食サービス	72.0
	学校給食	35.6
	道路維持補修・清掃等	51.3
	水道メーター検針	69.1
施設運営事務	ごみ処理施設	74.3
	下水処理施設	48.6
	図書館	11.1
	公園	44.5
	保育所	26.3
	養護老人ホーム	37.0
	児童館	17.1
	体育館	34.8
	プール	36.7
	陸上競技場	21.3
	公民館	21.3
	コミュニティセンター	34.7

は，ごみ処理施設は74.3％と比較的多くの市区町村で委託が行われているが，その他の施設運営事務の委託率は1－5割であり，総じて低い。一般事務に比べて施設運営事務の委託率が低いのには，適当な委託先がないという理由が考えられる（小田川 1982：42）。

各業務の委託を行っている市区町村の割合を，市区町村の人口規模別に示したものが表4－5である。学校給食，道路維持補修・清掃等，図書館，公園，保育所，児童館，体育館，プール，陸上競技場，コミュニティセンターについては，人口規模が大きい市区町村ほど外部委託を行っていた。一方で，ホームヘルパー派遣とごみ処理施設については，人口規模が小さい市区町村ほど，外部委託を行う傾向がみられた。その他の業務については，人口規模別の違いはみられなかった。

なお，全市区町村における委託率を調査したものとして，総務省が数年お

表4－5　人口規模別の委託が行われている割合（委託業務ごと）(単位：％)

人口規模	一般ごみ収集	し尿収集	ホームヘルパー派遣	在宅配食サービス	学校給食	道路維持補修・清掃等	水道メーター検針
1万未満	90.7	83.9	78.6	68.9	26.4	43.2	66.4
1万以上3万未満	92.8	80.8	75.2	73.3	25.8	47.2	68.2
3万以上5万未満	88.7	83.6	67.2	68.4	32.2	48.6	71.8
5万以上20万未満	88.9	81.9	61.8	73.6	47.6	57.6	71.9
20万以上	86.3	80.0	61.3	80.0	71.3	78.8	66.3
合計	90.2	82.2	70.4	72.0	35.6	51.3	69.1

人口規模	ごみ処理施設	下水処理施設	図書館	公園	保育所	養護老人ホーム	児童館
1万未満	79.6	44.3	7.5	34.6	14.3	37.9	7.9
1万以上3万未満	79.9	49.7	9.7	35.2	24.2	36.2	10.7
3万以上5万未満	74.6	54.2	9.6	42.4	25.4	35.0	20.3
5万以上20万未満	68.8	49.7	13.2	57.3	32.6	36.1	25.7
20万以上	52.5	42.5	23.8	75.0	56.3	45.0	37.5
合計	74.3	48.6	11.0	44.5	26.3	37.0	17.1

人口規模	体育館	プール	陸上競技場	公民館	コミュニティセンター	N
1万未満	13.2	13.9	7.5	21.1	28.9	280
1万以上3万未満	22.6	24.2	12.6	16.7	27.0	318
3万以上5万未満	36.2	39.0	19.2	21.5	34.5	177
5万以上20万未満	56.3	59.7	36.5	24.7	42.7	288
20万以上	78.8	77.5	55.0	27.5	57.5	80
合計	34.8	36.7	21.3	21.3	34.7	1143

註）網掛けしている項目は委託の有無と人口規模に正の関係がみられたもの。太字の項目は委託の有無と人口規模に負の関係がみられたもの。

きに行っている外部委託に係わる調査がある。委託率の推移を示したものが表4−6である。委託率の算出方法が本調査とは異なるため4、表4−4で示した本調査の数値と比較することはできないが、どの業務についても外部委託の実施率は徐々に上昇している。

このように、外部委託は多くの市区町村で実施されており、公共財の供給が様々な市民社会組織により担われている。特に一般ごみ収集などの一般事務が委託されている割合は高い。委託が行われることにより、政策の実施過程には企業や社会福祉法人、広域行政・一般事務組合、自治会といった多様な主体が参加している。表4−6をみるに、委託の実施割合はほとんどの業務で漸増している。ガバメント以外の主体による政策実施過程への参加が徐々に増加しており、外部委託を通じて多様な主体による公共財の供給が進展していることがわかる。

表4−6 委託率の推移（総務省調査）（単位：％）

		1982年10月	1994年10月	1998年4月	2003年4月
一般事務	一般ごみ収集	61.4	71.8	77	84
	し尿収集	67.1	71.1	76	78
	ホームヘルパー派遣	−	−	83	91
	在宅配食サービス	−	−	93	96
	学校給食			37	44
	道路維持補修・清掃等			50	67
	水道メーター検針			75	82
施設運営事務	ごみ処理施設	10.9	22.6	60 (14)	74 (17)
	下水処理施設	15.0	28.7	79 (23)	92 (36)
	図書館	−	−	70 (17)	74 (3)
	公園	6.8	18.3	77 (17)	91 (22)
	保育所	2.6	3.7	56 (4)	60 (6)
	養護老人ホーム	−	−	66 (27)	70 (29)
	児童館	19.4	24.0	66 (24)	71 (30)
	体育館	6.6	19.9	67 (21)	75 (24)
	プール	10.6	24.2	66 (28)	76 (34)
	陸上競技場	7.3	23.3	65 (25)	75 (30)
	公民館	−	−	62 (12)	73 (14)
	コミュニティセンター	43.8	56.9	80 (56)	90 (59)

註）総務省（自治省）のまとめによる。1982年及び1994年については（市川1999：42）。1998年及び2003年については（総務省2004）。調査対象は全市区町村。（ ）内は委託率のうち全部委託の割合。同様の項目がない調査年については上表中「−」と表記している。

（4）　総務省の調査では、一般事務の委託率は、委託している団体数（事務の一部を委託している団体を含む）を事務事業を行っている団体数で除して得た数値を用いている。施設の運営事務については、委託している施設（運営事務の一部を委託している施設を含む）を施設の総数で除して得た数値を用いている。本調査の委託率は、委託が行われている自治体数（委託先は問わず）を有効回答自治体数（1143）で除して得た数値を用いている。

3. 多くの委託を行っている市区町村の特徴

前節では，市区町村における外部委託の状況について概観した。それでは，どのような地方政府で外部委託が積極的に行われているのだろうか。各業務について委託が行われていれば1点を与えて単純合計したものを委託得点とした。この得点が高いほど，多くの業務の委託が行われていることを意味する。企業，外郭団体・第3セクター，NPO・市民団体，自治会，広域行政・一般事務組合，財団法人，社会福祉法人という7つの個別の委託先ごとに集計した主体別の委託得点[5]と，委託先を問わずに集計した委託総合得点[6]を作成した。本節では，各主体に積極的に委託を行っている地方政府の特徴と，委託先を問わずに全体として積極的に委託を行っている地方政府の特徴を明らかにするために，主体別の委託得点と委託総合得点を被説明変数とした8つの重回帰分析を行う。

これらの委託得点に影響を及ぼす要因として，①地方政府のリソース，②NPO・市民団体からの働きかけとパートナーシップの土壌，③政治的要因が考えられる。以下ではそれぞれの仮説について述べる。

仮説①　リソースが不足している地方政府は外部委託に積極的に取り組む

まず考えられるのが，リソースが不足している地方政府では外部委託に積極的に取り組んでいるとする仮説である。第1節で述べたように，外部委託は効率性の追求を一義的な目的としており，財政が逼迫している地方政府が，外部委託を導入することによりリソースの不足を補おうとすることが考えられる。地方自治経営学会が1994-95年にかけて行った調査によると，行政直営から民間委託に移行すると，事務のコストが大幅に削減されるという。その額は，人口10万人規模の市の場合は年間20-40億円，人口20-30万人規模の市の場合は年間40-90億円にもなるとされる（地方自治経営学会 1995：12）。

---

(5) それぞれの委託先に対して，各業務の委託が行われていれば1点を与えて単純合計した得点である。この得点が高いほど，当該委託先に対して多くの業務を委託していることを意味している。

(6) 「その他」という委託先も含めて，委託先を問わずに，各業務の委託が行われていれば1点を与えて単純合計した得点である。この得点が高いほど，多くの業務を委託していることを意味している。

日本経済新聞社・日経産業消費研究所（当時）が行った調査でも，外部委託を実施した地方政府のうち90％以上がコスト削減につながったと認識している（日本経済新聞社・日経産業消費研究所 1998：7－8）。このため，リソースが不足している地方政府ほど，委託による効率化を目指して，外部委託を積極的に行おうとするのではないだろうか。

分析では，実質収支比率，公債費比率を地方政府のリソースを表す指標として用いる[7]。実質収支比率が低く，公債費比率が高いほど，地方政府のリソースが不足していることを意味している。

仮説② NPO・市民団体からの働きかけが活発であり，パートナーシップの土壌がある地方政府は外部委託に積極的に取り組む

次に考えられるのが，NPO・市民団体からの働きかけがあり，パートナーシップの土壌がある地方政府ほど外部委託に積極的に取り組んでいるという仮説である[8]。第1節で述べたように，外部委託は効率性の追求という観点からだけではなく，地方政府とNPO・市民団体，自治会，企業といった主体が対等の立場で協力し，共同で地域の統治を行うパートナーシップの一環として行われている側面もある。NPO・市民団体は，自らの活動にとって都合の良い環境を創り出そうと活動する（田中 2002：194）。2003年4月30日時点で認証されていた全NPO法人を対象にアンケート調査を行った市民フォーラム21・NPOセンターの調査によると，事業委託を経験した団体のうち96.1％が総合的判断として委託を受けて「大変よかった」もしくは「どちらかといえばよかった」と答えているという（後 2009：128－132）。

このように，NPO・市民団体は外部委託が自らの活動にとって良い影響を与えると考えるため，ステイクホルダーとして強い関心を寄せ，外部委託の積極的な実施を地方政府に働きかける。ただし，委託遂行能力を有するNPO・市民団体は限られているため，働きかけを受けた地方政府はパートナーシ

（7） 実質収支比率と公債費比率のデータは『統計でみる市区町村のすがた2007』（一部自治体は2008：合併などによる）に基づいている。元データは，総務省自治財政局『市町村別決算状況調：平成17年度』である。

（8） 外部委託を行っているために，NPO・市民団体からの働きかけが活発であり，パートナーシップの土壌ができるという逆の因果関係も想定できることには注意する必要がある。

ップの実現のためにも，NPO・市民団体のみならず他の市民社会組織への委託も積極的に行うだろう。そのため，NPO・市民団体からの働きかけがあり，パートナーシップの土壌がある地方政府ほど，様々な市民社会組織に対して外部委託を積極的に行うものと考えられる。

分析では，NPO・市民団体からの働きかけやパートナーシップの土壌を表す指標として，NPO・市民団体と行政との関わりの有無を質問した項目をもとに作成した指標を用いる。市区町村調査では，市民活動部署に対して，政策提言などの局面において行政とNPO・市民団体との間に関わりがあるかを質問している[9]。この中から，NPO・市民団体が行政に対して政策提言や監視をしたり，共同で事業を実施したりするという関わりを有するか質問した3つの項目を取り上げ，関わりがあると答えた場合を1点として，3つの局面における点数を単純合計したものをNPO・市民団体からの働きかけ得点とした。この得点の数値が高いほど，NPO・市民団体からの働きかけが活発であり，パートナーシップの土壌があることを意味している。

仮説③　革新首長を経験し，議会に職員組合から支持を受ける政党の議員が多い地方政府は外部委託に消極的である。

最後に考えられるのが，革新首長を経験していたり，職員組合から支持を受けている政党の議員割合が高かったりするほど外部委託に消極的であるという仮説である。1960年代後半から地方政府に革新首長が現れ始め，1970年代には多くの地方政府で革新首長が当選した。こうした革新首長や革新政党・議員は職員組合と政治的支持関係にあるため行政改革に消極的であった（寄本 1986：192-194）。外部委託は行政サービスを行政直営から民間へと委託することを意味し，自らの事務を侵食される職員組合はこれに抵抗するのではないだろうか。実際に，1970年代には自治労が「直営化闘争方針」を提起するなど，外部委託に反対する労働運動が行われていた（今村 2005：43-44）。その結果，革新首長を経験した地方政府や職員組合から支持を受けている政

---

(9)　市区町村調査では，市民活動部署におけるNPO・市民団体との関わりの有無について質問をしている。本章ではこの質問の中から，①NPO・市民団体から政策提言を受ける，②NPO・市民団体と共同でフォーラム，イベント等を企画・運営する，③NPO・市民団体が行政の政策執行に対してモニタリング（監視）をするという関わりがあるかを尋ねた質問項目を用いる。

党の議席率が多い地方政府では，現在でも外部委託が進まないと考えられる。

　分析では，革新首長の経験の有無と職員組合支持政党議員割合を指標として用いる。市区町村調査では，革新首長の経験の有無と2007年時の議会の党派性について質問をしている[10]。本章では，革新首長を経験している場合に1を与え，経験していない場合には0を与えたダミー変数を作成した。また，官公労の中では最大規模の全日本自治団体労働組合（自治労）は民主党や社民党を支持することが多く，日本自治体労働組合総連合（自治労連）は共産党を支持することが多いので，民主党系，社民党系，共産党系の議員割合を合計したものを職員組合支持政党議員割合とした。

　その他に，統制変数として面積と人口を用いる。これは前節で述べたように，人口の多寡は委託先の選択肢の制約等により外部委託の実施に影響すると考えたからである。また，面積が大きい市区町村ほど，行政だけではサービスが提供できずに，外部委託を利用することが考えられる。上述した指標を説明変数とし，主体別の委託得点と委託総合得点を被説明変数とした重回帰分析を行った。その結果を示したものが表4－7である。以下では，分析の結果をみていく。

　まず，委託総合得点を被説明変数とした委託先を問わない全体の分析の結果をみる。仮説で想定していたように，実質収支比率は負の係数をもち，NPO・市民団体からの働きかけ得点は正の係数をもち，高い有意性をもっていた。革新首長経験ダミーや職員組合支持政党議員割合といった政治的要因は有意な変数ではなかった。現在の市区町村では政治的な要因は外部委託の採用に影響を与えていないようである。なお，統制変数である面積及び人口は正の係数をもち，有意であった。本分析からは，地方政府のリソースが不足しており，NPO・市民団体からの働きかけが活発でパートナーシップの土壌がある地方政府ほど，外部委託を積極的に行っていることがわかった。

　主体ごとにみると，それぞれの委託先に積極的に委託を行っている地方政

---

(10) 市区町村調査では，市民活動部署で「貴自治体では，過去に革新系の政党のみの支持・推薦からなる首長が就任したことがありますか」と質問をしている。また，「貴自治体の議会では，各政党の立場に近い議員はどのくらいいますか。無所属議員は立場の近い政党に含めてお答えください」と質問をし，自民党系，公明党系，民主党系，社民党系，共産党系，地域政党系，その他の選択肢を示している。

表4-7 外部委託を積極的に行っている地方政府の特徴（重回帰分析）

	企業		外郭団体・第3セクター		NPO・市民団体		自治会	
	偏回帰係数	標準誤差	偏回帰係数	標準誤差	偏回帰係数	標準誤差	偏回帰係数	標準誤差
実質収支比率	−0.03	0.02	0.00	0.01	−0.01	0.01	−0.01	0.01
公債費比率	−0.02*	0.01	0.00	0.01	0.01	0.00	0.00	0.00
NPO・市民団体からの働きかけ	0.52***	0.11	0.17**	0.06	0.18***	0.04	0.14**	0.05
革新首長経験ダミー	0.48†	0.26	0.00	0.14	−0.06	0.10	−0.12	0.11
職員組合支持政党議員割合	0.02**	0.01	0.00	0.00	0.00	0.00	0.00	0.00
面積	0.00*	0.00	0.00	0.00	0.00	0.00	0.00***	0.00
人口	0.00***	0.00	0.00***	0.00	0.00***	0.00	0.00	0.00
定数項	2.83***	0.22	0.06	0.11	0.13	0.08	0.54***	0.09
自由度調整済み決定係数	0.19		0.23		0.11		0.04	
F値	29.17***		36.91***		16.44***		6.27***	

	広域行政・一般事務組合		財団法人		社会福祉法人		全体（委託先問わず）	
	偏回帰係数	標準誤差	偏回帰係数	標準誤差	偏回帰係数	標準誤差	偏回帰係数	標準誤差
実質収支比率	−0.01	0.01	−0.01†	0.01	−0.01	0.01	−0.08**	0.03
公債費比率	−0.01	0.01	0.01†	0.00	0.00	0.01	0.01	0.02
NPO・市民団体からの働きかけ	−0.02	0.06	0.04	0.05	0.15*	0.06	0.87***	0.15
革新首長経験ダミー	−0.18	0.14	0.17	0.12	−0.28*	0.14	0.39	0.37
職員組合支持政党議員割合	0.00	0.00	0.00	0.00	0.00	0.00	0.01	0.01
面積	0.00	0.00	0.00	0.00	0.00*	0.00	0.00†	0.00
人口	0.00***	0.00	0.00***	0.00	0.00	0.00	0.00***	0.00
定数項	1.70***	0.12	0.09	0.10	1.59***	0.12	7.90***	0.31
自由度調整済み決定係数	0.07		0.19		0.01		0.14	
F値	10.36***		28.79***		2.41**		20.09***	

† $<.10$　* $p<.05$　** $p<.01$　*** $p<.001$　N = 854

府の特徴には違いがみられた。企業に関する分析では、公債費比率、NPO・市民団体からの働きかけ、革新首長経験ダミー、職員組合支持政党議員割合が有意であった。仮説で想定していたように、NPO・市民団体からの働きかけが活発であり、パートナーシップの土壌があるほど、企業への委託に積極的であることがわかる。しかし、仮説の想定とは逆に公債費比率は負の係数をもっており、革新首長経験ダミーと職員組合支持政党議員割合は正の係数をもっていた。公債費比率が低く、革新首長を経験し、職員組合支持政党議員割合が高い地方政府ほど企業への委託に積極的であることがわかった。

外郭団体・第3セクターとNPO・市民団体に関する分析では、仮説で想定していたように、NPO・市民団体からの働きかけが活発であり、パートナーシップの土壌があるほど、これらの主体への委託に積極的であった。

自治会と社会福祉法人、広域行政・一般事務組合に関する分析では、モデ

ル自体の決定係数が非常に低かった。これらの主体に対する委託は，本分析で取り上げた地方政府の特徴に関係なく行われており，モデルの説明力が低くなったものと考えられる。

　財団法人に関する分析では，有意確率は10%水準であるものの，仮説で想定していたように，実質収支比率が低く，公債費比率が高いほど，委託に積極的であることがわかった。地方政府のリソースが不足しているほど，財団法人への委託に積極的である。

　上述した8つの重回帰分析の決定係数は自治会や社会福祉法人，広域行政・一般事務組合に限らず低いものが多い。これは今回取り上げた変数だけでは，外部委託を積極的に行っている地方政府の特徴を説明できないということを意味している。このように，分析の限界はあるものの，本節の分析から，全体として外部委託を積極的に行っている地方政府は，①リソースが不足しており，②NPO・市民団体からの働きかけが活発で，パートナーシップの土壌があるという特徴を有していることが明らかとなった。

4．まとめと考察

　本章では，市区町村における外部委託の状況を概観するとともに，外部委託に積極的に取り組んでいる地方政府の特徴を明らかにしようとした。最後に，本章の分析から得られた4つの知見と含意について述べる。

　知見の1点目は，委託先や業務の内容により委託を行っている市区町村の割合は異なっていることである。市区町村は企業に様々な業務を委託している。外郭団体・第3セクターやNPO・市民団体，財団法人に委託をしている割合は総じて低い。自治会，広域行政・一般事務組合，社会福祉法人には特定の業務に特化して委託をしている。

　2点目は，委託先別にみると，委託が行われている割合に違いがみられることである。企業，社会福祉法人，広域行政・一般事務組合，自治会に一つでも業務を委託しているとする市区町村は多いが，外郭団体・第3セクター，NPO・市民団体，財団法人には委託していないとする市区町村が多い。また，委託先を人口規模別にみると，企業，外郭団体・第3セクター，NPO・市民団体，財団法人への委託については大規模市区町村ほど委託を行っていた。広域行政・一般事務組合については小規模市区町村ほど委託を行っていた。総じてみると，大規模市区町村ほど委託先の選択肢が多いといえるだろう。

3点目は，委託業務の内容別にみると，委託が行われている割合に違いがみられることである。一般事務については委託が行われている割合が高いが，施設運営事務については委託が行われている割合が低くなっている。委託事務内容を人口規模別にみると，学校給食，道路維持補修・清掃等，図書館，公園，保育所，児童館，体育館，プール，陸上競技場，コミュニティセンターについては，人口規模が大きい市区町村ほど外部委託を行っていた。一方で，ホームヘルパー派遣とごみ処理施設については，人口規模が小さい市区町村ほど，外部委託を行う傾向がみられた。

　4点目は，外部委託を積極的に行っている地方政府は，①リソースが不足しており，②NPO・市民団体からの働きかけが活発で，パートナーシップの土壌があるという特徴を有していることである。委託総合得点を被説明変数とした重回帰分析を行ったところ，実質収支比率は負の係数をもち，NPO・市民団体からの働きかけ得点は正の係数を示し，高い有意性をもっていた。

　最後に本章の含意について述べる。外部委託は多くの市区町村で実施されており，公共財の供給がガバメント以外の様々な主体によって担われていることがわかった。委託を行うことにより，政策の実施過程には市民社会組織が参加しており，多様な主体による公共財の供給が進展していた。

　また，本章の分析から，外部委託を行っている地方政府の特徴としては，リソースが不足しているとともに，NPO・市民団体からの働きかけが活発で，パートナーシップの土壌があるという点が挙げられることがわかった。外部委託の一義的な目的としては業務の効率化が指摘されており，リソースが不足している地方政府がその解決策として委託に取り組んでいる様子が窺える。そして，NPO・市民団体からの働きかけが委託の導入に影響していた。外部委託は地方政府が単に業務の効率化を目的に委託しているのでなく，市民社会組織の求めに応じてパートナーシップを進展させるために行っており，双方向的な関係が生じているものと考えられる。行政とNPOや企業といった民間セクターとのパートナーシップの一環として外部委託が相互行為的に実施されていることが窺える。

　このように，NPO・市民団体等の市民社会組織は地方政府のエージェントであるという立場と同時に，ステイクホルダーとしての立場をもち，外部委託を通じて相互行為的なネットワークが形成されていた。公共財の供給をめぐってガバメントからガバナンスへの移行が進んでいるといえよう。近年，

国から地方へという流れとともに，官から民へという流れが加速している。こうした地方政府の政策過程への民間セクターの参加の動きに沿って，外部委託は今後も増加していくだろう。

第5章　参加制度の導入と市民社会組織の政策参加

柳　　　　至

1．本章の位置づけ

　本章の目的は，①参加制度がいつ頃からどの程度導入されているか。また，②参加制度は参加を促す制度として機能しているのかという2つのリサーチ・クエスチョンを解くことである。

　参加制度はステイクホルダーとしての市民社会組織が，地方政府の政策過程に参加するための規律付けメカニズムとして機能することが期待されている。本章では，参加制度により政策過程への参加というステイクホルダーの利益が満たされているか否かを実証することで，参加制度という規律付けメカニズムが機能しているか否かを明らかにする。

　近年の市区町村では，協働やパートナーシップの名のもとに，NPO・市民団体や自治会などの多様な主体が政策過程に参加する動きがみられる。協働とは地方政府とNPO・市民団体，自治会，市民，企業といった主体が対等の立場で協力し，共同で地域の統治を行うことを指す。実際に，まちづくりや総合計画の作成の際には，市民やNPO・市民団体が政策過程に参加し，協働して計画を作り上げるケースもみられる（熊谷・広田 2001；新川 2008）。こうした多様な主体との協働という考えを具体化する形態としては，制度的な枠組みを設定することが考えられる（秋月 2006：208）。それでは，市民参加を促す制度（以下，参加制度と略記）はどのようにして導入され，実際に参加を促す制度として機能しているのだろうか。

　参加制度の導入について質問した調査としては，日本経済新聞社・日経産業消費研究所（当時）が全国の市区を対象に1998年から隔年で行っている

「全国市区の行政比較調査」，小林良彰らが全国の市を対象に2001年に行った「2001年度日米韓国際FAUIプロジェクト」，関西社会経済研究所が人口10万人以上の市区を対象に2006年に行った「自治体経営改革の自己診断2006：自己評価に基づく組織運営（ガバナンス）評価」などが存在する。日本経済新聞社等が実施した調査では，パブリック・コメント制度の有無や審議会等への一般住民の参加の有無などについて質問を行い，市民参加度という指標を作成している（日本経済新聞社・日経産業消費研究所 2006）。小林らが行った調査では総合計画における住民参加制度の状況を質問している（小林・名取・中谷・金 2002）。関西社会経済研究所が行った調査では，総合計画や行政評価への参加や自治基本条例の有無について訊ねている（関西社会経済研究所 2006）。

　しかし，これらの調査では参加制度の導入と実際の参加を区別した分析は行われておらず，両者の関連は明らかになっていない。また，制度の導入年度は調査しておらず，その波及状況もわかっていない。2007年に実施された市区町村調査では，参加制度の導入と政策過程への参加を区別した質問を行うとともに，導入年度についても質問している（辻中・伊藤編 2009）[1]。本章ではこの調査結果を利用して，総体レベルでの政策波及の状況をみることにより，地方政府が政策を導入するマクロな外的要因を探るとともに，こうして導入された参加制度が実際に参加を促しているか否かを分析する。具体的には，冒頭で述べたリサーチ・クエスチョンに対応して，①参加制度の導入割合及び波及状況，②参加制度が実際に機能しているか否かという2点を明らかにする。

　以下，第2節では本章で取り上げる参加制度が果たすと期待される機能別に分類し，制度の導入割合をみて，参加制度がどの程度導入されているかを明らかにする。第3節では，制度の導入年度を概観することで波及状況を分

（1）　市区町村調査では，市民活動部署の調査票で，「貴自治体では，下記にあげる取り組みを行っていますか。行っているものすべての番号に○をつけてください。また，導入年度（西暦）をご記入ください」と質問し，各制度の名称と導入年度を記載する欄を示している。なお，導入の有無については回答しているが，導入年度については回答をしていない市区町村も存在するため，第2節でみる制度の導入市区町村総数と，第3節でみる導入市区町村総数は若干異なる。

析し，マクロな波及の要因を明らかにする。第4節では，浦安市における市民会議の実施過程を分析することにより，市民会議が参加を促す制度としてどのように機能したかを明らかにする。第5節では，参加制度の導入状況と市民社会組織の政策参加の間に関連があるかどうか相関分析を行うことにより，参加制度が実際に機能したかを量的に明らかにする。第6節では，本章における知見と含意をまとめる。

2. 参加制度の導入状況とその内容

　参加制度を導入している市区町村の割合を示したものが表5－1である。市区町村調査では市区のみを対象とした先行調査とは異なり，町村も含めて調査を行っているため，表ではそれぞれの内訳も示している。全体として，市区の方が町村よりも制度を導入している割合が高い。本章では，参加制度として，表5－1の項目に示した10の制度を取り上げる。この10の制度は参加に係わる制度として近年取り上げられることが多い制度である。これらの参加制度はどのような機能を果たすことが期待されているのか。本節では各制度が果たすと期待されている機能別に分類した上で，それぞれの制度の導入状況をみる。

　参加の形態にはいくつかの段階があるとされ，様々な分類がなされている。例えば，アーンスタイン（Arnstein 1969）は市民参加を8つの類型に分類している。それは，①操縦（Manipulation），②治療（Therapy），③情報提供（Informing），④相談（Consultation），⑤懐柔（Placation），⑥パートナーシップ（Partnership），⑦権限委譲（Delegated Power），⑧市民によるコントロール（Citizen Control）であり，①と②は非参加，③－⑤は形式的参加，⑥－⑧は市民が権力を有している段階であるとしている。佐々木信夫は我が国の市民参加の発展過程を，①

表5－1　参加制度を導入している市区町村（単位：%）

	項目	市区	町村	市区町村
情報開示型	情報公開条例（公文書公開条例）	97.3	95.7	96.5
意見表明型	審議会・懇談会の公募制度	60.5	25.6	42.2
	パブリック・コメント	64.7	18.0	40.2
	市民意識調査	57.5	19.8	37.7
	市民からの意見と回答の公開	42.4	14.5	27.8
	モニタ―制度	27.8	7.8	17.3
	住民投票条例	6.2	5.1	5.6
協働型	市民会議・ワークショップ	42.2	13.5	27.2
	まちづくり条例	19.1	10.4	14.5
	自治基本条例	9.8	4.8	7.2
N		550	606	1156

住民運動（抵抗・防衛型），②市民運動（改善要求型），③市民参加（提案表明型），④公募参画（パブリック・コメント，公募委員，住民投票），⑤パートナーシップ協定（開放型ワークショップ）の5つの類型に分類している（佐々木2004）。本章では，対象とする10の参加制度が果たすと考えられる機能を，①情報開示，②意見表明，③協働の3つの段階に分類する。

まず，情報開示の機能を果たす制度として情報公開条例を取り上げる。情報公開条例とは，行政が所有する情報を市民の請求に基づいて開示する制度を実現する条例を指す。本条例によって，これまでは「原則非公開」によって運営されてきた行政情報が「原則公開」されるものであることが確認され，市民の行政への情報アクセス権が保障されることとなる（伊藤2002a：92-93）。この制度は情報開示を保障するものであり，参加そのものに係わる制度ではない。しかし，市民参加の前提として情報公開は重要視されており（坪郷2006：42），協働の原則の1つとして，関係の透明性や公開性が挙げられている（新川2008：46）。そこで，本章では参加を実現する前提となる重要な制度として，参加制度に含める。情報公開条例は96.5％と大部分の市区町村においてすでに制定されている。

次に，市民の意見を行政に対して表明する制度として，審議会・懇談会の公募制度，パブリック・コメント，市民意識調査，市民からの意見と回答の公開，モニター制度，住民投票条例を取り上げる。これらの制度は審議会等への参加や，行政による意識調査等を通して，市民が自らの意見を行政に対して表明することを促す制度である。市民の意見表明により，行政は市民の需要や新しい発想に触れ，市民意識を政策に活かすことが期待される。なお，住民投票条例は政策決定に市民の意向を反映させることを目的としており，意見表明を越えて政策決定を行う制度とも捉えることができる。ただし，住民投票条例は基本的に諮問型の制度であり，その投票結果の遵守を法的に義務付けることはできない（藤島2008）。そのため，本章では市民の意見を地方政府に対して表明する意見表明型の制度として分類した。こうした意見表明型の制度は，住民投票条例は5.6％と低いものの，その他の制度は約3-4割の市区町村で導入されており，ある程度広がっている。

最後に，協働型の制度として市民会議・ワークショップ，まちづくり条例，自治基本条例を取り上げる。これらの制度は市民と行政が対等の立場で行政運営を行うという協働を促す制度である。例えば，浦安市では基本計画を策

定する際に，公募した市民による市民会議を延べ136回開催して基本計画を作成した（大野 2009）。京都市では嵐山公衆トイレ改築計画の作成の際に，市職員や地元住民，ボランティアなど延べ100人以上の参加者によって，イベントや街頭インタビュー，模型によるプラン作りなど5回に渡るワークショップを開催して，計画案を作成した（林 2003）。このように，これらの制度は市民から表明された意見を行政が主体となってその政策に反映させるのではなく，両者が対等の対場で協力して政策を実現させるという点で，意見表明型の制度よりも市民参加の度合いが深い。まちづくり条例や自治基本条例についても，市民参加や協働に係わる内容が盛り込まれ，市民と行政の協働を目指す政策が両条例のもとで行われている[2]。こうした協働型の制度の導入割合は低い。

制度が導入されている割合をみると，①情報開示型の制度の導入割合は高く，市民参加の前提となる情報開示は多くの地方政府において保障されている。②意見表明型の制度となると導入割合は低くなるものの，市民の意見を行政に対して表明する制度がある程度は広がっている。ただし，③協働型の制度の導入割合は低く，市民と行政が対等の立場で行政運営を行うという協働を促す制度はまだ導入途上の段階にある。

3. 参加制度の波及状況

第2節では，本章で取り上げる参加制度が果たすと期待される機能別に分類し，制度の導入割合をみた。それでは，こうした参加制度は市区町村の総体レベルでみると，いつ頃からどのようにして波及しているのか。「政策波

---

(2) まちづくり条例に明確な定義はないものの，一般的には，土地利用の適正化及び開発規制，良好な地域環境の形成，景観形成，さらには住民参加など，建築及び都市計画行政を中心としたまちづくりに関わる条例とされている。ただし，近年では建築及び都市計画行政の領域を超えて，全ての行政分野において市民の意向を政策に反映させ，協働を目指す施策がまちづくり条例のもとで行われている（内海 2007：31, 36）。自治基本条例にも明確な定義は存在しないが，金井利之は①住民の権利保障・実現，②権力者の拘束・統制，③中長期的視座に基づいているという要素から成り立つものと定義している（金井 2006）。地方政府のいわば「憲法」ともいうべきものである。多くの自治基本条例には，市民参加や協働に係わる内容が盛り込まれている。

及 (policy diffusion)」とは，新しい政策が地方政府に順次採用されて全国的に広がっていく現象のことを指している(伊藤 2002a:37)。先行調査では，参加制度の導入年度について質問を行っていないため，制度がどのように波及しているかはわかっていない。そこで，本節では参加制度の導入年度をみることで制度がどのように波及しているかを明らかにする[3]。

まず，情報開示型の制度である情報公開条例の波及状況を示したものが図5－1である。導入自治体数は各期間中に制度を導入した市区町村数を示している。1945年から2004年にかけては5ヵ年単位で集計している。ただし，1944年以前は一括し，2005年以降は，2005－2007年の3ヵ年である。

情報公開条例は1995－1999年から増加している。先行研究では，波及の要因の1つとして国の介入（国レベルにおける同種の制度の導入）が挙げられている（伊藤 2002a）。情報公開に関しては，1999年に「行政機関の保有する情報の公開に関する法律」（以下，情報公開法と略記）が制定されており[4]，同法の制定が契機となって波及が加速して，多くの市区町村で導入されたようである。ただし，すでに多くの市区町村で制定されているため，2005－2007年にかけては導入のペースが落ちている。

意見表明型の制度である審議会・懇談会の公募制度，パブリック・コメン

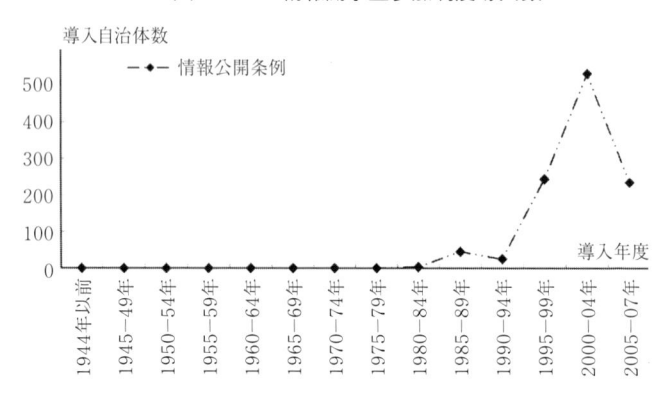

図5－1　情報開示型参加制度導入数

---

(3)　導入自治体数の詳細については，柳(2009)を参照。
(4)　情報公開法の対象は国の機関とされており(第2条)，地方公共団体の情報公開手続きについては，地方公共団体の情報公開条例に委ねられている。

ト，市民意識調査，市民からの意見と回答の公開，モニター制度，住民投票条例の波及状況を示したものが図5－2である。いずれの制度も2000年以降に導入数が増加している。パブリック・コメント制度については2006年に行われた行政手続法の改正によって，国レベルにおいても同種の制度が導入されている[5]。市区町村においても，3ヵ年の集計にもかかわらず2005－2007年に導入数が急増しており，国による同種の制度の導入が契機となって波及が加速しているようである。

　協働型の制度である市民会議・ワークショップ，まちづくり条例，自治基本条例の波及状況を示したものが図5－3である。いずれの制度も2000年以降に導入数が増加している。まちづくり条例については2005年以降に導入数が減っているようにもみえるが，これは2005年以降の集計が3ヵ年のためであり，導入のペースは落ちていない。

　このように，情報公開条例とパブリック・コメントに関しては国レベルの同種の制度の導入が契機となって，波及が加速していることがわかる。他の制度は情報公開条例やパブリック・コメントほど急増していないが，国レベルの同種の制度の導入がみられないにもかかわらず2000年以降に導入数が増

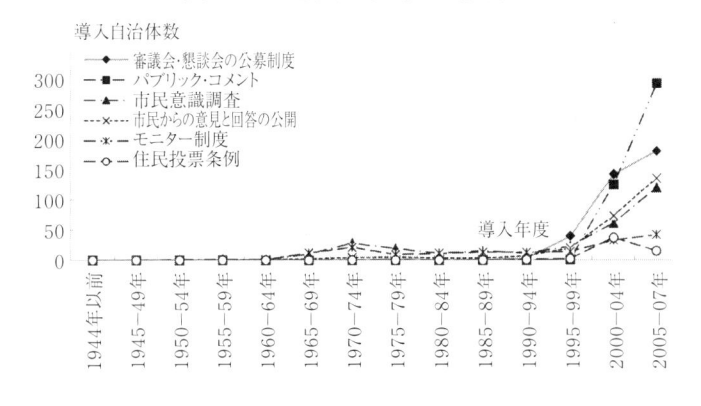

図5－2　意見表明型参加制度導入数

---

(5) 行政手続法の改正により，1999年の閣議決定により導入された意見提出手続きを充実させる方向で法制化された。同法は地方公共団体を対象としていないが，同種の制度の制定について，地方公共団体にも努力義務を課している（第46条）。

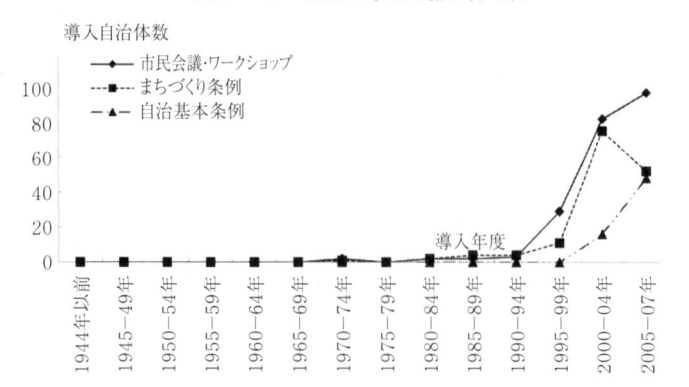

図5－3　協働型参加制度導入数

導入自治体数／導入年度

市民会議・ワークショップ
まちづくり条例
自治基本条例

加している。2000年には地方分権一括法が施行されており，2000年以降の参加制度の増加には地方分権の流れが影響しているのではないだろうか。

地方分権とは，「国から地方へ」の権限委譲が行われることを指す。地方分権一括法の施行によって機関委任事務の廃止が行われたことで，自治事務の拡大と法令解釈権が付与され，地方政府の運営で様々な変革が行われることが期待された（小林・中谷・金 2008b：121）。地方政府の自己決定原理が強化されることにより，職員が積極的に政策立案に取り組み，多くの政策が導入されるようになったことが考えられる。

一括法施行から1年半が経過した2001年に横須賀市を対象に調査を行った「分権一括法施行後の法環境研究会」によると，現場における事務等の仕方はほとんど変わっていないという（嶋田 2003：93）。一方で，2005年に都道府県を対象に調査を行った小林らによると，一括法施行後に職員レベルで政策立案に対する活発な意識変化がみられるようになったと答えた職員が45.1％いる（小林・中谷・金 2008b：121）。また，実際に2000年以前の条例制定に比べて2000年から2005年までの条例件数が急増しているという（金 2008a：188－189）。

そして，地方分権に際しては，「国から地方へ」の権限委譲だけではなく，「行政から市民へ」という分権が進められる必要がある（牛山 2002：214）。これは，ガバメントという統治する者から市民という被統治者への一方通行の関係から，両者が相互に補いながら地域統治を行う関係に移ることにより，集合的利益・目的を達成するためである。市民参加が行われることにより，

市民は行政との協働で様々な施策を実施し，増加する行政需要に対応することが期待されている（中邨 2004）。

このように，地方分権により「国から地方へ」の権限委譲が行われ，地方行政職員が積極的に政策立案に取り組むという意識変化が起こることで，地方政府の政策が増加し，また，「行政から市民へ」の流れのもとに市民参加を促す政策が増加したものと思われる。

4. 浦安市における市民会議の実施過程

ここまで，参加制度がいつ頃からどの程度導入されているかをみてきた。それでは，こうして導入された参加制度は実際に参加を促す制度として機能しているのだろうか。本節では，聞き取り調査に基づいて，浦安市における市民会議の実施過程を分析することにより，実際に参加制度が期待されるような機能を果たしているかをみる。聞き取り調査は2009年8月24日に，浦安市市長公室企画政策課課長の小檜山天氏と総合計画係長の野崎雄大氏に対して行った。調査実施者は柳至である。

浦安市は千葉県北西部に位置する都市であり，東京のベッドタウンとして都市化が急激に進展している。浦安市では，第2期基本計画の策定に際して市民会議を初めて設置し，その提言内容を基本計画に反映させることとした。市民会議は市民と行政が対等の立場で政策を実現するという協働を促す制度である。

基本計画策定を所管する市長公室企画政策課では，第2期基本計画を策定するにあたって，市民も利用できる基本計画にするにはどうしたらいいかという観点から検討を行った。その中で，市民と行政の協働によるまちづくりが必要であると考え，市民会議を設置することを考えた。こうした市民参加という考えがでてきた背景には，地方分権という大きな流れによるところもあるし[6]，より直接的には千葉県が三番瀬の再生問題を検討するにあたり，住民参加の実現として円卓会議を設置し，様々な意見を取り込もうとしていた

---

(6) 分権改革などの流れにより，行政のリソースが減るが，提供すべきサービスは増加しており，市民と協働しなくては行政運営が円滑にいかなくなるという認識があるという。なお，基礎自治体の職員も政策法務の知識を身につけていくことが必要であるという意識も強いという。浦安市職員小檜山天氏・野崎雄大氏への聞き取り調査，2009年8月24日。

ことが刺激となった。

　市民会議については最終的な提言がまとまらないという他市の例もあった。そのため、市長に市民会議を行うことを提案したところ、「ハイリスク・ハイリターンだね」と言われたものの、了承を得た。この市民会議は市民参加の1つとして位置づけられ、基本計画を作成する第2期基本計画策定本部・部内検討会・ワーキンググループ（第2期基本計画策定に関する庁内組織）は市民会議とともに計画策定に取り組み、作成にあたっては市民会議からの提言を最大限尊重することとされた（浦安市 2009：4）。

　市民会議に先立ち、2006年の6月から7月にかけて、市民会議の運営の枠組みを検討する「市民会議準備会」が設置された。この準備会は学識経験者、市内関係団体委員、公募市民（15名）により構成された。準備会では、市民会議の目的や構成、市民委員の募集などが話し合われている。この準備会では、「第2期基本計画の策定にあたっては、市民と行政との協働の視点から、多様な主体が関われる計画作りが行われることが必要」（浦安市 2006：4）であることが確認された。そして、市民会議の構成は市民委員、学識者委員、職員委員によることや、市民委員の公募方法などが決められた（浦安市 2006）。

　市民委員の公募は2006年7月1日付けの広報紙1面で行われ、100名の市民が募集された。100名の募集に対して206名の応募があったが、あえて100名に制限せずに全応募者の参加で市民会議をスタートさせた。職員委員は庁内公募で若い職員26名が選ばれた。学識者委員は各分科会に対応した専門家を17名配置した（大野 2009：210-211）。職員委員は基本的には自分の所属部署に対応した分科会に所属していた。

　市民会議は「健康・福祉」、「教育・生涯学習」、「市民活動・交流」、「暮らし・環境」、「街づくり」、「都市経営」の6つの分野にわたる分科会とし、各分科会を中心に進められた。分科会の運営は当初は事務局がリードしていたが、各分科会の市民委員からリーダー及びサブリーダー数名が選ばれ、市民委員が中心となって行われるようになった。各分科会間の調整を行う調整会議や提言書を作成する編集委員会には職員委員はメンバーとはならず、市民委員を中心に活動が行われた（浦安市 2009）。2006年8月29日に最初の全体会が開催され、2007年9月29日に提言報告会が開催されるまでに、延べ136回にわたる会議が行われている[7]。

　2007年9月29日に開かれた提言報告会では「第2期基本計画策定浦安市民

会議　提言書」が報告され，市長に提出された。提言書は「総論」と各分科会の「各論」から構成されており，「各論」では，現状と課題，取り組みの基本的方向性，具体的取り組みに言及されているなど，事業レベルも含んだ詳細なものとなっている。具体的取り組みには「行政の役割」だけではなく「市民の役割」や「協働での取り組み」も記載され，ガバメント（行政）だけではなく市民もサービス提供者となるような仕掛けが施されている。提言書はリーダー及びサブリーダーが主体となって起案し，市民委員が大きな役割を果たした。

　市民会議からの提言を受けて，第2期基本計画策定本部・部内検討会・ワーキンググループは素案を作成した。素案を作る際には，市民会議に参加した職員委員と企画政策課員がタッグを組んで所管の部署と話し合い，提言書の内容を素案に盛り込んだ。2007年11月17日と2008年2月23日には策定状況報告会が開催され，第2期基本計画の策定状況と市民会議提言の反映状況について報告が行われた。市民会議のメンバーはこの報告会に参加し，意見を述べた。また，この際に市議会に対しても，説明が行われた。こうして作成された素案は浦安市基本計画審議会で審議された。

　審議会は15人の学識経験者と関係団体代表者により構成されている。審議会では，市民会議の報告書の他に，市議会からの指摘やパブリック・コメントを参考にして基本計画の審議が行われた。審議会では，「浦安市民会議の提言を最大限尊重して計画に反映させたい」という市長からの意見表明を受けて，可能な限り提言内容を取り込んでいく努力をしたという（浦安市 2008）。結果的には，市民会議の提言書の90％が第2期基本計画に取り込まれた（浦安市 2009：6）こうして，2008年7月11日に第2期基本計画が決定された。

　これまで浦安市では市民参加が活発ではなかったが，市民会議を契機に少しずつ活発になってきている。例えば，市民会議の提言書で「市民大学」の設置が提言されたが，市民委員であった人たちはその後もこれをフォローし，運営に積極的に携わっている。

（7）　会議は6つの分野の分科会が延べ82回，臨時グループ会議が12回，ワーキング会議が10回行われた。こうした分科会ごとの集まり以外に，全体会が4回，調整会が12回，分科会間調整が7回，編集委員会が9回行われた（大野 2009：211）。

このように，市民会議は市民が中心となって運営を進め，基本計画の約9割にその提言が反映されることとなった。市民会議をきっかけとして一般市民の参加も徐々に進んでおり，市民会議という制度が参加を促す制度として機能した様子が窺える。

5. 参加制度の導入と市民社会組織の政策参加

第4節では浦安市の事例をもとに，市民会議という参加制度が参加を促す制度として機能したことを明らかにした。それでは，その他の市区町村でも参加制度が導入されることにより参加が促されるという関係がみられるのだろうか。本節では，参加制度の導入状況と市民社会組織の政策参加の間に関連があるかを相関分析により分析することにより，参加制度が参加を促す制度として機能したかを量的に明らかにする。

具体的には，参加制度得点と各市民社会組織の政策参加得点の相関分析を行う。参加制度得点とは，情報開示型の参加制度を導入していたら1点，意見表明型の参加制度を導入していたら1つの制度ごとに2点，協働型の参加制度を導入していたら1つの制度ごとに3点を与えて合計した得点である[8]。重み付けを行ったのは，意見表明型の制度は情報開示型の制度より高次の参加を促し，協働型の制度は意見表明型より高次の参加を促すと考えたためである。参加制度得点が高いほど，高次の参加を促すことが期待されている参加制度を多く導入していることを意味している。政策参加得点とは，市民活動部署，環境部署，福祉部署，産業振興部署の4部署において，各市民社会組織が審議会・懇談会，計画策定，政策執行，行政評価の4つの政策過程の段階で参加をしていればそれぞれ1点を与えて，合計した得点である[9]。政

---

(8) 参加制度得点の計算上の最低点は0点，最高点は22点となる。

(9) 市区町村調査では，市民活動部署，環境部署，福祉部署，産業振興部署で，「次に挙げる行政の活動に各団体が参加していますか。それぞれの活動について，あてはまる人や団体の欄に✓をつけてください」と質問し，行の欄に各市民社会組織，列の欄に各政策過程の段階を配置した表を示している。なお，福祉部署については，福祉団体を社会福祉法人，福祉当事者団体，福祉ボランティア団体と細分化して質問している。本分析では，3団体の中の1つでも参加していれば福祉団体が参加しているとみなして1点を与えた。政策参加得点の計算上の最低点は0点，最高点は16点となる。

策参加得点が高いほど，各市民社会組織が様々な部署において，様々な政策過程の段階に参加していることを意味している。

参加制度得点と政策参加得点の相関分析の結果を示したものが表5－2である。表には相関係数を示しており，係数が正に大きいほど，参加制度得点が大きいほど各市民社会組織の政策参加得点が大きいという関係を表している。

表5－2　参加制度導入と市民社会組織の政策参加

	参加制度得点
NPO・市民団体	0.400**
一般市民（個人）	0.185**
自治会	−0.045
環境団体	0.207**
福祉団体	−0.013
労働組合・団体	0.117**
経済・商工団体	0.109**
農林水産業団体	−0.182**
外郭団体・第3セクター	0.026
企業	0.205**

＊：$p<0.05$　＊＊：$p<0.01$

分析結果からは，NPO・市民団体の政策参加得点と参加制度得点の間には0.4と相関がみられた[10]。その他の市民社会組織については顕著な相関はみられなかった。参加制度の導入により，NPO・市民団体の政策参加が促されているという関係がみてとれる。市民社会組織の中でもNPO・市民団体が政策参加に影響を及ぼしているのはなぜなのだろうか。おそらく，自治会等の古くから行政と密接な関わりを有している市民社会組織は参加制度が導入される前から政策参加をしており，参加制度の導入にはあまり影響されなかったのだろう。それに対して，近年注目を浴びるようになったNPO・市民団体は参加制度を足がかりとして政策過程への参加を果たしているものと考えられる。

それでは，参加制度の影響は，NPO・市民団体の参加の内容によって異なるのだろうか。行政からNPO・市民団体への働きかけのみならず，NPO・市民団体から行政への働きかけも参加制度の導入により促されるのだろうか。市区町村調査では，政策提言など6つの局面において行政とNPO・市民団体との間に関わりがあるかを質問している[11]。これらの関わりがある市区町村

---

(10) なお，社会経済状況の影響を考慮し，市区町村の人口を制御変数とした参加制度得点とNPO・市民団体の政策参加得点の偏相関係数をとったところ，0.257（1％水準で有意（両側））であった。社会経済状況の影響を考慮しても参加制度得点とNPO・市民団体の政策参加得点の間には相関があるといえる。

(11) 市区町村調査では，市民活動部署，環境部署，福祉部署，産業振興部署で，貴部署では「NPO・市民団体とどのように関わってきましたか。それぞ

の割合を参加制度の得点別に示したものが表5－3である。なお，市区町村調査では，市民活動部署，環境部署，福祉部署，産業振興部署で，関わりの有無を質問しているが，どの部署でも概ね同じ傾向であったので，市民活動部署における各関わりの有無と参加制度得点を分析したものを示した[12]。

全ての項目で参加制度得点が高いほど，関わりを有している市区町村の割合が高くなっている[13]。例えば，参加制度得点が0－4点の市区町村においては，政策提言を受けるという関わりを有する市区町村の割合は14.0%であ

表5－3　参加制度得点別のNPO・市民団体の参加割合（市民活動部署）

(単位：%)

	0－4点	5－9点	10－14点	15点以上
政策提言を受ける	14.0	17.6	24.6	42.9
政策執行への支援・協力を受ける	17.5	21.0	31.3	33.3
政策執行へのモニタリングを受ける	0.7	1.9	2.7	11.1
共同でフォーラム等を企画・運営する	20.9	38.9	58.0	68.3
有償で業務を委託する	16.5	31.7	49.6	71.4
無償での行政支援を行う	17.5	28.2	43.3	50.8

れについて，あてはまるものすべての番号に○をつけてください」と質問し，NPO・市民団体との間に，①政策提言を受ける，②有償で業務を委託する，③共同でフォーラム，イベント等を企画・運営する，④行政の政策執行に対して支援や協力を受ける，⑤無償での行政支援を行う，⑥行政の政策執行に対してモニタリング（監視）を受けるという6つの関わりがあるかを尋ねている。

(12) 他の部署でも参加制度得点が多いほど各関わりが存在すると答えた市区町村の割合が高くなっていた。ただし，産業振興部署では「政策執行への支援・協力」や「無償での行政支援」といった項目で制度得点別の顕著な違いがみられなかった。

(13) なお，紙幅の関係で表は省略するが，社会経済状況の影響を考慮し，5段階の人口規模（①1万未満，②1万以上3万未満，③3万以上5万未満，④5万以上20万未満，⑤20万以上）ごとに関わりが行われている市区町村の割合を参加制度の得点別にみた。5つの人口規模に区分したためサンプル数が少なくなり，表5－3ほど顕著な傾向がみられないものもあったが，どの人口規模においても参加制度得点が高くなるほど関わりが行われている割合が増加する傾向がみられた。社会経済状況の影響を考慮しても参加制度得点が高くなるほどNPO・市民団体と行政の関わりがあるといえる。

るが，参加制度得点が高くなるにつれてその割合は高くなり，参加制度得点が15点以上の市区町村においては42.9％に達している。また，無償での行政支援を行うといった行政からNPO・市民団体への働きかけのみならず，政策提言や政策執行への支援・協力といったNPO・市民団体から行政への働きかけや，共同でのフォーラムの企画・運営といった共同での関わりの割合も参加制度得点が高いほど，高くなっている。NPO・市民団体が参加制度を足がかりとして主体的な参加を行っている様子が窺える。参加制度の導入は，行政とNPO・市民団体の双方向の働きかけを促しており，全ての関わりにおいて参加を促す制度として機能していた。

6. まとめと考察

本章では，①参加制度の導入割合及び波及状況と，②参加制度が参加を促す制度として機能しているかという2点を明らかにしようとした。最後に，本章の分析から得られた3つの知見と2つの含意について述べる。

知見の1点目は，市区町村における参加制度の導入割合は情報開示型，意見表明型，協働型の順に高いという点である。情報開示型の制度の導入割合は高く，市民参加の前提となる情報開示は多くの地方政府において保障されていた。意見表明型の制度となると導入割合は低くなるものの，市民の意見を行政に対して表明する制度がある程度は広がっている。ただし，協働型の制度の導入割合は低く，市民と行政が対等の立場で行政運営を行うという協働を促す制度はまだ導入途上の段階にあった。

2点目は，市区町村総体レベルでみた時に，参加制度の波及の要因は国レベルの同種の制度の導入と地方分権改革であることである。先行研究で，国レベルの同種の制度の導入が波及の要因であることが示されていたが（伊藤2002a），地方分権改革も波及を加速させる要因となっていたことがわかった。

3点目は，参加制度が参加を促す制度として機能している点である。浦安市における市民会議の実施過程をみたときに，市民会議により市民と行政の協働という機能が果たされていた。浦安市民会議は市民が中心となって運営を進め，基本計画の約9割にその提言が反映されることとなった。市民会議をきっかけとして市民参加も徐々に進んでおり，市民会議という制度が市民と行政の協働を促す制度として機能した様子が窺える。また，高次の参加を促すことが期待されている参加制度を多く導入している地方政府ほど，NPO

・市民団体が政策過程に参加していることがわかった。そして，参加制度を多く導入している地方政府ほど，行政からNPO・市民団体への働きかけだけではなく，NPO・市民団体から行政への働きかけも行われており，参加制度の導入により双方向の参加が促されていることがわかった。

　含意の1点目について述べる。2000年に地方分権一括法が施行されてから，8年が経過したが，その評価は依然定まっておらず，その影響について実証的に分析した研究は少ない。本章の分析は市民参加を促す制度のみを対象としているが，分権改革を契機として制度の導入が始まっていることがわかった。地方分権改革が行政職員の政策立案を活発にし，地方政府の政策過程に影響を及ぼしていることが窺える。

　含意の2点目について述べる。参加制度はステイクホルダーとしての市民社会組織が，地方政府の政策過程に参加するための規律付けメカニズムとして機能することが期待されているが，規律付けメカニズムにより政策過程への参加というステイクホルダーの利益が満たされており，機能していることがわかった。参加制度が形式的な制度にとどまっておらず，実際に参加を促す制度として機能していることがわかる。ただし，量的な分析では，参加制度の導入はNPO・市民団体以外の市民社会組織の政策参加にはつながっていなかった。参加制度という制度的な規律付けメカニズムは近年に導入されたものが多い。つまり新しく導入された規律付けメカニズムは，既存の市民社会組織ではなく，ステイクホルダーとして新たに政策過程に参入しようとする市民社会組織の参加を特に促すのではないだろうか。

>【謝辞】　本研究は，浦安市職員の方々のご協力により，聞き取り調査が実施できました。快く調査に応じてくださった市長公室企画政策課課長の小檜山天氏と総合計画係長の野崎雄大氏及び，仲介の労をとっていただいた都市環境部部長の大野伸夫氏に心から感謝致します。

第6章　市区町村職員をとりまくネットワーク

久保慶明

1. 本章の位置づけ

　本章では，市区町村の職員と諸主体——特に地域の市民社会組織（住民自治組織，NPO・市民団体，各種社会団体）——との日常的な接触活動を分析することで，職員をとりまくネットワークの態様を明らかにする。ここで「ネットワーク」とは主体間の接触とそのパターンを指す。R. A. W. ローズ（Rohdes 1996）は，ガバナンスを捉える際にネットワークを鍵概念としている。本章では特に，ネットワークの開放性と双方向性を主たる論点に据える[1]。

　具体的な問いは3つある。第1に，行政職員と外部主体との接触を，頻度，内容，方向性という3点から見た場合，どのような現状にあるか。第2に，これらを接触ネットワークと捉えた場合，外部主体に開かれたネットワークとなっているのか。どの主体に開かれているのか。第3に，どのような要因によってネットワークは活性化しているのか。特に，ステイクホルダーとしての関与とエージェントとしての関与は，どちらが接触を活発にさせるのか。

　職員の接触活動を捉える意義は，制度的な枠組みや形式的な参加だけでは捉えられない，地方政府－市民社会間の動態的な関係を明らかにすることにある。似田貝香門は広島県福山市職員を対象として，「［市議会や，住民運動，

（1）　辻中（2000）が日本の中央省庁に関して階統型，資金型，情報型という3つの類型を明らかにしたようなネットワークの媒介物自体は，本章では射程外となる。

業界，町内会連合協議会など，行政組織の] 外部環境からは，各施策担当部門に関連するさまざまの団体，組織，役職者を経由して，日常的な行政活動のなかに，住民のニーズが吸収され，内包化されている，と多くの [調査] 対象者は考えていると思われる」（[ ] 内は久保補足）と結論した（似田貝 1983：235）。北原鉄也は都市計画分野を対象としたサーベイ調査に基づき，行政職員と諸主体との接触を，政策決定・執行への関わりを示す指標の1つと捉えた（北原 1989）。これらの研究を踏まえ本章では，市民社会組織から職員への働きかけ（要望，提案，モニタリングなど）と，職員から市民社会組織への働きかけ（許認可・行政指導，説得，業務連絡など）という，両者の相互行為から成るローカル・ガバナンスの姿を描き出す。

2. 分析の視点と方法

2.1. 市区町村職員の接触対象

市区町村職員は，行政活動の中で様々な主体に接触している（地方自治研究資料センター 1979：106-114；中野 1992；cf. 伊藤 2002a，2006；青木 2004）。最近では，全市区対象の調査から，国，都道府県，議会，住民（団体を含む）との接触の実態が明らかとなっている（日本都市センター 2005）。また，接触活動，業務内容，アイディアの発案源といった観点から，関西地方2都市における部署別の接触活動を詳細に分析した研究もある（清水 2009）。これらの研究を参照しながら，市区町村職員の接触対象を分析に先立って整理しておこう。

庁内では部署間で連絡調整を図り，首長や副首長などの幹部の決済を受ける。議会議員に対しては，審議に先駆けた説明を行う一方，議員からの求めに応じて接触することも多い（中野 1992：254-8）。また，都市部など審議会の活動が盛んな地方政府では，審議会との連絡調整も重要な業務となる。

議論を地方政府の外部に広げると，国や都道府県との間では日常的に接触関係がある（日本都市センター 2005）。都道府県に対しては，自らの構想や計画の実現を目的として働きかけるという側面もある（青木 2004：10章）。他の地方政府との間では，情報収集も接触目的となる（伊藤 2006：7章）。また，国会議員や都道府県議会議員と接触することもある。

他方，地域に存在する市民社会組織との接触も重要である。市区町村職員

は前章までにとりあげてきた，自治会などの住民自治組織，NPO・市民団体，農漁協や商工会，社会福祉協議会などの諸団体と日常的に接触している。これらの組織と地方政府のネットワークは，財政悪化や地域管理の危機に直面した地方政府で発達するという指摘もある（蓮見・町村・似田貝 1983；似田貝 1990）。

各主体との接触頻度の平均値を示したのが表6－1である[2]。部長との接触が圧倒的に多く，ほぼ毎日接触している。さらに，副首長，首長，財務担当部署など，庁内幹部や職員との接触も頻繁である。都道府県，福祉団体との接触がこれに続く。経済・商工団体や自治会・町内会（以下，自治会），農林水産業団体との接触は月に2日前後であり，議会議員よりもやや多くなっている。それに対して，審議会・懇談会（以下，審議会）や中央省庁との接触は月に1日にも満たない。ただ，各主体の標準偏差をみると一定のばらつきもある。ここでは，市民社会組織との接触が議会議員や審議会よりも多く，職員にとって重要な接触対象となっていることを確認しておきたい。

表6－1　接触頻度の平均値・標準偏差（環境，福祉，産業振興）

	平均値	標準偏差
部長	22.1	11.128
副首長	7.3	8.370
首長	6.5	7.912
財務担当部署	6.0	8.355
都道府県	4.3	6.890
福祉団体	3.5	7.266
他の地方政府	2.3	4.250
企業	2.2	5.666
経済・商工団体	2.1	5.048
自治会・町内会	2.0	4.364
農林水産業団体	1.8	4.757
外郭団体・第3セクター	1.7	4.980
議会議員	1.6	2.966
NPO・市民団体	1.4	3.796
職員組合	0.9	4.366
環境団体	0.5	2.069
審議会・懇談会	0.3	1.291
中央省庁	0.2	1.364
都道府県議会議員	0.1	0.466
地元選出国会議員	0.0	0.444

註）値は，「1. 毎日」=30，「2. 数日に1回」=10，「3. 週に1回くらい」=5，「4. 月に1回くらい」=1，「5. 月に1回未満」=0として計算した。福祉部署における「福祉団体」との接触頻度は，社会福祉法人，福祉当事者団体，福祉ボランティア団体のうち最大値をとって計算した。表6－2，表6－3も同様。

---

(2)　質問文は「貴部署では，次にあげる人や団体とどのくらいの頻度で接触（面会，電話，手紙，Eメールなど）しますか」。選択肢は，「1. 毎日」「2. 数日に1回」「3. 週に1回以上」「4. 月に1回以上」「5. 月に1回未満」の5つである。本章の分析では，曽我（2006）にならい，以下のようにリコードした値を使用する。毎日=30，数日に1回=10，週に1回以上=5，月に1回以上=1，月に1回未満=0。

2.2. 接触活動の捉え方

　市区町村職員の接触活動を分析する上で参考になるのが，中央省庁を対象とした研究である。村松岐夫らによる官僚調査では，行政官僚の接触活動は官僚制自身の活動量（村松 1981, 1994, 2006），官僚制と他主体との距離（真渕 1998）を示す指標とされてきた。政策形成過程の分析でも，接触の頻度や方向が重要な要素として位置づけられ（村松 1981；城山・鈴木・細野 1999；城山・細野 2002），影響力評価などとの関連が検討されてきた（曽我 2006）。本章でもこれらの視座を参照しながら分析を行う。

　さらに，本章では市民社会組織の参加が活発な地方レベルを対象とすることから，独自の視点として2つを加える。第1に，市民社会組織との接触内容を直接的に把握する。村松らの官僚調査では，法案の作成や改訂を行う際，官僚がどのような業務に時間を割いているかを問うてきた[3]。曽我（2006）はこの設問を利用して，官僚と各主体との接触目的を明らかにしている。しかし，個別の団体との間でどのようなやりとりが行われているのかは十分に明らかにされていない。

　第2に，政策過程への市民社会組織の関与が，接触の態様に与える影響を明らかにする。中央政府レベルの様々な利益団体は，審議会などへの参加を通して政策過程に関与している（辻中・濱本 2009）。その結果，各団体は省庁へのアクセス可能性を高めていると考えられる。しかし，政策過程への関与が日常的な接触活動にどう影響するかは，必ずしも明らかにされてこなかった。日常的な接触は，政府と市民社会をつなぐネットワークの基礎である。本章では，市民社会組織が政策過程に関与することで，日常的な接触活動が活性化するのかどうか検討する。

2.3. 分析方法

　具体的な分析方法は以下の通りである。第1に，接触頻度の平均値を各地方政府の特性別に比較する。政策分野，人口規模，市町村合併の有無という3点を検討する（第3節）。第2に，接触の内容と方向性を検討することで，

---

(3) 調査項目は，新機事業のアイディア提供，他の省庁との調整，省内の他部局との調整，政治家との調整，各種団体との調整，部下の活動に指示を与えて作業をまとめること，その他。

接触活動の性質を明らかにする。特に市民社会組織との接触においては，職員との間に双方向的な関係が築かれていることを示す（第4節）。第3に，市民社会組織との接触と，行政活動への関与，情報源としての重要性，影響力評価との関連を論じる。地方政府と諸主体との接触（ネットワーク）を活性化させる要因を考察する（第5節）。

3. ネットワークの開放性

　まず，地方政府の特性別に各主体との接触頻度を比較する。独立変数としてとりあげるのは，政策分野，人口規模，市町村合併の有無（過去10年間）の3つである。

　政策分野および人口規模に関しては，行政活動への参加状況や影響力構造が異なることを第2章および第3章で明らかにした。特に市民社会組織に関していえば，環境では自治会，福祉では福祉団体，産業振興では経済・商工団体や農林水産業団体の影響力が大きかった。人口規模別にみると，規模が大きくなるほどNPO・市民団体や経済・商工団体の影響力が大きく，逆に規模が小さいほど自治会や農林水産業団体の影響力が大きかった。これらの特徴が，接触活動においても確認できるかが焦点である。さらに市町村合併に注目するのは，合併に伴う組織規模の拡大が，接触活動の変化をもたらすと考えたためである（cf. 今井 2008；今井・柏村 2009）。

　表6−2に，各特性別の平均値を示した。分野別にみると，庁内幹部や職員，議会議員など，ほとんどの主体で産業振興が最多となる。たとえば首長をみると，産業振興8.1に対して，福祉6.1，環境5.2となっている。図表は割愛するが，週に1回以上接触する主体数（以下，接触主体数）の平均をみても産業振興が最も多い。主体間の連絡調整の必要性が大きな政策分野であると考えられる。その一方，都道府県や他の地方政府では福祉が最多となっている。福祉政策分野では，介護保険制度などの影響により，上位行政や地方政府間の水平的な関係が重要であると推察される。

　市民社会組織や企業との接触に注目すると，全体的に分野別の差異が大きい。第1に，環境部署で接触が頻繁なのが自治会（2.9）であり，NPO・市民団体や環境団体の約2倍の頻度となっている。企業との接触も多い。第2に，福祉部署では福祉団体との接触が頻繁である（8.8）。換算すると週に2回程度の接触頻度となっており，市民社会組織等の中で最多である。第3に，産

表6－2　地方政府の特性ごとにみた接触頻度の平均値

	政治行政主体									
	首長	副首長	部長	財務担当部署	職員組合	審議会・懇談会	議会議員	中央省庁	都道府県	他の地方政府	地元選出国会議員
環境	5.2	6.1	20.9	5.3	1.1	0.3	1.4	0.2	2.9	1.7	0.0
福祉	6.1	7.0	22.9	6.4	0.6	0.3	1.4	0.2	5.2	3.1	0.0
産業振興	8.1	9.0	22.7	6.4	1.0	0.3	1.9	0.3	4.7	2.0	0.0
1万未満	10.1	11.6	21.4	9.0	1.6	0.3	0.2	5.6	3.0	1.3	0.1
1万以上3万未満	8.2	9.5	21.6	6.4	1.2	0.2	0.2	4.5	2.5	1.4	0.0
3万以上5万未満	5.1	5.9	21.1	5.3	0.6	0.2	0.2	4.0	1.9	1.7	0.0
5万以上20万未満	3.3	3.9	22.7	4.1	0.5	0.4	0.4	3.5	1.9	1.6	0.0
20万以上	2.5	3.3	24.2	4.0	0.5	0.4	0.4	2.3	1.1	2.2	0.0
合併あり	4.6	5.6	22.1	4.7	0.6	0.3	0.3	4.1	1.8	1.5	0.0
合併なし	7.5	8.3	22.2	6.7	1.1	0.3	0.2	4.4	2.5	1.6	0.0
全体	6.5	7.3	22.1	6.0	0.9	0.3	1.6	0.2	4.3	2.3	0.0

	（つづき）	市民社会組織等							
	都道府県議会議員	自治会・町内会	NPO・市民団体	環境団体	福祉団体	経済・商工団体	農林水産業団体	外郭団体・3セク	企業
環境	0.0	2.9	1.4	1.1	0.3	0.3	0.2	0.7	2.2
福祉	0.0	1.4	1.6	0.2	8.8	0.1	0.1	0.8	0.5
産業振興	0.1	1.5	1.2	0.1	0.2	5.4	4.7	3.5	3.7
1万未満	0.1	1.8	0.8	0.2	4.4	1.4	2.4	1.5	1.3
1万以上3万未満	0.0	2.1	1.1	0.3	3.6	1.5	1.8	1.4	1.4
3万以上5万未満	0.1	2.2	1.4	0.5	3.1	2.1	1.7	1.4	2.0
5万以上20万未満	0.1	2.0	1.7	0.7	3.0	2.7	1.5	1.9	2.8
20万以上	0.1	1.6	2.7	0.9	2.8	3.8	1.2	3.4	5.9
合併あり	0.1	2.1	1.5	0.5	3.1	2.1	1.8	1.8	2.7
合併なし	0.1	1.9	1.4	0.5	3.7	2.1	1.9	1.7	2.0
全体	0.1	2.0	1.4	0.5	3.5	2.1	1.8	1.7	2.2

　業振興部署では経済・商工団体，企業，農林水産業団体，外郭団体・第3セクター（以下，外郭団体）との接触が頻繁である。ただし，市区では農林水産業団体との接触が少なく（平均3.9），経済・商工団体との接触が最多となる（7.2）。市区では商工業，町村では農林水産業という基幹産業の相違が，関係団体と行政の距離にそのまま反映されていると推察できる。

　総じて，市民社会組織の中では福祉団体との接触や，市区の産業振興部署における経済・商工団体との接触が特に頻繁である。政治行政主体と比べると，都道府県よりも多く，庁内幹部や職員と同程度あるいはそれ以上となっている。

　次に，人口規模別にみていこう。まず，部長との接触は規模が大きいほど多いのに対して，首長，副首長，財務担当部署との接触は規模が小さいほど

多い。中央省庁や都道府県との接触も，小規模ほど多くなっている。図表には示さないが，接触主体数も規模が小さいほど増加する。規模の小さな地方政府では官僚制組織が庁内幹部や上位政府に開かれているのに対して，大きな地方政府では専門分化が進み，官僚制組織が閉鎖的になっていると考えられる。

　市民社会組織に目を移すと，自治会との接触頻度は人口規模とほとんど関連しない。住民自治組織とのネットワークは，地方政府の規模に関わらず築かれているといえよう。それに対して，福祉団体や農林水産業団体は小規模の地方政府において，NPO・市民団体，環境団体，経済・商工団体，外郭団体，企業は大規模な地方政府において接触が活発である。その結果，接触主体数は規模が大きいほど増加する傾向にある（図表は省略）。人口規模が都市化度に相関することを考えれば，農村部では社会福祉協議会や農漁協など特定の市民社会組織に対して，都市部では市民団体や産業関連団体など，より広範な市民社会組織に対してネットワークが開かれていると考えられる。

　最後に，過去10年以内の合併経験に関して，合併を経験した地方政府では首長，副首長，財務担当部署との接触が少ない。合併に伴う組織規模の拡大によって，庁内幹部や他部署との関係が疎遠になっていると推察される。その一方で，各種市民社会組織との接触は，市町村合併の有無とほとんど関連していない。合併によって地域住民と行政との距離が遠くなるのではないかと考えたが，接触頻度からみる限りはそのような傾向はない。

　以上，各地方政府の特性別に接触頻度の多寡を検討した。市民社会組織に関してまとめておくと，環境分野では自治会，福祉分野では福祉団体，産業振興分野では産業関連団体（経済・商工団体や農林水産業団体など）に対して開かれている。規模別にみると，小規模な地方政府（農村部）では社会福祉協議会や農漁協など，大規模な地方政府（都市部）では市民団体や産業関連団体などに開かれている。職員をとりまくネットワークは，政策分野別に異なる様相を呈しつつ，都市部で市民団体が盛んな活動を展開し，基幹産業が商工業や製造業になるのに応じて変容していくと考えられる。

　では，このようなネットワークにおいて，市区町村職員と市民社会組織の間でどのような相互行為が行われているのだろうか。次節では，市民社会組織との接触内容と方向性を検討していこう。

4. 市民社会組織との相互行為

4.1. 接触内容

まず，具体的な接触内容をみていこう。市区町村調査では，「事業提案」「要望」「意見交換」「説明・説得」「業務連絡」という，5つの項目に関する接触頻度を質問した。事業提案と要望は各種団体から職員への働きかけ，意見交換は双方向の接触，説明・説得と業務連絡は職員から各種団体への働きかけに関する項目である[4]。表6-3に平均値を示している。

各部署での最多項目（網かけ）をみると，自治会との接触では3部署とも要望が最多である。NPO・市民団体や諸団体と比べて，自治会は地方政府に対する要望を頻繁に寄せていることがうかがえる。特に頻度が多い環境部署では（4.79），説明・説得の頻度も多い（3.43）。エージェントとしてよりも，ステイクホルダーとしての性格が強いことを示しているように思われる。

他方，NPO・市民団体および諸団体をみると，環境・産業振興部署では意見交換が最多なのに対して，福祉部署では業務連絡が最多項目となる。第2章で確認した業務委託の多さが，接触頻度にも表れているのであろう。もっとも，意見交換や説明・説得の頻度も産業振興部署と同程度である。これは，

表6-3 内容別にみた市民社会組織との接触頻度

	自治会・町内会					NPO・市民団体					その他諸団体				
	事業提案	要望	意見交換	説明説得	業務連絡	事業提案	要望	意見交換	説明説得	業務連絡	事業提案	要望	意見交換	説明説得	業務連絡
環境	1.19	4.79	3.23	3.43	1.64	1.15	2.12	2.34	1.67	1.63	1.13	2.03	2.40	1.77	2.07
福祉	1.06	2.78	2.49	2.52	1.54	1.33	2.50	2.63	1.95	2.93	1.94	3.86	4.95	3.47	5.91
産業	1.30	3.11	2.62	2.43	1.61	1.28	1.86	2.26	1.51	2.03	2.57	4.08	5.70	3.66	4.48

註）値は，「月に1回以上」=12,「半年に1回以上」=6,「半年に1回未満」=1,無回答（他の1項目以上で回答している場合）=0にリコードして計算した平均値。網かけは，各部署で最多の項目を示している。

(4) たとえば市民活動調査票における質問文は，「市民活動部署では，自治会・町内会，NPO・市民団体，それ以外の各種団体とは，次にあげる内容のためにどのくらい頻繁に接触（面会，電話，手紙，Eメール）しますか」。回答選択肢は「1. 月に1回以上」「2. 半年に1回以上」「3. 半年に1回未満」。接触内容は，A. 団体から自治体に対する要望，B. 行政方針についての説明・説得，C. 相互の意見交換，D. 団体からの新規事業提案，E. 委託業務等についての連絡。

福祉分野で活動するNPO・市民団体や諸団体が，エージェントとして地方政府の活動に関与する一方で，ステイクホルダーとしての位置づけをも得ていることを示唆している。

4．2．福祉，産業振興部署での双方向性

では，上記の接触内容を全体としてみると，各市民社会組織は職員に対して能動的に働きかけているのか，あるいは，職員からの働きかけを受ける存在なのか。表6－4では，各部署で接触頻度の多い市民社会組織との接触方向を示している。これらは各分野で影響力の大きな市民社会組織でもある（第2章参照）。自治会とNPO・市民団体のみ3部署での値である。

表6－4　市民社会組織等との接触方向

	3部署 自治会・町内会	NPO・市民団体	環境 環境団体	福祉 社会福祉法人	福祉当事者団体	福祉ボランティア団体
市民社会組織から	22.8	29.9	31.1	11.2	22.6	23.0
同じくらい	33.4	39.5	36.6	72.8	54.5	48.1
職員から	43.8	30.6	32.3	16.0	22.8	28.8
(N)	(3050)	(2747)	(896)	(1068)	(1020)	(999)
「同じくらい」の人口規模別割合						
1万以上	34.5	35.8	28.1	74.3	52.5	46.9
1万以上3万未満	33.3	35.5	31.1	68.9	50.9	44.6
3万以上5万未満	34.0	40.5	39.2	74.5	65.0	53.2
5万以上20万未満	32.5	41.2	41.8	75.0	54.4	50.0
20万以上	32.7	53.4	46.9	70.8	52.9	47.8
傾向	―	↓	↓	―	―	―

(つづき)

	産業 経済・商工団体	農林水産業団体	外郭団体・3セク	企業
市民社会組織から	13.1	14.2	19.5	28.3
同じくらい	62.7	56.4	49.5	34.0
職員から	24.1	29.4	30.9	37.7
(N)	(1027)	(977)	(870)	(952)
「同じくらい」の人口規模別割合				
1万以上	50.6	57.6	50.3	29.4
1万以上3万未満	57.2	54.6	44.5	29.4
3万以上5万未満	66.7	60.4	48.3	34.2
5万以上20万未満	72.4	56.4	51.5	37.2
20万以上	74.1	50.0	58.4	49.4
傾向	↓	↑	↓	↓

註）傾向は，―：線形の関係なし，↓：人口規模が大きいほど割合大きい，↑：人口規模が小さいほど割合小さい。

表からは2つの傾向が看取できる。第1に，自治会との間では職員側からの接触が多い。紙幅の関係で図表は省略するが，特に福祉部署においてこの傾向が強い（52.5％）。第2に，福祉や産業振興では全般に「同じくらい」の割合が高い。特に社会福祉法人との接触では，7割以上が「同じくらい」と回答している。これらの団体と担当部署との間に，双方向的な接触関係（以下，双方向接触）が築かれていることがわかる。この点を，人口規模別に詳しく検討しよう。

表6-4の下半分をみると，人口規模別に割合が変化しない主体と変化する主体がある。変化がない主体は，自治会と各福祉団体である。特に，福祉部署における社会福祉法人との双方向接触は，いずれのカテゴリでも約7割と非常に多い。福祉部署職員と社会福祉法人との間では，ほとんどの地方政府で双方向的な関係が成立しているのである。

それに対して，人口規模が拡大するほど双方向接触の割合が高くなるのが，NPO・市民団体，環境団体，産業振興部署の関連団体である。いずれも，人口規模が大きくなるほど接触頻度が増加する市民社会組織である（表6-2参照）。市民活動が盛んであり，商工業や製造業が基幹産業である都市部において，これらの市民社会組織は職員との間に緊密な関係を築いていることがうかがえる。

以上をまとめると，職員との間で特に双方向的な関係にあるのが福祉団体である。対照的に，自治会は双方向的な関係にない。接触内容に関する分析結果とあわせて考察すると，エージェントとしての性格が強い福祉団体は職員と双方向的な関係にあり，ステイクホルダーとしての性格が強い自治会は一方向的な関係にあると推論できる。この点に関しては次節で詳しく検討する。

5. ネットワークはどのようにして活性化するか？

前節までに，各政策分野で異なる市民社会組織に対して開かれたネットワークが存在していること（第3節），福祉および産業振興部署職員と市民社会組織との接触が双方向的であること（第4節）を確認した。本節では，ネットワークの開放性（接触頻度の多さ）と双方向性の上昇をネットワークの活性化と捉え，市民社会組織の行政活動への関与，情報源としての重要性，影響力という3要因とどう関連しているかを分析する。近年，行政職員と市民

社会組織（あるいは地域住民）との接触が増加傾向にあるが（日本都市センター 2005；久保 2009），その背景にある要因を考察することが本節の課題である。

5.1. 市民社会組織関与仮説

　市民社会組織が行政活動に関与すると，地方政府職員はそれだけ市民社会組織と接する機会が増えると考えられる。また第1章でも論じているように，一方では従来ステイクホルダー（ＳＨ）として参画してきた市民社会組織がエージェント（Ａ）として公共サービスを供給することが増え，他方ではエージェントとして活動する市民社会組織がステイクホルダーとして行政活動に関心を寄せている。ＳＨであれＡであれ行政活動に関与する市民社会組織との間では，地方政府職員は双方向的な関係を築いていると考えられる。これらをまとめて【市民社会組織関与仮説】と呼び，実際に成り立つかどうか検証していこう。

　もっとも，上記のような相互行為が行われる中で，ＳＨとＡという2つの場面を明確に区分することは難しい。ここでは，政策立案，決定，執行，評価という政策過程の段階（以下，政策段階）別に考えてみたい。第2章で示したように，市区町村調査では市民社会組織の政策過程への参加や法制度的な関わりについての質問を設けた。立案，決定段階での働きかけや，執行された施策に対する評価やモニタリングは，ステイクホルダーとしての関与とみなすことができよう。また，執行段階での関与は，エージェントとしての関与とみなして差支えないであろう。質問項目を政策段階に沿って分類すると，以下のようになる。

ＳＨ（立案・決定・評価） 審議会・懇談会への参加，計画策定への参加，行政評価への参加，モニタリング
Ａ（執行） 政策執行への参加，許認可・行政指導，職員派遣，業務委託，行政支援

　分析では，ＳＨとＡに該当するかに応じて4カテゴリに分け，接触頻度と双方向性の平均値を比較する。4カテゴリとは，①ＳＨもＡも該当しない（地方政府と関わりを持たない）「××」（以下，ＳＨ／Ａ非該当），②ＳＨの

み該当「○×」,③Aのみ該当「×○」,④SHとAの両方に該当「○○」(以下,SH／A該当)である。カテゴリ別の平均値を示したのが表6－5である。F検定の結果1％水準で有意な場合,最多のカテゴリを濃い網かけ,2番目に多いカテゴリを薄い網かけで示している。

表からは3点をよみとることができる。第1に,福祉団体を除いてSH／A非該当(××)が最少,SH／A該当(○○)が最多となっている。当然のことではあるが,SHとAの両面で関わる市民社会組織は,職員との接触

表6－5　行政活動への関与の有無別にみた市民社会組織との接触頻度・双方向接触

			自治会・町内会			NPO・市民団体			環境団体（環境）		
	SH	A	平均値	度数	標準偏差	平均値	度数	標準偏差	平均値	度数	標準偏差
頻度	×	×	0.86	606	3.07	0.39	731	1.68	0.18	258	1.00
	○	×	1.48	398	3.46	0.65	238	1.44	0.49	69	1.20
	×	○	1.77	556	3.86	1.31	594	3.55	0.88	165	1.94
	○	○	2.77	1367	5.25	2.36	1159	4.94	2.10	364	4.44
	F値		29.966**			46.148**			21.354**		
双方向性	×	×	0.27	561	0.44	0.26	653	0.44	0.26	231	0.44
	○	×	0.32	387	0.47	0.37	231	0.48	0.41	69	0.49
	×	○	0.34	545	0.48	0.39	572	0.49	0.33	158	0.47
	○	○	0.36	1363	0.48	0.49	1148	0.50	0.46	363	0.50
	F値		5.176**			32.131**			9.532**		

			福祉団体（福祉）			経済・商工団体（産業）			農林水産業団体（産業）		
	SH	A	平均値	度数	標準偏差	平均値	度数	標準偏差	平均値	度数	標準偏差
頻度	×	×				0.99	90	2.32	1.30	210	4.80
	○	×	8.33	3	2.89	2.09	45	2.89	2.25	40	3.03
	×	○	10.62	26	11.27	4.40	120	6.28	3.98	92	6.99
	○	○	8.74	1025	9.33	6.35	724	7.58	6.22	627	7.20
	F値		0.512			20.869**			31.890**		
双方向性	×	×				0.29	86	0.46	0.39	172	0.49
	○	×	1.00	3	0.00	0.41	44	0.50	0.49	35	0.51
	×	○	0.88	24	0.34	0.62	121	0.49	0.49	92	0.50
	○	○	0.81	1001	0.39	0.68	714	0.46	0.63	620	0.48
	F値		0.669			21.575**			12.248**		

註）＊：$p<.05$　＊＊：$p<.01$　網かけはF検定の結果,5％水準で有意かつ1位（濃い網かけ),2位（薄い網かけ）を示す。
・SH：立案,決定,評価,A：執行。以下の項目のいずれかに該当する場合に「○」としている。
SH：審議会・懇談会への参加,計画策定への参加,行政評価への参加,モニタリング。
A：政策執行への参加,許認可・行政指導,職員派遣,業務委託,行政支援。
・自治会・町内会,NPO・市民団体は3部署全体,他は（　）内部署の値。頻度は表6－1のリコードをもとに計算。双方向性は「同じくらい」を1,それ以外を0として計算（値がそのまま,双方向接触の割合となる)。
・福祉団体の「頻度」は,社会福祉法人,福祉当事者団体,福祉ボランティア団体のうち最大の主体を対象にしている。「双方向性」は,これら3主体のうち1つでも「同じくらい」だった場合に1とした。

が多く，双方向的な関係にあることがわかる。

　第2に，接触頻度に注目すると，ＳＨとしての関与よりもＡとしての関与によって接触が活発になる。経済・商工団体を例にとると，ＳＨ／Ａ非該当（××）の0.99に対する上昇率は，ＳＨのみ該当（○×）の2.09よりもＡのみ該当（×○）の4.40の方が高い。エージェントとして関与する場合には，ステイクホルダーとして関与する場合に比べて，緊密なコミュニケーションをとっていることがうかがえる。

　第3に双方向性に関しては，環境団体と経済・商工団体を除いて，ＳＨとしての関与もＡとしての関与も同程度に接触を双方向化する。たとえばNPO・市民団体をみると，ＳＨ／Ａ非該当（××）の0.26に比べて，ＳＨのみ該当（○×）は0.37，Ａのみ該当（×○）は0.39と同じくらい増加している。これは，ステイクホルダーだからといって地方政府に一方的に働きかけるわけでなく，エージェントであっても地方政府からの統制を一方的に受ける存在ではないことを示している。

　この点を象徴的に示していると思われるのが，福祉部署職員と福祉団体との接触である。表をみると，頻度も双方向性もカテゴリ間でほとんど差がなく，接触が頻繁かつ双方向である。表6－3で明らかにしたように，福祉団体は業務連絡を目的として福祉部署職員と頻繁に接触しており，エージェントとしての性格が強い。その中で双方向的な関係が成立する理由を推察すると，一方では地方政府が報告を義務付け，他方では市民社会組織側がステイクホルダーとして意見や要望を伝えているのではないか。このことが示唆するのは，地方政府からの統制を受けるエージェントであっても，義務的あるいは自発的に地方政府に働きかけるステイクホルダーとしての性格を併せ持つということである。

　その一方，経済・商工団体ではＳＨのみ（○×）よりもＡのみ（×○）の方が，ＳＨ／Ａ非該当（××）に比べて双方向性を上昇させる程度が大きい。経済・商工団体は，利益団体研究においてセクター団体に分類されるように（村松・伊藤・辻中 1986），経済的利益を代表する団体として組織されている。そのため，ステイクホルダーとしての性格が本来的に強く，一方向的な関係になりやすいと考えられる。しかし，地方政府のエージェントとして関与することによって，福祉団体と同様に双方向的な関係にもなりうるということができよう。

以上をまとめると，市民社会組織が行政活動に関与することで職員との接触が増加し，双方向的な関係になっている。【市民社会組織関与仮説】は支持される。特に，エージェント的な関与である執行段階での関わりを通して接触が増え，ネットワークが活性化している。

5.2. 情報源仮説

次に，情報源としての重要性との関連を検討していこう。行政官僚にとって，情報は欠かすことのできない資源である。市区町村調査では，地方政府職員の情報源として重要な主体を質問した。回答状況をみると（図表は省略），どの分野でも都道府県，他の地方政府，中央省庁が上位3位を占め，その次に市民社会組織が位置する。産業振興では経済・商工団体と農林水産業団体，福祉では福祉団体がいずれも3割を超え，環境では自治会が約24％である[5]。

市民社会組織を情報源として認識することは，日常的な接触活動にどう関連するだろうか。市民社会組織と日常的に接触する中で提供される情報が，行政活動にとって重要であれば，接触の活発な職員ほど情報源としての重要性を高く評価するだろう。あるいは，各種市民社会組織の提供する情報が重要であるからこそ，地方政府職員から接触するかもしれない。また，情報源として重要であると認識していれば，職員が市民社会組織に対して定期的な報告・連絡を義務付けることも考えられる。結果として，両者の接触は頻繁かつ双方向になりやすいであろう。

このように，因果メカニズムは定かでないものの，情報源としての重要性と接触の活発さ（頻度，双方向性）は正の相関関係にあると推測される。これを【情報源仮説】と呼ぶ。

検証方法は以下のとおりである。まず，接触の多寡（週1回以上の接触が

（5）質問では1位～3位を尋ねたが，本文中で言及する結果は，1位から3位のいずれかで選択した割合の合計である。なお市区と町村を比べると，市区よりも町村で割合が高いのが環境部署の自治会（市区18.2％，町村28.9％），産業振興部署の農林水産業団体（19.6％，44.5％），市区で割合が高いのが産業振興部署の経済・商工団体（51.5％，24.4％）である。これらに対して，福祉部署の福祉団体（38.4％，31.4％）は，市区と町村でそれほど大きな差はない。この点，福祉団体は地方政府の規模に関わらず，行政職員の重要な情報源となっていることがわかる。

あるかどうか）と双方向性（双方向接触かどうか）に応じて，サンプルを4カテゴリに分ける。すなわち，①接触少・一方向「××」，②接触多・一方向「○×」，③接触少・双方向「×○」，④接触多・双方向「○○」である。そして，市民社会組織が情報源として重要であるとした割合（1～3位のいずれかで選択）を4カテゴリ間で比較する。

結果は表6－6の左半分に示した通りである。表からは以下の3点がわかる。

第1に，接触頻度の多い職員ほど，市民社会組織を重要な情報源であると認識している。特に顕著な傾向がみられるのが，産業振興分野である。接触少・一方向（××）と接触多・一方向（○×）を比べると，経済・商工団体（諸団体①）では××17.9％，○×51.9％，農林水産業団体（諸団体②）では××20.9％，○×41.8％と，どちらも2倍以上の開きがある。

第2に，接触の双方向性と情報源としての重要性との関連は，一部の市民社会組織でみられる。接触の少ない2カテゴリ（××と×○）を比べると，NPO・市民団体（環境，福祉）や産業振興部署における経済・商工団体（諸

表6－6 市民社会組織との接触頻度・双方向接触と情報源・影響力（立案段階）

	週1回以上接触	双方向接触	情報源				影響力（立案段階）			
			自治会・町内会	NPO・市民団体	諸団体①	諸団体②	自治会・町内会	NPO・市民団体	諸団体①	諸団体②
環境	×	×	19.3	3.5	6.9		27.8	16.2	15.4	
	○	×	29.5	6.3	20.6		53.5	29.5	56.3	
	×	○	24.9	9.2	11.5		35.4	16.7	20.3	
	○	○	30.2	21.1	29.7		50.0	45.2	48.3	
	全体		23.8	6.8	10.5		36.8	19.5	20.8	
福祉	×	×	8.3	1.9	30.5		21.5	16.7	29.8	
	○	×	12.9	2.3	33.7		45.3	36.6	40.8	
	×	○	7.5	5.8	27.7		25.6	21.1	35.1	
	○	○	23.1	11.1	39.3		48.5	31.2	47.5	
	全体		9.4	4.2	35.6		26.1	20.7	42.9	
産業	×	×	7.8	1.8	17.9	20.9	23.2	10.0	22.3	23.1
	○	×	22.4	6.1	51.9	41.8	45.0	21.9	57.5	58.4
	×	○	10.0	2.1	30.4	24.0	21.9	15.0	36.2	33.2
	○	○	31.9	9.8	52.5	53.5	33.3	38.5	58.5	61.7
	全体		11.5	2.8	39.1	35.6	25.6	14.7	44.9	43.6

註）各カテゴリにおける値は，「情報源」：1～3位のいずれかに各市民社会組織をあげた市区町村の％，「影響力」：各市民社会組織の影響力を7件尺度で5点以上とした市区町村の％。濃い網掛けは1位，薄い網掛けは2位のカテゴリを示す。諸団体①は，環境：環境団体，福祉：福祉団体，産業：経済・商工団体。諸団体②は，産業：農林水産業団体。

団体①）において，接触の双方向性が情報源としての重要性を上昇させている。また，接触頻度の多い2カテゴリ（○×と○○）を比べると，自治会（福祉，産業振興）や農林水産業団体（産業振興の諸団体②）との関わりにおいて，接触多・双方向（○○）の割合の方が高くなっている。

第3に，以上の結果として，どの市民社会組織においても接触多・双方向（○○）が1位を占めている。特に，自治会（福祉，産業），NPO・市民団体（環境），環境団体（環境の諸団体①），農林水産業団体（産業の諸団体②）では，2位との間に10ポイント程度の差が生じている。

以上の結果から，【情報源仮説】は概ね支持される。接触の双方向性との関連は商工団体やNPO・市民団体などに限定されるものの，接触頻度が多いほど情報源として重要であるという点はどの市民社会組織でも確認できる。

5.3. 影響力仮説

最後に検討するのは，影響力評価との関連である。第2章でも確認したように，環境分野では自治会，福祉分野では福祉団体（特に社会福祉法人），産業振興分野では経済・商工団体（特に市区）や農林水産業団体（特に町村）の影響力が大きい。利益団体研究においては，頻繁に接触する主体ほど影響力評価が高くなるとの仮説が提起されてきた（村松・伊藤・辻中 1986）。その一方，影響力が大きいからこそ接触が頻繁になるということも考えられる。

また，影響力の大きさは接触の方向性とも関連を持つと考えられる。一方では，市民社会組織からの活発な働きかけを受けることで，職員は影響力を大きく評価するかもしれない。他方，影響力の大きな市民社会組織に対しては，職員から働きかけることで利害調整を行っている可能性もある。結果として，市民社会組織と双方向的な関係にある職員は，市民社会組織の影響力を大きく評価するであろう。

このように，因果関係を特定することは容易でないが，接触の頻度および双方向性と影響力評価との間には正の相関があると考えられる。これを【影響力仮説】と呼ぶ。

検証方法は情報源仮説と同様である。表6-6に示した4カテゴリごとに，影響力ありとした割合（7件尺度で5点以上）を比較する。なお，市民社会組織は政策立案および執行段階で影響力を持つが（第3章参照），両段階での影響力評価は類似した傾向にあるため，ここでは立案段階に絞って接触との

関連をみる。表6-6の右半分からは，以下3点をよみとることができる。

　第1に，接触頻度の多い職員ほど，市民社会組織の影響力を大きく評価する。たとえば自治会（環境）をみると，接触少・一方向（××）では27.8％，接触多・一方向（○×）では53.5％が影響力ありと評価している。このような傾向は，他の市民社会組織でも確認できる。

　第2に，接触の双方向性は必ずしも影響力の大きさにつながるわけではない。影響力が増大するのは以下にあげる市民社会組織だけである。接触少・一方向（××）と接触少・双方向（×○）を比べると，産業振興分野での経済・商工団体（諸団体①）や農林水産業団体（諸団体②）では，10ポイント程度×○の方が大きい。接触多・一方向（○×）と接触多・双方向（○○）を比べると，NPO・市民団体（環境，産業）では10ポイント以上，○○の方が大きくなっている。

　第3に，以上の結果として，最多のカテゴリが2つ（○×と○○）に分かれている。NPO・市民団体（環境，産業）や福祉団体（福祉の諸団体①）では，情報源と同様に，接触多・双方向（○○）が1位となっている。それに対して，自治会（環境，産業），NPO・市民団体（福祉），環境団体（環境の諸団体①）では，接触多・一方向（○×）が1位である。情報源としての重要性に関する分析に比べると，双方向接触のもたらす効果は小さい。

　これらの結果から【影響力仮説】は概ね支持される。すなわち，接触の双方向性との関連はNPO・市民団体や福祉団体などに限定されるものの，接触頻度が多いほど影響力を持つという関係はどの市民社会組織でも成り立つ。

　このように，市区町村職員と市民社会組織との接触が活性化する背景には，市民社会組織の行政活動への関与（特にエージェントとして），市民社会組織が有する情報の重要性，政策過程における影響力の増大が関わっているのである。

6．まとめと考察

　本章では，行政職員と外部主体との接触の現状を，頻度，内容，方向性という3点から検討し，接触ネットワークの開放性と双方向性，その規定因を明らかにしてきた。得られた知見をまとめておこう。

　第3節では接触頻度の分析から，各政策分野において独自のネットワークが存在することを示した。特に市民社会組織に関して，環境分野では自治会，

福祉分野では福祉団体，産業振興分野では産業関連団体（経済・商工団体や農林水産業団体など）との接触が活発であった。これは参加状況に関する本書第2章での知見と整合する。また，人口規模の小さな農村部では福祉団体や農林水産業団体との接触が多く，規模の大きな都市部ではNPO・市民団体，環境団体，経済・商工団体，外郭団体，企業との接触が活発であった。農村部では庁内幹部や職員，上位政府との接触，都市部では部長との接触も多かった。

第4節での接触内容に関する分析からは，自治会との接触では地方政府に対する要望，NPO・市民団体や諸団体との接触では意見交換や業務連絡（特に福祉分野）が多いことが明らかとなった。さらに，これらの接触内容を全体として捉えると，福祉団体では人口規模に関わりなく約7割が双方向的な関係にある一方，人口規模の大きな地方政府ではNPO・市民団体や経済・商工団体との双方向性が高まっていた。

第5節では，市民社会組織とのネットワークを活発にする要因として3点を検討した。第1に，市民社会組織の行政活動への関与は，職員との接触を増加させ，双方向的な関係をもたらしている。特に，エージェントとしての関与である執行段階での関わりを通して，接触が大幅に増える。第2に，接触頻度が多い市民社会組織ほど，市区町村職員は情報源として重要であると考え，影響力を持つと認識している。しかし，第3に，接触の双方向性が情報源としての重要性や影響力評価につながるのは，NPO・市民団体などに限定される。

以上の結果から得られる含意は3つある。第1に，市民社会組織の活動空間は，地方政府の規模に関わらず一定程度存在しているが，その態様が異なっている。農村部の地方政府職員をとりまくネットワークは，自治会などの伝統的地域組織に加えて，庁内幹部や上位政府に開かれている。それに対して，都市部では市民団体や産業関連団体に開かれているものの，庁内幹部や上位政府に対しては閉ざされている。これは，農村部では市民社会組織も含めた広範なネットワークが成立する一方，都市部では担当部署と市民社会組織という相対的に狭い範囲でのネットワークが成立していることを示唆している。

第2に，エージェントが地方政府からの規律付けを一方的に受け，ステイクホルダーが地方政府に働きかけるという単純な図式では割り切れない，双

方向的な関係が地方政府と市民社会組織の間に成立している[6]。特に，人口規模の大きな都市部の地方政府がNPO・市民団体と双方向的な関係にあることは，両者が協働関係にあることを示しているように思われる。その一方で，業務連絡を目的とした接触が多く，エージェントとしての性格が強い福祉団体との間では，あらゆる規模の地方政府で双方向的な関係がみられる。これは，福祉分野のガバナンスが，市民社会組織との緊密な連携のもとに成立していることを示唆する。

　第3に，国家の空洞化がもたらした「ガバメントからガバナンスへ」の移行に際して，本章の議論は市民社会側の変容に光を当てている。情報源としての重要性が接触頻度と相関することは，市民社会組織がステイクホルダーとして関係者の意向を伝え，エージェントとして現場の情報を地方政府に提供することの重要性を示している。あるいは，市民社会組織が専門性を高めることで，地方政府への関与を深めていることも考えられる。その結果として市民社会組織の影響力が増大すれば，職員とのネットワークがさらに活性化する可能性がある。国家（中央政府，地方政府）による「舵取り」だけでなく，市民社会側の成熟もまた，ローカル・ガバナンスへの移行の鍵を握っているのである。

（6）　市民社会組織（特に諸団体）側からこの点を検証したものとして，久保（2010）も参照されたい。

第7章　地方議会の現状
―代表，統合，立法機能の観点から―

濱本真輔

1. 本章の位置づけ

　議会は有権者の多様な選好を政策に反映する場であり，地域住民が行政を規律付けるための最も重要なルートである。この点で，議会は古典的なガバナンスの中心に位置づけられる。また，地方分権が進む中で，地方議会の役割は増加している。その役割とは，権限の強まる首長や行政部に対する統制機能，住民の意向を反映する代表機能，審議を通じて地域の利益を集約し紛争を解決する統合機能，立法機能，住民の参加や監視を可能にする議会のあり方（透明性，応責性）など，多岐にわたる。

　多様な主体の参加するローカル・ガバナンスと議会の機能強化は矛盾するものではない。地方政治においては首長や議員の解職請求，議会の解散請求などの直接請求権が認められている。また，住民投票条例などの直接民主制の仕組みも導入されており，国政以上に多様な主体の参加と規律付けが想定されている。規範的にも，首長・住民・議会の三者関係を前提として，監視・政策立案機能と住民に開かれた議会という2つの方向性を兼ね備えた「協働型議会」が提示されている（江藤2004）。この点で，多様な主体の参加するローカル・ガバナンス下においても，議会が機能をより発揮することが求められているといえる。

　議会が機能するための基礎となる制度はどのような現状にあるのか，その制度がどのような要因によって規定されているのかを検討する必要がある。特に，3つの機能に関連する議会の定数，透明性，立法支援体制に焦点をあて，ローカル・ガバナンスにおける議会の現状を探ることが本章の課題であ

る。

2. 地方議会を取り巻く文脈と論点

　地方政治では，有権者が首長と議会を選出する二元代表制が採用されている。両者の関係は正統性という面では対等であるものの，権限の上では対等ではない。首長の権限が概括列挙主義であるのに対して，議会は予算や条例の議決権などに限定された，制限列挙主義である。また，機関委任事務は審議の対象外とされていたため，地方議会を「脇役的存在」と指摘する意見もあった（佐藤 1980：33）。

　地方分権論議においても，団体自治の拡充が中心であり，住民自治に関わる地方議会改革は遅れてきた。例えば，第一次分権改革では機関委任事務の全面廃止，係争処理制度の創設，必置規制の緩和などが実現した。これに対して，大森彌は，第一次分権改革の最大の見落としは地方議会の「議事機関」としての強化策が欠けていたことを指摘している（大森 2006）。また，第二次分権改革では，税財源の移譲に焦点があてられ，三位一体改革が進められた。ここでも地方議会はその焦点となっていない。むしろ，第二次臨時行政調査会による行政改革の流れの中で，議員定数の削減，議員報酬の抑制などが進められてきた。

　しかし，前述のように，地方分権が進む中で地方議会の役割は増加している。ローカル・ガバナンスにおける議会の位置づけを考える場合，重要な論点は議会がどのような機能を担うのかである。議会の機能は多様であるけれども，代表機能と統合機能は立法機能を支える根本的機能である（阿部 1974：278）。2つの機能の上で，行政統制機能を重視するのか，立法機能を重視するのかによって，議会のあり方は変化する（大山 2002）[1]。全ての機能を十分に発揮するに越したことはないが，逼迫する財政状況の下，各機能の重点の置き方はローカル・ガバナンスにおける議会のあり方を左右する論点である。もちろん，地方政府は規模という点からみても多様であり，全ての地方政府

（1）　議会の機能の問題とともに，機能の担い手も重要な点である。担い手としては，個々の議員，政党（会派），合議体としての議会という3つの主体が想定される。どこに力点を置くかによって，選挙制度や議会運営のあり方は変化する。機関対立主義の原理から地方政府形態を論じたものとして，江藤（2009a）を参照。

が同じ制度化を行う必要性はない。

果たして，代表機能はどのような状態にあるのか。また，住民を代表する機関として住民の属性や選好を適切に反映する仕組みや，地域の諸課題を解決するだけの資源が議会に配分されているのだろうか。

そこで，本章では，議会の代表機能，統合機能，立法機能の制度的基礎に焦点をあて，ローカル・ガバナンスにおける議会の現状を概観する。以下，第3節では，議会の代表機能に関わる議員定数に焦点をあてる。第4節では，議会は統合および立法機能を果たす支援体制が整備されているのか，その現状の一端を示す。第5節では，前節までの結果をまとめ，議会がどのように位置づけられているのか，どのような機能を担うのかという問いへの実証的含意を検討する。

3. 縮小，補完される代表制

3.1. 定数への着目

地方議会の代表機能はどのような状況にあるのか。従来，代表機能に関しては，議員の社会的属性に焦点があてられてきた。特に，前職をみると，第1次産業従事者や自営業者などの旧中間層の比率が高い。また，ドイツとの比較からも，専門職や主婦の議員割合が低いことが指摘されてきた（村上1996：334）。

ただ，代表制を第一に規定するのは選挙制度である。特に，有権者の選好をいかに反映させるかは，投票方式と定数に左右される。はじめに，投票方式からみると，多数代表制（典型は小選挙区制）と比例代表制がある。次に，定数が2つの制度の差を左右する。定数が大きければ，それだけ比例的になり，定数が小さければ，それだけ小政党に不利な非比例的制度になる。そのため，定数が大きいほど多様な主体の参加や利益を直接反映する一方で，安定的な多数派による行政統制の可能性は低下する。

定数という観点からみると，各地方政府では地方行政の減量化・効率化という観点から，減員条例を制定し，定数削減が行われてきた。市区レベルでは津山市，人吉市が1951年に条例を制定しており，1986年には中曽根内閣の行政改革を受けて，100近くの市区が条例を制定した（河村 1996)[2]。

また，地方分権改革を受けて，条例定数制度が2003年1月に施行された。

この制度では，都市制度と人口規模によって上限数が定められ，各地方政府はその範囲内で議会の定数を自ら定めることが可能となった（地方自治法第91条）。例えば，人口2000人未満の町村は12名が上限となっている。もちろん，法改正以前から減員条例が施行されており，現在の法定定数はそれ以前の定数削減状況を勘案して設定されている。改正前後を比較すると，市町村全体では従来の法定定数から14.2%削減した設定になっている（加藤2008：35）。また，人口区分も市レベルでは18区分から11区分へと大きな括りとなっている。

では，各地方政府はどれほどの定数を設定しているのだろうか。地方自治法上，定数が町村と市区を分けて定められているため，表7－1は都市制度別の条例定数，法律で定める上限にいかに近いかを示す上限比，一票の格差を示している。表からは，次の2点がわかる。1点目は，大規模な都市ほど法定の上限に近い定数を設定していることである。例えば，政令市では0.93とほぼ上限に近い定数で議会が構成されている。一方で，町村では上限比が0.71となっており，上限よりも3割近くの定数を削減している。

2点目は，一般市や町村レベルでは一票の格差が大きいことである。ただし，ここでの一票の格差は，1議員あたりの人口が最も少ない地方政府と最も多い地方政府のみを比較しているものではない。1議員あたりの人口が最も少ない地方政府を基準に，同じ都市制度内の地方政府を全て比較し，その平均を算出している。この指標に基づいて，都市制度別にみると，一票の格差は，町村，特別区，一般市，特例市，政令市，中核市の順に大きい。特に，町村議会における一票の格差は平均で17.22と極めて高い。

表7－1　都市制度別の条例定数，上限比，一票の格差

	条例定数	上限比	一票の格差	N
政令市	64.80	0.93	1.32	9
特別区	45.41	0.90	4.98	15
中核市	47.00	0.93	1.19	19
特例市	40.46	0.85	1.60	25
一般市	29.77	0.84	3.14	459
町　村	20.09	0.71	17.22	605
全　体	25.77	0.77	10.61	1132

値はすべて平均

では，各地方政府は，定数をどれほど削減しているのだろうか。表7－2は，議員定数の削減率を都市制度別に示している。表に示した削減率は，以下の式で求めている。例え

（2）　地方議会の定数に関する沿革としては，田中（1993）を参照。近年の議論動向については，丹羽（2007：66-76）を参照。

表7－2　都市制度別の定数削減率 (単位：%)

	上限数	1－10%	11－20%	21－30%	31－40%	41－50%	51%以上	N
政令市	33.3	33.3	33.3	0.0	0.0	0.0	0.0	9
特別区	6.7	53.3	33.3	6.7	0.0	0.0	0.0	15
中核市	31.6	26.3	36.8	5.3	0.0	0.0	0.0	19
特例市	12.0	32.0	12.0	40.0	4.0	0.0	0.0	25
一般市	23.5	10.0	25.7	25.5	11.8	3.1	0.4	459
町　村	6.1	2.3	14.4	28.9	27.3	17.2	3.8	605
全　体	14.0	7.4	19.7	26.9	19.4	10.4	2.2	1132

ば，人口1800人の町では法定定数が12であり，条例定数が6人の場合，削減率は50%となる。

$$削減率＝（1－条例定数／法定定数）\times 100$$

表7－2をみると，次の3点がわかる。1点目は，上限数の定数を定めているのは全体の14.0%であり，85%程度の地方政府で定数削減が行われていることである。2点目は，人口規模が大きくなるにつれて，削減幅が小さいことである。先の表7－1で見たとおりだが，中核市以上の地方政府の約半数が上限数から10%以下の削減幅である。3点目は，約80%程度の町村が，20%以上の定数削減を行っていることである。特に，20%程度の町村では40%以上の削減が行われている。分権改革時，町村議会の定数には手をつけなかった（大森 2000：147）とされるが，地方政府の側では定数の削減が進んでいる。

3.2. 定数削減の要因

どのような要因によって，定数削減が規定されているのだろうか。定数の削減率を説明する変数として，5つの変数群がある。以下では，各変数とその操作化を述べる。

1つ目は，人口である（井田 2005）。地方自治法では，町村と市に分けた上で，人口規模による定数の上限が定められている。そのため，本章では，1万人未満を1，1万人以上3万人未満を2，3万人以上5万人未満を3，5万人以上20万人未満を4，20万人以上を5とする。この5区分の背景には，町村と市の境界となる3万人，5万人を区分していること，人口の増加に対して議員の定数は単線的に設定されていることがある。

2つ目は，地方政府の財政状況である（河村 1996；丹羽 2007；加藤 2008：

36)。第二次臨調以来,財政の健全化,効率的な政府の構築が一貫して目指されてきた。また,定数削減を求める運動においても,議会の財政状況が言及される。もちろん,定数削減に伴う歳出削減の効果はかなり限定的である。例えば,1970年から1992年の間の財政力指数の変化率を従属変数とし,人口増加率,都市化度変化率,議員削減率を独立変数とした分析では,議員削減率が財政に与えた影響はみられない(河村 1996:409-411)。また,議会費の割合が比較的高くなる町村の一般会計歳出に占める割合をみても,1.5%前後に過ぎない。ただ,国政でも同様であるが,定数削減は行政改革の姿勢を示す象徴的な意味合いや住民の一般的な金銭感覚からは節約できる予算との認識があり(丹羽 2007:77-80),財政の悪化が定数削減運動の契機になる可能性はある。以上から,本章では地方政府の財政状況を示す財政力指数と公債費を取り上げる。

3つ目は,合併の有無である。合併特例法では,激変緩和措置として,定数と任期に関する特例を認めている。定数特例では,合併後50日以内に行われる選挙で法定定数の2倍を超えない範囲で定数を設定できる。在任特例では,合併後2年を超えない範囲で,引き続き議員として在任できる。このように,合併をしている地方政府では,定数に差があると想定される。そのため,合併している場合に1,していない場合に0としている。

4つ目は,地方政府における地区割りの度合いである。河村和徳は,地方議員には地域の代表という側面があり,町内会推薦が行われている点などに着目し,定数削減を地区割りという観点から分析している(河村 2008a)。実際,2007年の明るい選挙推進協会の調査(統一地方選挙後)によれば,25.1%の回答者が市区町村議会議員選挙で地元推薦があったと回答している。また,自治会調査でも53.3%の自治会が選挙運動を行った経験があり,運動自体は減少傾向にあるものの,村落型の自治会の49.3%が現在でも選挙運動を行っている(辻中・ペッカネン・山本 2009:180)。このため,地区割りが進んでいれば,それだけ定数削減が進みにくいと想定される。地区割りを表すものとして,推薦を行う主体でもある自治会数を使用する[3]。

5つ目は,住民に対する議会の状態である。住民に対する議会の状態とし

---

(3) 中学校数を投入した場合でも有意な結果が得られた。ただ,自治会数と中学校数は強い相関がみられるため,分析では除外した。

て，議会改革の度合いを取り上げる。定数削減が住民からの議会批判であるとすれば，議会改革が進められていれば，それだけ定数削減の圧力も小さいかもしれない。そこで，議会の透明性を高める改革が行われている度合いを使用する。具体的には，第4節で後述するが，本会議や委員会の議事録の公開などである。

表7-3は，以上の各変数と削減率との重回帰分析の結果を示している。変数毎にみていくと，全てのモデルで人口規模が有意な変数となっている。人口規模が大きいほどに，定数の削減幅は減少する。これは，先に見てきたとおりの結果である。次に，財政力指数がモデルIIからIVで有意な変数となっている。これは，人口規模をコントロールしても，財政力のある地方政府ほど，定数の削減幅が増加することを示している。先に述べたように，定数削減による地方政府財政への正の影響という，逆の因果関係の可能性は極めて低い。そのため，財政の良い地方政府ほど，行政改革の一環として，議員定数の削減が進んでいるのかもしれない。

次に，合併を経験している地方政府ほど，定数の削減幅は縮小する。これは，合併特例法を活用しているためであり，激変緩和措置の効果が出ていることがわかる。最後に，自治会数が有意な変数となっている。人口規模をコ

表7-3 定数削減の規定因（重回帰分析）

	モデルI	モデルII	モデルIII	モデルIV	モデルV
人口規模	−5.305***	−6.442***	−3.525***	−2.947***	−1.342***
	(0.344)	(0.386)	(0.389)	(0.444)	(0.494)
財政力指数		15.776***	4.835***	4.954***	0.677
		(1.560)	(1.547)	(1.587)	(1.665)
公債費比率		0.533***	0.017	0.017	0.091
		(0.060)	(0.063)	(0.063)	(0.100)
合併の有無			−17.275***	−16.976***	
			(1.046)	(1.062)	
議会の透明性				−0.396	−0.529
				0.323	0.366
自治会数				−0.004***	−0.012***
				(0.001)	(0.002)
定数	36.962***	25.237***	35.410***	35.087***	33.674***
	(0.999)	(1.411)	(1.407)	(1.450)	(1.984)
調整済み R^2	0.173	0.272	0.415	0.417	0.091
N	1131	1111	1110	1088	732

註) ***は1％水準 **は5％水準 *は10％水準で有意，モデルVは合併した自治体を除いた場合，( ) 内は標準誤差

ントロールしても，自治会数の多い地方政府ほど，定数の削減幅が縮小することを示している。河村の研究では市区のみが対象であったが，市区町村に拡大した場合でも当てはまる可能性が高い。また，合併した地方政府を除いたモデルVをみても，自治会数が有意な変数となっている。合併に関係なく，地域割りの進んでいる地方政府ほど，定数を削減しにくいことがわかる。この結果は，議員が地方政府全体というよりも，地域の代表という側面をより強く担っていることをうかがわせるものである。

では，公式的な代表経路の縮小は，他の主体の参加とどのような関係にあるのだろうか。表7－4は，定数の削減率と市民や市民社会組織等の各主体が審議会や懇談会（市民活動分野）に参加していると答えた比率を人口規模別に示している。例えば，人口1万人未満で削減率が0％の地方政府では一般市民が審議会や懇談会に参加していると回答した比率が63.6％である。一方で，同じカテゴリで削減率が20％以上の場合をみると，一般市民の参加率は83.8％に上昇する。このように，表では議員定数の削減と他の代表経路による補完関係があるかどうかをみている。

表からは，2つの傾向がうかがえる。はじめに，市民活動分野ということもあり，一般市民と自治会の参加率が全体的に高い。また，農業団体と経済

表7－4　定数の削減率と市民および市民社会組織等の審議会参加率（単位：％）

	削減率	一般市民	自治会	NPO市民	環境団体	福祉団体	労働組合	経済団体	農業団体	外郭団体	企業	N
1万未満	0％	63.6	27.3	9.1	9.1	36.4	9.1	36.4	36.4	0.0	0.0	11
	1－20％	75.7	70.3	24.3	5.4	56.8	10.8	70.3	67.6	13.5	21.6	37
	20％以上	83.8	74.2	25.8	10.6	42.9	13.6	62.1	60.1	16.7	16.2	198
1万以上3万未満	0％	78.3	78.3	21.7	17.4	43.5	13.0	69.6	60.9	21.7	21.7	23
	1－20％	81.8	78.2	30.9	9.1	49.1	12.7	61.8	61.8	14.5	30.9	55
	20％以上	87.3	77.5	36.6	25.4	53.5	21.6	66.2	60.6	15.0	24.9	213
3万以上5万未満	0％	78.8	69.7	60.6	27.3	51.5	15.2	60.6	57.6	24.2	24.2	33
	1－20％	89.4	72.3	46.8	27.7	44.7	6.4	70.2	53.2	12.8	34.0	47
	20％以上	77.3	80.0	46.7	34.7	49.3	21.3	60.0	52.0	12.0	32.0	75
5万以上20万未満	0％	77.8	71.4	61.9	27.0	46.0	17.5	47.6	42.9	12.7	20.6	63
	1－20％	81.0	78.0	66.0	34.0	47.0	26.0	51.0	42.0	10.0	28.0	100
	20％以上	81.1	67.8	62.2	30.0	38.9	13.3	37.8	22.2	10.0	17.8	90
20万以上	0％	78.6	64.3	92.9	21.4	28.6	7.1	21.4	14.3	7.1	28.6	14
	1－20％	78.9	76.3	76.3	13.2	28.9	7.9	31.6	15.8	10.5	13.2	38
	20％以上	94.1	70.6	88.2	35.3	52.9	5.9	58.8	17.6	5.9	35.3	17

註）濃い網かけ部分は，削減率が0％と20％以上のカテゴリの差が10ポイント以上増加していることを示している。薄い網かけ部分は，同じ条件で10ポイント以上減少していることを示している。

団体は人口規模が大きくなるにつれて，参加率が低下する一方で，NPO・市民団体は人口規模が大きくなるにつれて，参加率が急激に高まっている。このように，人口規模による参加率の差がみられる。

ただ，より興味深い点は，人口規模を一定程度コントロールした上でも議員定数が削減されている場合，他の主体による審議会や懇談会への参加比率が上昇する傾向にあることである。特に，濃い網かけ部分は，14箇所ある。逆に，削減率が0％と20％を比較した場合に，10ポイント以上の低下がみられるのは，3箇所（薄い網かけ部分）に限られる。そのため，全体としてみると，定数削減という公式的な経路の縮小は，市民社会組織等の参加によって補完されている。

以上までの分析から，代表機能の基礎となる議会の定数は町村レベルほど削減が進み，財政状況の悪い地方政府ほど削減を進めるという因果関係ではなく，財政状況の良い地方政府ほど定数を削減している。また，地域がより分割されているほど，定数の削減が進みにくいことがわかった。さらに，定数の削減が進んでいる地方政府ほど，市民社会組織等の参加比率も上昇し，代表制が補完されている。これらの結果からは，地方分権改革以降も代表制のルートが縮小し続けていると同時に，地方議会が担っている代表機能が市民社会組織等の直接の参加によって，補完されつつあることがわかった。

4．透明性の向上と停滞する立法支援体制の充実

4．1．議会の透明性と参加

地方分権改革を受けて，全国町村，市，都道府県議会議長会の側も地方議会の活性化に取り組んでいる。では，分権改革後の地方議会では統合および立法機能を果たす支援体制が整備されているのか，本節ではその現状の一端を示す。

はじめに，議会の透明性（および開放性）を高める改革はどれほど取り組まれているのだろうか。市区町村調査では，情報公開に関連して，本会議議事録のウェブ公開，委員会傍聴制度，委員会議事録の公開，全員協議会議事録の公開の実施を質問している。

表7−5は，開かれた議会への取り組みを人口規模別に示している。表をみると，次の2点がわかる。1点目は，全体をみると，委員会傍聴制度，委

表7－5　開かれた議会への取り組み（単位：％）

	本会議議事録のウェブ公開	委員会傍聴制度	委員会議事録の公開	全員協議会議事録の公開	N
1万未満	11.7	69.0	31.3	10.7	281
1万以上3万未満	27.0	71.2	44.8	15.1	319
3万以上5万未満	50.8	72.4	53.6	23.8	181
5万以上20万未満	77.2	81.6	64.0	28.6	294
20万以上	85.2	88.9	84.0	34.6	81
全体	43.9	74.7	50.5	20.2	1156

員会議事録の公開，本会議議事録のウェブ公開，全員協議会の議事録公開の順に取り組まれていることである。委員会傍聴制度は74.7％と多くの議会で実施されているものの，全員協議会の議事録公開は20.2％にとどまっている。

　2点目は，人口規模が大きな議会ほど，透明性を高める取り組みが進んでいることである。例えば，本会議議事録のウェブ公開は，人口1万人未満の議会では11.7％にとどまるが，人口20万人以上の議会では85.2％になる。また，項目間の差をみると，委員会傍聴制度は人口規模の差が小さいものの，本会議議事録のウェブ公開や委員会議事録の公開は差が大きい。

　では，開かれた議会の取り組みは市民や市民社会組織等の参加と関連しているのだろうか。表7－6は，開かれた議会への改革と市民および市民社会組織等の審議会（および懇談会）参加率を示している。例えば，人口1万人未満で開かれた議会への改革が全く行われていない場合，一般市民の審議会等への参加率は81.3％である。一方で，人口1万人未満で議会改革が3－4項目実施されている場合，一般市民の参加率は92.5％である。このように，開かれた議会への取り組みが他の主体の参加と関連しているかどうかを捉えている。

　もちろん，議会改革が参加を促しているとは限らない。参加の活発な地域ゆえに議会が変化している可能性もある。ただ，議会の透明性や開放性が他の主体の参加の促進や減退と関連していることはうかがえる。

　表からは，2つの傾向がわかる。1つ目は，開かれた議会に向けた改革と主体の参加の増減に関連性があることである。これは，単純に人口規模による差ではない。人口規模をコントロールしても，濃い網かけ（参加が向上している）部分が13，薄い網掛け（減少している）部分が9あり，議会のあり方と参加には関連性がある。

　2つ目は，一般市民の参加率の向上の一方で，自治会の参加率が低下傾向

表7－6　開かれた議会への改革と市民および市民社会組織等の審議会参加率（単位：％）

	議会の透明性	一般市民	自治会	NPO・市民団体	環境団体	福祉団体	労働組合	経済団体	農業団体	外部団体	企業	N
1万未満	改革なし	81.3	78.1	17.2	6.3	51.6	15.6	62.5	60.9	17.2	14.1	64
	1－2項目	79.3	68.6	24.3	7.9	40.7	12.9	60.7	58.6	14.3	16.4	140
	3－4項目	92.5	67.5	37.5	22.5	50.0	10.0	65.0	62.5	17.5	20.0	40
1万以上3万未満	改革なし	79.7	66.1	37.3	25.4	54.2	25.4	66.1	67.8	20.3	27.1	59
	1－2項目	85.4	79.9	38.4	23.2	52.4	21.3	65.9	60.4	14.0	24.4	164
	3－4項目	89.9	84.1	24.6	14.5	47.8	8.7	66.7	53.6	11.6	27.5	69
3万以上5万未満	改革なし	65.6	81.3	31.3	6.3	31.3	9.4	46.9	43.8	6.3	18.8	32
	1－2項目	82.8	73.4	53.1	34.4	50.0	17.2	60.9	51.6	18.8	28.1	64
	3－4項目	89.1	73.4	56.3	37.5	50.0	17.2	67.2	54.7	14.1	37.5	64
5万以上20万未満	改革なし	77.8	88.9	61.1	33.3	38.9	22.2	50.0	44.4	16.7	22.2	18
	1－2項目	75.3	71.1	63.9	27.8	41.2	20.6	45.4	34.0	6.2	20.6	97
	3－4項目	83.3	72.7	63.3	31.3	44.7	18.0	45.3	34.7	13.3	24.0	150
20万以上	0－2項目	73.8	75.0	66.7	25.0	50.0	16.7	58.3	33.3	16.7	16.7	12
	3－4項目	74.0	73.8	83.6	21.3	34.4	8.2	34.4	14.8	9.8	23.0	61

註）濃い網かけ部分は，議会の透明性が0項目と3－4項目のカテゴリの差が10ポイント以上増加していることを示している
薄い網かけ部分は，同じ条件で10ポイント以上減少していることを示している

にあることである。市民活動分野の調査結果であることもあるが，一般市民や自治会はそもそも70％以上の参加率であり，他の主体に比べて高い。その中でも一般市民は全ての人口規模で，議会改革が進んでいる場合に参加率が向上している。また，NPO・市民団体も人口1万人以上3万人未満では減少傾向にあるものの，ほかの人口規模では議会改革と共に参加率が上昇している。特に，人口1万人未満では17.2％から37.5％へと倍増している。しかし，このように増加する主体が存在する一方で，自治会は人口1万人以上3万人未満を除いて，他の人口規模では参加率が低下する傾向にある。

ただ，第2章の分析で明らかにされているように，自治会とNPO・市民団体の参加には正の相関がある。そのため，自治会の参加が低下することで，他の主体の参加が促進されるわけではない。表には示さないが，自治会が審議会等に参加しているかどうかと他の主体の平均参加数をみると，自治会が参加していない場合は他の主体の参加数も低い。例えば，人口1万人未満で議会改革がなされていない場合，自治会が参加している時は，他の主体の平均参加数が3.7である。一方で，同じ場合に自治会が参加していない場合は，他の主体の平均参加数も1.8と半分にとどまる。

以上までの分析から，開かれた議会への改革は項目によって異なるものの，

都市部が先行する形で進んでいることがわかった。また，議会の透明性や開放性の度合いは，市民や市民社会組織の参加の促進や減退と関連していた。

4．2．立法支援体制の現状と要因

次に，立法機能の基礎となる支援体制の整備は進んでいるのであろうか。本調査では，議会事務局の職員数，前年度の政務調査費（1人当たり）の2つの項目を質問している。

議会の立法活動を支えるために，議会事務局が条例で設置されている。全国町村議会議長会の調査によれば，2008年7月段階で事務局が未設置の町村は8であり，ほぼ全ての町村議会に事務局が存在する。各議長会は，立法機能の強化として，議会事務局の人員増加を求めている[4]。また，地方自治法では議会内の会派の活動に対して補助金を支給することが認められていた。これは，国会議員の立法事務費にあたるものとして，1960年代以降，地方議会で取り入れられてきた。地方分権改革の中で，2000年には地方自治法の改正案が成立し，条例を制定すれば，補助金ではなく政務調査費が交付されることとなった。また，会派だけでなく議員個人にも支給が可能となった[5]。議会事務局の人員や政務調査費の支給はどのような状況にあるのだろうか。また，地方分権改革以降，これらの制度は拡充されているのだろうか。

表7-7の上段は，人口規模別の議会事務局の人数である。全体の傾向をみると，30.9％の地方政府で議会事務局の人数が1-2人であり，事務局の人数が4人以下の地方政府が60.1％と半数以上を占める。人口規模と事務局職員数には正の関係がある。人口1万人未満では1-2人（84.2％）が多数であり，3万人以上5万人未満では3-4人（47.5％），5-6人（48.0％）が多い。人口20万人以上の地方政府では最大が43人，平均は18人である。

ちなみに，前述の全国町村議会議長会の調査によれば，平均は2.6人であり，本調査の3万人未満の地方政府の結果とほぼ一致する。ただし，1998年7月段階で，1町村の平均職員数は2.6人であったため，地方分権改革下で人員増加が図られているとはいえない状態にある。

次に，政務調査費をみると，こちらも人口規模と正の相関関係にある。全

（4） 議会事務局職員への調査として，江藤（2009b）を参照。
（5） 政務調査費の沿革と判例については，勢籏（2007）を参照。

表7－7　議会事務局，政務調査費の現状

A．議会事務局人数

	1－2人	3－4人	5－6人	7－8人	9人以上	N	平均	標準偏差
1万未満	84.2	15.1	0.0	0.4	0.4	285	2.0	0.9
1万以上3万未満	33.8	59.7	5.9	0.3	0.3	320	3.0	1.0
3万以上5万未満	2.3	47.5	48.0	1.7	0.6	177	4.5	1.2
5万以上20万未満	0.0	5.3	37.8	30.4	26.5	283	7.3	2.1
20万以上	0.0	0.0	0.0	0.0	100.0	75	18.0	7.0
全体	30.9	29.2	18.5	8.0	13.4	1140	5.0	4.5

B．政務調査費（1人あたり）

	なし	1－10万	11－20万	21－30万	31万以上	N	平均	標準偏差
1万未満	85.8	5.5	4.4	3.3	1.1	183	1.0	3.0
1万以上3万未満	64.1	8.2	12.3	9.5	5.9	220	5.1	19.1
3万以上5万未満	26.9	8.3	11.7	22.1	31.0	145	11.9	11.7
5万以上20万未満	6.3	9.1	8.3	15.4	61.0	254	25.7	25.5
20万以上	0.0	2.7	1.4	6.8	89.2	74	108.2	104.1
全体	40.3	7.4	8.4	11.8	32.1	876	20.0	44.8

体の傾向をみると，40.3％の地方政府で政務調査費が支給されていない。一方で，32.1％の地方政府では31万円以上の政務調査費が支給されている。地方政府全体の議員1人当たりの平均は20万円である。

人口規模別にみると，人口規模の大きさと金額の多さには正の相関関係があるものの，地方政府間のばらつきもみられる。人口1万人未満，1万人以上3万人未満の地方政府では，半数以上が0円である。一方で，人口5万人以上20万人未満，20万人以上の地方政府では，31万円以上がそれぞれ61.0％，89.2％と半数以上を占める。また，全国町村議会議長会の2005年から2008年までの調査をみても，政務調査費の条例制定率は2割前後であり，変化していない。この点からも，立法支援体制の充実は図られていないことがうかがえる。

どのような要因が立法支援体制を左右するのだろうか。ここでは，先の議員定数の分析と同様に，人口規模，地方政府の財政状況，議会の透明性を取り上げる。また，各党の議席率を使用し，どのような党派の存在が立法支援体制の充実につながるのかを検討する。

表7－8では，議会事務局人数，政務調査費の支給の有無，支給額と各種要因の回帰分析結果を示している。議会事務局人数と政務調査費の支給額は量的変数なので重回帰分析，政務調査費の支給の有無は2値変数なのでロジスティック回帰分析を行っている。

表7-8 立法支援体制の規定因

	議会事務局人数	政務調査費支給の有無	政務調査費支給額
人口規模	2.376***	1.328***	14.671***
	(0.123)	(0.134)	(1.646)
財政力指数	−0.507	1.094***	−0.719
	(0.406)	(0.015)	(5.290)
公債費比率	0.018	0.015	0.732***
	(0.016)	(0.016)	(0.212)
自民党議席率	−0.004	0.000	0.018
	(0.003)	(0.003)	(0.044)
公明党議席率	0.096***	0.062**	0.821**
	(0.025)	(0.028)	(0.342)
民主党議席率	0.039***	0.009	0.472***
	(0.010)	(0.010)	(0.135)
社民党議席率	0.043*	0.068**	0.369
	(0.025)	(0.026)	(0.354)
共産党議席率	−0.005	0.033	−0.074
	(0.021)	(0.021)	(0.283)
議会の透明性	0.174*	0.281***	0.770
	(0.093)	(0.091)	(1.244)
定数	−2.225***	−4.907***	−41.453***
	(0.441)	(0.513)	(6.096)
−2LL		542.985	
Cox & Snell R^2		0.447	
Nagelkerke R^2		0.609	
調整済み R^2	0.551		0.260
N	897	741	740

註) ***は1％水準 **は5％水準 *は10％水準で有意
( )内は標準誤差

はじめに，議会事務局の人数に関してみると，人口規模が有意な変数となっている。これは先の表7-7で確認したように，人口規模の大きな地方政府ほど，事務局人数が多い。各党派の議席率をみると，公明党，民主党，社民党の議席が多い場合に，事務局人数が増加する。また，議会の透明性の高い地方政府ほど，事務局人数が多い。

次に，政務調査費の支給をみると，人口規模と財政力指数が有意な変数となっている。財政力については人口規模をコントロールした上でも有意な変数であり，政務調査費の支給が財政事情に左右されている。各党派についてみると，公明党や社民党の議席率が高い場合，政務調査費の支給の可能性が高まる。先の議会事務局と同様に，議会の透明性が高い地方政府ほど，政務調査費を支給する可能性が上昇している。その使途に問題を指摘される政務調査費ではあるが，この結果は，開かれた議会という方向性と立法機能の拡充という方向性が補完関係にあることを示しており，興味深い。

さらに，政務調査費の支給額についてみると，人口規模とともに，公債費比率が有意な変数となっている。ただし，公債費比率が高い地方政府ほど支給額が上昇する傾向にある。また，公明党と民主党の議席率が高いと支給額が増加することもわかる。

公明党議席率が支給および支給額増加に有意に作用している背景には，議員生活の実態があるのかもしれない。公明党は議員職を専業とする者が多い。

やや古いデータにはなるが，東京市政調査会の調査（1995年）によれば，議員報酬が自らの総収入の全てである公明党議員は77.2％であり，自民党（12.8％）などよりもかなり高い[6]。

5. まとめと考察

5.1. 結果のまとめ

本章では，議会の代表機能，統合機能，立法機能の制度的基礎に焦点をあててきた。分析からは，次の7点が得られた。

1点目は，規模の小さな地方政府ほど，議員定数の削減が進んでいることである。特例市や一般市では約15％，町村では30％程度の議席が削減されている。また，一票の格差も一般市では平均で3.14，町村では17.22となっている。2点目は，定数削減の要因として，財政状況，合併の経験，地域の分割度合いが重要であった。3点目は，定数の削減が進んでいる地方政府ほど，他の主体の参加が進んでいることである。

4点目は，議会の透明性や開放性を高める議会改革を都市部が先行する形で進め，その改革と主体の参加の促進と減退には関連性があることである。特に，議会改革が進んでいる場合に，一般市民やNPO・市民団体の参加率が上昇していた。

5点目は，議会事務局の人員と政務調査費の額は人口規模による差が大きいことである。事務局の人数が1～2人の地方政府が，人口1万人未満では84.2％を占める。一方で，人口20万人以上では平均で18人の体制である。6点目は，地方分権改革以降も議会事務局の人員や政務調査費の支給率はほとんど変化していないことである。7点目は，事務局の人数，政務調査費の支給に関しては議会の透明性という要因が作用していること，公明党，社民党，

---

(6) 公明党議員へのインタビューの記録では，次のような見解が示されている。
「公明党の議員というのは大変だということで，なり手がないのですよ。大体，生活できるほどの報酬がないということで。…中略…公明党の議員の9割方は，嫌々，立候補していますね。岩手県内で，なんとか生活ができるだろうという報酬をいただいているのは，盛岡市議会くらいですから」（上神 2008：174）。

民主党の議席率も作用していることである。

5.2. ローカル・ガバナンスにおける議会

ローカル・ガバナンスの現状の下で，議会はどのような位置づけと機能を担っているのだろうか。

1点目は，議会が自治会や地域の代表という側面を強く有していることである。定数削減の分析では，自治会数が定数削減を弱める重要な要因であった。また，議会の定数が削減された場合，自治会の審議会等への参加比率が上昇していた。これは人口規模の小さな地方政府で顕著であった。これらの結果は議会が地域の利益を代表する経路となっていることをうかがわせるものである。

2点目は，多様な主体の参加が進む中で，議会の代表機能が補完されていることである。分析では，代表機能に関わる定数は地方政府の規模，地方政府の財政状況との関わりがあった。特に，人口規模をコントロールした上でも，財政の比較的良い地方政府ほど定数を削減していることがわかった。さらに，議会の定数が削減されているほど，様々な主体の参加比率が上昇する傾向があった。多様な主体が参加するという点で，ローカル・ガバナンスの状況が進展しているものの，議会の代表機能の縮小と補完が進んでいる。

3点目は，開かれた議会の方向性と市民や市民社会組織の参加が連動していることである。開かれた議会の方向性に制度変化を行っている地方政府では，人口規模による差があるものの，一般市民やNPO・市民団体などの参加が向上していた。また，開かれた議会への取り組みは立法支援体制の充実とも関連していた。執行機関による市民参加や住民の議会批判がみられる中，開かれた議会への取り組みは自治会や地域の代表だけではない，多様な主体の参加するローカル・ガバナンスにおける議会の位置を確保し，機能強化につながる可能性を示唆している。

第8章　二元代表の関係性
―選挙・議会レベルからの検討―

濱本真輔

1. 本章の位置づけ

　本章では，ローカル・ガバナンスの制度的な担い手である，首長と議会の関係に焦点をあてる。住民の負託を受けた議会は，行政の長としての首長に対してはステイクホルダーとなる。この時の規律付けメカニズムとしては，次の2つがある。

　1つ目は，首長選挙における支持態度である。議員は首長選挙での支持（不支持）によって首長の行動を規律しようとする。2つ目は議会における審議，不信任議決権，調査権などの権限の行使である。これらが有効に作用するか否かは，議会の多数派を握っているかにかかっている。市区町村調査は行政職員に対するものなので，個々の権限行使について尋ねてはいないが，その有効性を支える各党派の議席率，首長選挙時の政党支援の有無，議員と首長を含む影響力を尋ねている。

　では，選挙や議会での首長支持や各党派の議席率はどのような現状にあるか。政党から首長への支持はどのような状況の下で与えられるか。選挙や議会での首長支持は，首長－議員関係において，議員の影響力評価を高める源泉となっているか。これらの問いを通じて，ローカル・ガバナンスの制度的な担い手である二元代表の関係性と規律メカニズムの有効性を検証することが本章の課題である。

2. 先行研究の検討

　地方政治における首長と議員・政党の関係は，政治過程や地方自治の議論

において，あまり重視されてこなかった領域である。もちろん，研究がなかったわけではない。例えば，田口富久治は，地方政府の決定作成の実態が解明されていないとして，秋田県を対象に知事や議会の各党派の関係，各種利益団体の活動を分析している。その中で，知事と議会の関係は強力な執行部の下，議員や議会が些細な問題についてのみ決定作成に参与しているにすぎないとされている（田口 1961：26)[1]。また，井出嘉憲は議員の関心の高い開発政策決定過程においてさえ，議会は執行部が下した決定を追認する役割を負わされていると指摘した（井出 1972：62-67)。

これに対して，村松岐夫は中央地方関係における政治ルートの側面を強調し，それを水平的政治競争モデルとしてまとめた。また，垂直的行政統制モデルと水平的政治競争モデルの2つをサブモデルとする相互依存モデルを提起した（村松 1988)。垂直的行政統制モデルの問題として，政治の要素である国会議員，地方議員，政党，圧力団体，市民の行動や意見が考慮されていない点，地方それ自体の内部構造が分析されていない点を指摘している（村松 1988：37；片岡 1994：23-24；曽我・待鳥 2007：1)。

このモデルの要は諸々の選挙にあるとされる（村松 1988：70)。ただ，村松自身が指摘しているように，首長の行動を規定する地方政治の内的過程を探求することが課題であった（村松 1988：182-183)。このような課題を残しつつも，地方政治における首長－議員・政党関係にも焦点が当てられるようになり，大きく3つの対象を中心に研究が展開されてきた。

1つ目は，首長の属性や首長選挙に焦点を置く研究である（高寄 1981；片岡 1994；前田 1995；河村 2008b)。特に，知事選挙の枠組みや当選者の属性が注目されてきた。片岡正昭は，1947年から1991年までの知事選挙の当選者，最多得票者の半数以上の得票を上げた落選者，4府県の立候補志望者を対象に，候補者の属性や経歴，県連内の候補者選考過程，歴史的変遷を分析している。分析では，知事の人材選抜が政党内の候補者選考や選挙という政治的なメカニズムが作用する場であることを明らかにした（片岡 1994)。また，前田幸男は，小選挙区制下における多党制という状況，社会党・公明党・民

---

(1) ただし，予算編成における知事査定前の県執行部と自民党県連執行部の事前協議の実施，制度化に言及し，議会自民党の地位は相対的にやや高まっていることも指摘している（田口 1961：27-28)。

社党の連合構想の変遷から，知事選挙の政党連合の変化を説明している（前田 1995）。さらに，河村和徳は政党連合の仮説を援用し，連合仮説が単純には当てはまらない相乗り選挙を分析している（河村 2008b）。

2つ目は，地方議会や議員の自律性および影響力を指摘する研究である（黒田編 1984；加藤 1985；村松・伊藤 1986；小林他 1987）[2]。これらの研究では，論者によって結果に対する評価はやや異なるものの，議会や議員が一定の影響力を保持していること，首長に次いで影響力のある主体であることが明らかとなっている。

3つ目は，地方政府の歳出や政策への影響を明らかにする研究である（飽戸・佐藤 1986；名取 2003；曽我・待鳥 2007）。前述の2つの研究の流れを踏まえつつ，議会の構成，地方政府の社会経済環境，首長の党派性や経歴などが各地方政府のアウトプットに及ぼす影響を明らかにすることに焦点がある。特に，曽我謙悟・待鳥聡史は，1960年から2005年までの都道府県の歳出パターンを比較政治制度論の枠組みに主に依拠して分析している（曽我・待鳥 2007）。

このように，ローカル・ガバナンスにおける制度的な担い手である首長と議員・政党の関係は，相互に関連しあう3つの領域を中心に発展し，連合理論や比較政治制度論などの理論的な位置づけを強めながら，展開されてきている。本章では，まだ十分に明らかとなっていない，次の3点を検証する。

1点目は，地方議員の党派性を明らかにすることである。日本の地方政治の特徴の1つは，首長や地方議員の無所属率の高さである（村上 1995）。実際，選挙時の公認レベルを捉えている総務省の2007年末段階の数字では，市区町村の無所属議員は74.1％に上る。しかし，選挙期間中にあえて無所属を表明している首長や議員も少なくなく，政党隠しであるとも指摘されてきた（天川 1974：328；河村 2001：27）。そのため，地方議員の党派性の実態を探る必要がある。

2つ目は，首長選挙において，政党はどのような状況の下で支持を表明し，

（2） この研究の流れには，系列に関する研究（谷 1987）も含まれる。近年では，選挙制度改革や政界再編に伴う系列関係の変化などが焦点となっている。分析からは，必ずしも中央での変動が地方レベルにそのまま波及しているわけではなく，地方政治の自律性が指摘されている（辻 2008）。

首長は当選しているのかである。首長選挙での支持は首長の党派性を示し，政策選好の代替指標として活用され，アウトプットへの影響も実証されている。しかし，県レベルでも無党派首長が登場しているだけでなく，市区町村レベルではその比率は圧倒的に高い。どのような状態で政党や候補者は党派性を明らかにしているのか，政党の首長候補への推薦・当選自体を従属変数として扱う。

3つ目は，首長–議員間の影響力関係とその要因の探求である。近年の研究では，首長–議会の影響力関係を，首長選挙時の推薦，議会構成から捉える試みがなされている。ただし，首長–議員・議会間の影響力評価との関連性は直接検証されていない。本章では議会や選挙レベルでの支持が議員や議会の影響力に結びついていると考えられるのかどうかを検討する。これらの3点を検討することは，近年の議論に実証的基盤があるかどうかを検証すると同時に，選挙や議会を起点とする規律付けメカニズムが有効に作用しているかどうかを検証するものである。

以下，第3節ではどのような党派が代表されているのか，議会の党派構成を明らかにする。さらに，首長–議会の支持関係を選挙レベルと議会レベルに分ける。その上で，選挙での支持と議会での支持はどのような関係にあるのかを明らかにする。第4節では，政党の首長支援のパターンとその要因を探求する。第5節では，選挙や議会での支持が首長–議員間の影響力評価とどのような関係にあるのかを検討する。第6節では前節までの知見をまとめ，その含意を検討する。

3. 地方議会における党派性，支持関係

3.1. 地方政治における無所属

戦後，議会の政党化はゆるやかに進展したものの，首長の側では無所属化が進行した（依田 1995：2）。また，中央での政界再編の時期には，地方議員の無所属率も高まった（石上 2003）。民主党が議席を伸ばした2007年統一地方選挙では政党化の方向にやや戻ったものの，それでも市町村議会議員の無所属率は69.9％と高い水準にある（辻山・三野編 2008：114）。無所属の多さの背景には，明治以来の地方自治の非政治性（阿部 1981）が指摘されてきた。しかし，この場合の無所属は選挙時のものであり，党派性を実証的に検

討する場合，党員であるかどうか，選挙時の公認・推薦，議会内会派，日常活動など，複数のレベルが設定可能である。

ではどのようにして議員の党派性を明らかにするのか。本調査では「貴自治体の議会では，各政党の立場に近い議員はどのくらいいますか。無所属議員は立場の近い政党に含めてお答えください」と質問している。解答欄には「自民党系」というように，○○系という形で議員を振り分ける形式になっている。この設問では，先の総務省等の調査で明らかになっている選挙時の公認ではなく，議会の会派や日常活動レベルなどで見られる議員のより実質的な党派性を明らかにすることを目的としている。以下では，調査によって振り分けられた後の無所属系議員を無党派とし，本調査以外の文脈では無所属議員とする。

どのような党派が代表されているのか。表8－1は，人口規模別の各党派議席率の平均である。表からは，3点がわかる。1点目は，全体として，無党派議員は25％程度に留まり，地方議員の75％程度には党派性があるとみられていることである。この結果は，先の総務省の調べでは，無所属議員が74.1％であったのと大きく異なる結果である。従来から指摘されてきた通り，選挙時の政党隠しという側面がうかがえる結果である。

2点目は，政党別にみると，自民党が地方議員全体のほぼ半数を占めていることである。公明・民主・共産党はそれぞれ7～8％程度のシェアを占めている。国政レベルでは小選挙区制の影響もあり，二大政党化が進んでいる。しかし，地方レベルをみると，民主党議席率は公明党や共産党と同じ程度であり，二大政党制の基礎はまだ弱いといえる。

3点目は，人口規模と各党の傾向をみると，自民党と無党派は人口規模が大きくなるにつれて議席シェアが低下することである。逆に，他の政党は人口規模に沿って，議席シェアが増加する。ただし，公明党以外の民主・共産

表8－1　人口規模別の各党派の議席率（単位：％）

	自民党系	公明党系	民主党系	社民党系	共産党系	地域政党系	無党派	N
1万未満	53.0	1.9	7.2	1.2	6.0	2.5	28.1	218
1万以上3万未満	52.9	4.1	6.1	1.7	6.6	2.5	26.3	247
3万以上5万未満	50.6	6.8	5.6	2.2	7.4	3.5	24.1	144
5万以上20万未満	39.6	10.8	7.9	2.5	9.8	3.2	26.3	241
20万以上	32.2	16.4	12.5	3.3	12.1	3.2	20.6	74
全体	47.4	6.7	7.3	2.0	7.9	3.0	25.9	924

・社民・地域政党は，人口規模間のばらつきがやや小さい。

3.2. 無所属議員変動の背景と議会の状況

　従来の結果と大きく異なる無党派議員の比率は，どのように理解することができるだろうか。各党派間の議席率をみることで，従来とは異なる結果がどこから生じたのかを一定程度，検証できると考える。例えば，曽我謙悟・待鳥聡史は都道府県議会レベルで，民主党議席率と地方政党議席率に負の相関があることを示し，地方政党・会派で活動している議員の一定数が実質的には民主党やそれに近い議員である可能性を指摘している（曽我・待鳥2008：12）。そこで，表8－2では，各党派間の議席率の相関を示している。

　表からは，次の3点がわかる。1点目は，自民党の議席率と地域政党および無党派議員の比率に負の相関がみられることである。特に，自民党と無党派議員比率の相関は，ほぼどの人口規模でも－0.80前後と強い負の相関がある。自民党議席率が高ければ，それだけ無党派議員の比率が低下している。このことは，従来から指摘されてきたことではあるが，今回振り分けられた無所属議員のかなりの数が事実上の自民党系であることを示している。

　2点目は，民主党の議席率と無党派議員の比率にも負の相関がみられることである。自民党ほどではないが，全体の相関係数は－0.33である。民主党議席率が高ければ，それだけ無党派議員が減少していることがわかる。特に，人口20万人以上の地方政府でみると，無党派議員比率との相関は－0.59と高い。以上の2点の結果は，従来の無所属議員の党派性を一定程度明らかにしているであろう。なぜなら，民主党と同程度の議席率である共産党と無党派議員の比率の相関は，ほとんどなく，人口5万人以上20万人未満で－0.13と非常に弱い負の相関がみられる程度である。このように，無所属議員には自

表8－2　議席率の相関係数

	自民党×民主党	×地域政党	×無党派	民主党×社民党	×無党派	共産党×無党派
1万未満	0.03	－0.21***	－0.86***	0.08	－0.34***	－0.01
1万以上3万未満	0.05	－0.21***	－0.87***	－0.05	－0.30***	0.09
3万以上5万未満	0.03	－0.23***	－0.86***	0.03	－0.28***	－0.02
5万以上20万未満	0.05	－0.19***	－0.81***	－0.13**	－0.35***	－0.13**
20万以上	0.20*	－0.22*	－0.74***	－0.26**	－0.59***	－0.15
全体	0.02	－0.21***	－0.82***	－0.02	－0.33***	－0.03

註）***：p<.01　**：p<.05　*：p<.10

民党系と民主党系の議員が存在し，選挙時の公認ではなく，会派や日常活動レベルでみれば，自民，民主両党にそれぞれ近い議員達であることがうかがえるからである。

3点目は，民主党の議席率と社民党の議席率に，弱い負の相関がみられることである。人口5万人以上20万人未満，人口20万人以上では，それぞれ－0.13，－0.26とやや弱い負の相関がある。比較的人口規模の大きい地方政府では，社民党が議席をもつほど民主党の議席率が下がる傾向がある。このことは，旧社会党が分裂した際に，民主党へとスムーズに移行した県とそうでない県との違いを示しており，社民党と民主党の競合関係を示している。また，この競合関係は，辻陽が都道府県議会レベルで指摘しているように，地方議会レベルでの社民党の耐性と民主党会派結成の遅れ（辻 2008）の一因かもしれない。

次に地方政府単位での議会構成をみていこう。議会構成を示すにあたって，過半数を占めている党派があるかどうかを基準に置いた。そこから，自民優位型，多党型，非自民優位型，無党派優位型の4つに類型した[3]。

表8－3は，人口規模別の議会構成の類型を示している。全体をみると，約半数の議会は自民党が過半数以上の議席率を保持している。次いで，無党派議員比率の高い議会が27.3％，どの政党も過半数を占めていない多党型の議会が14.1％と続く。自民系以外が過半数を占めている非自民優位型は，3.4％にとどまる。

人口規模別にみると，人口5万人以下の地方政府では，自民党が過半数以上を占める議会が60％程度である。一方で，人口5万人以上20万人未満，人口20万人以上の地方政府では，多党型の議会が23.6％，58.1％となる。

表8－3　人口規模別の議会構成の類型

(単位：％)

	自民優位型	多党型	非自民優位型	無党派優位型	N
1万未満	63.3	3.7	4.1	28.9	218
1万以上3万未満	63.5	5.2	3.2	28.1	249
3万以上5万未満	62.6	6.8	3.4	27.2	147
5万以上20万未満	45.5	23.6	3.7	27.3	242
20万以上	20.3	58.1	1.4	20.3	74
全体	55.2	14.1	3.4	27.3	930

（3）非自民優位型をより詳細に示すと，民主党優位が7，社民党優位が1，地域政党優位が24となる。

3.3. 選挙や議会レベルでの支持

続いて，首長−議会関係を選挙レベルと議会レベルの2つに分け，それぞれのレベルでの支持の関係を明らかにする。首長−議会関係を形成する契機である，選挙レベルから検討しよう。

首長選挙でどれほどの支援が行われているのだろうか。表8−4は，人口規模別の首長選挙時の支援政党数を示している。例えば，人口1万人未満では90.4％の地方政府で首長は政党の推薦を受けずに当選している。

表からは，次の2点がわかる。1点目は，選挙時の首長への政党支援は，74.2％の首長選挙で行われていないことである。2点目は，人口規模別にみると，人口規模が大きくなるにつれて，政党の支援を受けている傾向が強まることである。ただし，人口20万人以上の規模をみても，推薦を受けない率は42.4％である。1990年代半ばまでは政党の推薦・支持を受けない市区長が20％台であったのと比べると（辻山・今井・牛山編 2007：85），国政レベルの二大政党化に反して，首長の無党派傾向は強まっている。

議会レベルで首長はどれほどの支持を獲得しているのだろうか。紙幅の都合から表には示さないが，首長は約半数の地方政府で3分の2以上の支持を得ている[4]。

選挙での支持は議会での支持を表しているのだろうか。表8−5は，政党支援の有無と首長支持議員割合である。例えば，政党支援を受けている首長で，議会の3分の2以上の支持を受けているのは，52.7％である。

表からは，政党支援の有無によって，首長を支持する議員割合が変化していないことがわかる。政党支援を受けて当選している場合，議会で半数以上の支持を得ている割合が89.4％である。また，政党支援を受けずに当選している場合も，89.8％である。

選挙での支援を

表8−4 人口規模別の首長選挙時の支援政党数 (単位：％)

	推薦なし	1党	2党	3党	4党	5党	N
1万未満	90.4	7.7	1.9	0.0	0.0	0.0	261
1万以上3万未満	80.1	15.5	2.7	1.7	0.0	0.0	291
3万以上5万未満	74.5	15.2	6.9	3.4	0.0	0.0	145
5万以上20万未満	58.4	15.1	16.7	6.5	2.9	0.4	245
20万以上	42.4	16.7	13.6	18.2	7.6	1.5	66
全体	74.2	13.4	7.2	3.8	1.2	0.2	1008

（4） 単純集計や人口規模によるクロス集計結果などについては，濱本 (2009) を参照されたい。

受けていないにもかかわらず，支持を得ている首長が多いことがわかる。

では，そのような状態が発生している地方政府の特徴は何だろうか。モーリス・デュベルジェによれば，小選挙区制下の多党制状況では選挙レベルでの政党間提携が促進される（デュベルジェ 1954＝1970：349-351）。日本の地方政治にあてはめると，小選挙区制の首長選挙と大選挙区制の議会選挙の組み合わせからは，多党制の状況が発生した段階で，首長選挙に関する政党間提携が進むと予想される。そこで，政党システムに近似するものとして，議会の類型を使用する。表8－6は，議会類型別の政党支援の有無である。

表8－5　首長選挙時の政党支援の有無と首長支持議員割合（単位：％）

	2/3以上	半数以上	半数以下	1/3以下	N
政党支援あり	52.7	36.7	8.0	2.5	237
政党支援なし	49.4	40.4	8.1	2.2	693

表8－6　政党支援の有無と議会類型（単位：％）

	あり	なし	N
自民優位型	35.5	64.5	422
非自民優位型	26.9	73.1	26
無党派優位型	26.3	73.7	205
多党型	70.0	30.0	110
全体	37.7	62.3	763

表をみると，特定の党派が過半数を占めていない多党型議会では政党支援の比率が70.0％と高い一方で，他の議会類型では政党支援が3割前後である。政党支援がない場合でも，実際には議会で過半数を占める党派が存在するかどうかが重要なようである。ただし，前述の通り，多党型議会は人口規模の大きな地方政府で多い。このような人口規模を考慮すると，確かに多党型以外の類型でも政党支援の比率は上昇する。例えば，人口20万人以上で自民優位型をみると，政党支援の比率は46.7％，無党派優位型では60％になる。しかし，多党型では72.1％であり，人口規模を考慮しても，政党支援の比率が他の類型より高い。

4．政党の推薦行動の要因

前節では，議会の党派構成，選挙や議会レベルでの首長－議会間の支持関係を概観し，首長が選挙レベルでの支持以上に議会レベルで支持を得ていることがわかった。また，議会類型によって，政党支援の有無にも違いがあった。本節では，分析レベルを議会構成から各党単位に下げて，首長支援のパターンとその要因を探る。

4.1. 支持政党と組み合わせ

では,どのような政党推薦の枠組みで,首長は当選しているのだろうか。表8-7は,首長支援の枠組みである。表の上段は自民党を含む支援枠組み,中段は自民党を除いた上で民主党を含む支援枠組み,下段は自民,民主両党を含まない支援枠組みを政党数に沿って示している。

表をみると,自民党関連のパターンが198であり,全体の76.6%を占めている。民主党関連のパターンをみると,総数が60であり,全体の23.2%を占めている。ただし,自民党と共同している場合を除くと,15であり,全体の5.8%となる。地方政治においては,国政での二大政党間に大きな差がある。

また,政党間の連携パターンに着目すると,自公(22.8%),自公民(11.2%)のパターンが自民単独に次いで多い。特に,自公のパターンは,中央での連立政権の影響が地方政治においても進行していたことを示している。ただし,自民党と民主党がともに支持し,当選しているパターンも17.4%あり,地方政治独自の要因も考慮に入れる必要がある。

4.2. 推薦行動の要因

どのような状況のもとで,各党は首長への推薦を決定し,当選に至っているのだろうか[5]。首長候補者とそれを支援する政党側に分けて考えてみよう。

首長候補者からみれば,政党側の支援が当選に寄与するかどうかである。この点で人口規模と党派性の関係が重要である。なぜなら,地方政治に政党

表8-7　首長選挙の支援枠組み

パターン	全体	(%)
自	85	32.8
自公	59	22.8
自民	5	1.9
自社	1	0.4
自他	1	0.4
自公民	29	11.2
自公社	3	1.2
自公他	3	1.2
自公地	1	0.4
自公民社	7	2.7
自公民地	2	0.8
自公民社他	2	0.8
民	6	2.3
民公	2	0.8
民共	1	0.4
民社	1	0.4
民社共	1	0.4
民社他	1	0.4
民社共地	2	0.8
民社共他	1	0.4
共	7	2.7
公	5	1.9
社	3	1.2
他	24	9.3
地	4	1.5
公共	2	0.8
社地	1	0.4
N	259	100

自=自民,公=公明,民=民主,社=社民,共=共産,地=地域政党,他=その他の政党

---

(5) 注意を要するのは,本データがあくまでも当選を果たしている首長のデータであり,政党の推薦・支持を受けつつも落選した候補を含んでいない点である。より厳密に,各党の推薦行動を研究するには,選挙で敗れた候補者のデータを含めた上で,推薦と当選を別のモデルで検討する必要がある。この点については,今後の課題としたい。

政治はそぐわないという意識は，有権者や地方議員の間に根強く存在するからである（三宅 1990；河村 2001：35）。例えば，東京市政調査会が1995年に実施した市区議会議員への調査によれば，無所属議員の半数が地方政治に中央政治を持ち込むことは不要とし，4割の議員が政党に所属すると地域での活動が行いにくいと回答している（東京市政調査会研究部 1996：53-55）。また，地方選挙では60%〜80%の有権者が候補者個人を重視している。以上の制約の下では，候補者側も敢えて党派性を明らかにすることを避ける傾向になる。

しかし，党派性は投票する上での重要な情報であり，候補者のイデオロギーや政策に関する手がかりとなる。そのため，人口規模が大きくなれば，候補者側も党派性を明らかにする必要性が高まると同時に，政党からの支援も重要なものとなる。

一方，政党側からみると，首長候補を支援することで，その後の地方政府運営における発言力を高めようとすることが考えられる。ただし，政党間の連携関係によっても推薦・当選のパターンは変化すると考えられる。例えば，最小勝利連合を想定すれば，各党の議席率や集票力によって，支援の枠組みが変化するであろう。自党の議席率や集票力が高く，他の政党と連携する必要性がなければ，より単独での推薦・当選となるであろう。

どのような要因が政党の首長選挙時の推薦行動を規定しているのだろうか。表8-8は，各党の候補者推薦および当選の要因に関するロジスティック回帰分析の結果を示している。表に沿って，各党（モデル）ごとに検討していこう。なお，分析に際して，人口規模は人口20万人以上を基準カテゴリとしている。また，従属変数の相乗りは国政の与党（自民党・公明党）と野党（民主党・社民党・共産党）が共に推薦・当選している場合に1，そうでない場合に0としている。

自民党をみると，自民，公明，共産党の議席率が有意な変数となっている。自民党の議席率の高さとともに，公明党の議席率が候補者の推薦および当選に寄与していることは，国政レベルでの政党間連携の枠組みが地方レベルでもみられたことを示している。また，共産党の議席率が高い場合に，自民党の推薦・当選が規定されているのは，自民党と共産党との連携パターンがないことを含めて考えると，自民党が共産党の議席率を勘案して選挙支援に踏み切っている可能性を示している。この点は公明党も同様である。

表8−8　各党の首長候補者推薦および当選の要因（ロジスティック回帰分析）

	自民党	公明党	民主党	無党派	相乗り
自民議席割合	0.010***	0.004	−0.005	−0.007**	0.000
	(0.003)	(0.004)	(0.006)	(0.003)	(0.006)
公明議席割合	0.048**	0.076***	0.008	−0.042**	0.016
	(0.020)	(0.024)	(0.031)	(0.018)	(0.033)
民主議席割合	−0.001	0.011	0.050***	−0.004	0.027*
	(0.009)	(0.011)	(0.012)	(0.008)	(0.014)
社民議席割合	−0.031	0.007	0.064**	−0.029	−0.013
	(0.025)	(0.029)	(0.029)	(0.018)	(0.045)
共産議席割合	0.048***	0.055**	0.077**	−0.057***	0.078**
	(0.018)	(0.023)	(0.030)	(0.016)	(0.031)
地域議席割合	−0.003	−0.011	−0.023	0.006	−0.021
	(0.009)	(0.013)	(0.021)	(0.008)	(0.023)
人口1万未満	−1.678***	−2.119***	−3.921***	1.691***	
	(0.455)	(0.652)	(1.139)	(0.420)	
人口1万〜3万	−1.051***	−1.325***	−2.227***	0.952**	−2.944***
	(0.395)	(0.495)	(0.652)	(0.370)	(0.731)
人口3万〜5万	−0.652*	−0.342	−1.358**	0.832**	−1.078*
	(0.389)	(0.441)	(0.584)	(0.373)	(0.587)
人口5万〜20万	−0.236	−0.115	−0.655*	0.317	−0.662
	(0.320)	(0.343)	(0.384)	(0.313)	(0.416)
人口20万以上（基準カテゴリ）					
定数	−1.796***	−2.736***	−2.610***	1.379***	−2.595***
	(0.470)	(0.553)	(0.674)	(0.437)	(0.722)
−2LL	761.940	512.360	319.973	867.412	297.294
Cox & Snell R^2	0.115	0.141	0.114	0.133	0.092
Nagelkerke R^2	0.178	0.265	0.289	0.192	0.249
N	838	838	838	838	815

註）　***：$p<.01$　**：$p<.05$　*：$p<.10$
　　相乗りモデルでは，人口1万人未満を人口1万人から3万人未満と合併して分析

　次に，民主党をみると，民主，社民，共産党の議席率が有意な変数となっている。民主党は自らの議席率が高く，社民党の議席率の高い地方政府で推薦・当選している。民主党と社民党の首長選挙における連携関係がみられる。ただし，民主党と共産党がともに支援しているのは5例ほどしかなく，自民党や公明党と連携する場合が多い。そのため，民主党も先の2党と同様に，共産党の議席率を勘案して選挙支援に踏み切っているのかもしれない。また，表には示していないが，社民党や共産党も自らの議席率が高い場合に推薦・当選している傾向がある。

　無党派首長や相乗りの場合は，どのような要因によって，規定されているのだろうか。無党派モデルをみると，自民，公明，共産党の議席率が負に作

用している。この結果は，無党派首長が，地方レベルで広く組織を形成している自民，公明，共産党の議席率や集票力の弱い所で誕生していることを示している[6]。

次に，国政与野党（2007年8月段階）の相乗りのモデルをみると，民主，共産党の議席率が有意な変数である。本章で使用している相乗りとは，国政与党と野党が共に推薦・当選している場合である。例えば，先の組み合わせからみると，自公民，自公社，公民などである。共産党を含めた相乗りはほとんどないため，分析からは，民主党と共産党の議席率が高い場合に，自民党，公明党という国政与党と民主党の相乗りが発生する傾向にあることがわかる。首長選挙では，自民党と民主党による競争関係が十分に構築されていない。以上の分析から，各党の首長選挙での支援・当選は，①党派を必要とする人口規模，②各党の議席率（得票力），③他党の議席率（得票力）によって変化すると考えられる。

5．首長－議員間の影響力関係

前節までに，首長－議員・政党間の議会レベル，選挙レベルでの支持関係を概観し，政党の首長推薦のパターンとその要因を検討してきた。本節では，地方政府職員の影響力評価に基づいて，首長－議員間の影響力を過程別，分野別に検討する。次に，議会や選挙レベルでの支持が首長－議員間の影響力関係にどのように作用しているのかを明らかにする。

5．1．過程別，分野別の影響力評価

本調査では「次にあげる人や集団は，市民活動部署が関わる政策・施策の立案，決定，執行のそれぞれに対して，どのくらいの影響力がありますか」という設問を置いた。選択肢は1点（影響力なし）から7点（影響力あり）の7点尺度としている。そこで，過程別に議員と首長の影響力評価の差を算出し，3つのカテゴリにまとめた。例えば，議員への評価が6，首長への評価が7などの場合は，首長優位としている。

---

(6) この他の要因として，首長の前職も影響している可能性がある。首長の前職が議員である場合，政党からの支援をあまり受けない。逆に，前職が職員である場合は政党支援を受ける傾向にある（河村 2008b）。

表8−9 過程別の首長−議員間の影響力評価 (単位：%)

	議員優位	同等	首長優位
立案	6.4	20.6	73.0
決定	0.9	20.4	78.7
執行	3.7	18.8	77.5

表8−9は，過程別にみた首長−議員間の影響力評価を示している。表からは，首長優位の地方政府が多いことがわかる。7割から8割近くの地方政府で，首長優位となっている。同等の評価が得られたのは，2割程度存在する。過程別にみると，大きな差はないが，立案，執行，決定の順で議員優位の比率が高い。以下では，議員が強い場合と首長と同等のカテゴリを統合して，分析を進める。

首長がどの過程においても優位であるが，異なる政策領域を跨って，全般的に強いのだろうか。表8−10は，分野別，過程別の首長−議員間の影響力評価の差の相関係数を示している[7]。例えば，表の左上の0.48とは，市民活動分野での立案における首長−議員間の影響力評価と決定における評価に0.48の相関があることを示している。これにより，影響力の差がどこまで一貫したものなのかを把握できる。

表からは，各分野での影響力評価が他の分野での評価とほとんど関連していないことがわかる。市民活動分野での立案，決定，執行の各過程における影響力の差は，他の分野と関連する場合でも，0.10前後であり，非常に弱い

表8−10 分野別，過程別の首長−議員間の影響力評価の差の相関係数

		市民		環境			福祉			産業振興		
		決定	執行	立案	決定	執行	立案	決定	執行	立案	決定	執行
市民	立案	0.48	0.57	0.15	0.04	0.06	0.09	0.05	0.07	0.09	0.02	0.03
	決定	1.00	0.54	−0.01	0.06	0.01	0.04	0.10	0.07	0.06	0.11	0.08
	執行		1.00	0.02	0.01	0.07	0.05	0.03	0.11	0.07	0.08	0.11
環境	立案			1.00	0.40	0.49	0.12	0.08	0.05	0.10	0.04	0.06
	決定				1.00	0.59	0.05	0.03	0.03	0.07	0.08	0.03
	執行					1.00	0.12	0.00	0.06	0.09	0.06	0.09
福祉	立案						1.00	0.37	0.49	0.05	0.06	0.10
	決定							1.00	0.50	−0.01	0.05	0.01
	執行								1.00	0.00	0.00	0.05
産業	立案									1.00	0.42	0.40
	決定										1.00	0.47

註) 数値は首長−議員間の影響力評価の差である
　　太字部分は，10%水準以上で有意であることを示している

(7) 首長−議員間の影響力評価の単純な差に基づいても，相関係数はほとんど変わらない。

ものである。一方で，各分野内での相関は0.4から0.6前後であり，分野内での影響力評価は，ある程度一致する傾向がある。このように，首長と議員間の影響力は首長が優位であるものの，その影響力の差は政策領域によって一貫しておらず，多様である。

5.2. 影響力差と関連する要因

どのような要因が首長－議員間の影響力の違いと関連するのだろうか。政党の選挙での支援や議会での首長支持議員割合は議員の影響力評価を高めることになっているのだろうか。

表8－11は，議会での首長を支持する議員割合と影響力評価の結果である。例えば，首長が議会の3分の2以上の支持を得ている場合，市民活動分野の立案過程で議員が首長と同等かそれ以上の影響力評価を受けていた地方政府の割合が24.3%である（以下の表は全て同様の数値）。逆に，数値が低いほど，首長が議員よりも影響力があると評価した地方政府の割合が多いことを示している。

表からは，2つの興味深い傾向がうかがえる。1つ目は，首長を支持する議員割合の高さが必ずしも議員の影響力評価を高めているわけではないことである。全体をみると，福祉分野は異なるものの，過半数以上の支持を得ている場合に議員側の影響力がやや高く評価される傾向にある。再議権や不信任決議を考慮に入れた場合，首長と議員の間の影響力関係に線形的な関係が想定されるが，地方政府職員による影響力評価ではそれを支持する結果は得られなかった。

2つ目は，首長を支持する議員割合が過半数以下である場合に，むしろ議員側の影響力が低く評価されていることである。この傾向は市民活動分野で顕著であり，首長から見れば，不安定な議会運営を余儀なくされる可能性が

表8－11 首長を支持する議員割合と議員の首長と同等以上の影響力評価の割合

	市民			環境			福祉			産業振興		
	立案	決定	執行	立案	決定	執行	立案	決定	執行	立案	決定	執行
2／3以上	24.3	21.1	21.6	25.6	21.3	22.5	26.3	20.9	25.5	24.9	21.3	22.5
過半数以上	29.0	27.3	20.7	31.6	23.8	22.8	27.0	17.2	22.2	27.1	24.3	22.3
過半数以下	13.2	14.3	14.3	28.8	16.4	23.0	41.4	22.5	28.6	18.8	18.8	26.6

註） 数値は議員が首長と同等かそれ以上の影響力があると認識されている比率である
　　太字は，各過程における最も比率の高いことを示している

高いにもかかわらず，議員側の影響力評価は過半数やそれ以上の支持を得ている場合よりも低い。この傾向は，福祉分野ではやや異なる。

ところで，首長選挙での政党支援は議員の影響力評価を高めることになっているのだろうか。表8-12は，政党支援の有無と影響力評価の関係を示している。表の全体の傾向をみると，政党支援の有無は影響力評価と関連性がみられないことがわかる。ただ，人口20万人以上をみると，市民活動分野では政党支援がある場合に，議員の影響力評価が高まっている。市民活動分野の立案過程をみると，政党支援のない無党派首長の場合は議員の影響力が首長と同等かそれ以上に評価されている地方政府が10.5%である一方，政党支援がある場合は33.3%にまで上昇している。

政党支援の76.4%に自民党の支援が含まれるため，自民党の支援の効果をみておこう。ここでも人口20万人以上の市民活動分野では議員の影響力評価が高くなっている。以上の結果からは，市民活動分野が政党の支援に反応しやすいものの，他の分野ではほとんど差がみられないことがわかった。首長支援の影響力評価への効果は，地方政府職員の認識からすると，限定的にしかみられない。

では，議会や選挙での支持以外にどのような要因が考えられるだろうか[8]。

表8-12 政党支援の有無と議員の影響力評価

政党推薦の有無（全体）

	市民 立案	市民 決定	市民 執行	環境 立案	環境 決定	環境 執行	福祉 立案	福祉 決定	福祉 執行	産業振興 立案	産業振興 決定	産業振興 執行
政党推薦あり	24.1	23.3	24.4	29.5	21.6	24.4	25.2	18.8	26.1	25.2	20.5	24.4
無党派	24.7	21.6	17.7	29.6	21.9	23.0	28.0	18.3	22.5	26.0	22.4	22.1

政党推薦の有無（20万以上）

	市民 立案	市民 決定	市民 執行	環境 立案	環境 決定	環境 執行	福祉 立案	福祉 決定	福祉 執行	産業振興 立案	産業振興 決定	産業振興 執行
政党推薦あり	33.3	33.3	38.5	23.4	14.9	26.1	28.6	14.3	23.8	24.4	20.5	31.8
無党派	10.5	10.5	15.8	28.6	19.0	28.6	31.6	15.8	26.3	45.0	10.0	35.0

自民党推薦（20万以上）

	市民 立案	市民 決定	市民 執行	環境 立案	環境 決定	環境 執行	福祉 立案	福祉 決定	福祉 執行	産業振興 立案	産業振興 決定	産業振興 執行
自民支援なし	20.7	17.2	24.1	24.2	18.2	36.4	31.0	10.3	24.1	37.5	15.6	28.1
自民支援あり	32.0	36.0	36.0	20.7	17.2	21.4	25.9	18.5	22.2	26.9	20.0	40.0

註）数値は議員が首長と同等かそれ以上の影響力があると認識されている比率である

---

(8) 別な要因として，首長の当選回数が考えられる。当選回数を重ねた首長

影響力の資源は，権限だけではなく様々な主体との関係性も含まれる。議員や首長は二者だけで存在しているわけではない。また，他の主体の政策過程への参入は議員と首長の影響力関係に均等に左右するとも限らない。

様々な主体が政策過程に参加している場合，議員と首長間の影響力評価に変化があるのだろうか。表8－13は，一般市民や市民社会組織等の参加と議員－首長間の影響力差の相関係数を示している。例えば，市民活動分野の立案過程の自治会をみると，－0.21で有意な負の相関がある。これは，自治会が参加している場合に首長－議員間の影響力が縮小する方向に関連していることを示している。

表からは，2つの傾向がある。1つ目は，市民社会組織等が政策過程に参加している場合，首長－議員間の影響力が縮小する関係にあることである。有意な関係がみられた場合は，産業振興分野を除いて，ほとんどが負の相関になっている。特に，福祉分野の執行過程をみると，市民社会組織等の参加と議員－首長間の影響力差の縮小傾向が明瞭である。以上からは，必ずしも各主体の参加が首長や行政と直結しているわけではなく，議員が市民社会組

表8－13 一般市民や市民社会組織等の参加と議員－首長間の影響力差の相関係数

	市民活動 立案	市民活動 決定	市民活動 執行	環境 立案	環境 決定	環境 執行	福祉 立案	福祉 決定	福祉 執行	産業振興 立案	産業振興 決定	産業振興 執行
一般市民	0.04	−0.14	−0.06	−0.10	−0.01	−0.07	−0.05	−0.12	−0.22	−0.09	−0.02	0.05
自治会	−0.21	−0.11	0.09	−0.11	−0.09	0.09	−0.09	−0.03	−0.24	0.03	0.00	0.15
NPO・市民団体	0.07	0.01	−0.11	−0.09	−0.03	−0.05	−0.05	0.04	−0.17	0.13	−0.02	0.10
環境団体	−0.03	−0.08	−0.05	0.04	−0.01	−0.01	0.06	0.01	−0.55	0.21	−0.13	0.36
福祉団体	−0.01	−0.07	0.03	−0.13	−0.27	−0.16	−0.11	−0.01	−0.21	0.00	−0.12	0.22
労働組合	−0.15	−0.17	−0.07	0.04	−0.05	−0.34	−0.10	0.13	−0.71	0.08	−0.08	0.20
経済・商工団体	−0.08	−0.13	0.01	−0.09	−0.07	−0.10	−0.01	−0.04	−0.40	0.06	−0.08	0.00
農林水産団体	−0.01	−0.15	0.03	−0.04	−0.08	−0.03	0.06	−0.18	−0.52	0.04	−0.15	0.03
外郭団体	−0.07	−0.09	−0.07	−0.23	−0.14	0.18	−0.28	−0.12	−0.33	0.12	0.06	0.16
企業	0.02	−0.07	−0.16	−0.01	0.02	−0.07	−0.15	−0.14	−0.41	0.03	0.03	0.05
その他	0.11	−0.24	−0.38	−0.31	−0.05	−0.23	0.07	−0.01	0.02	−0.04	0.26	0.16

太字は有意水準10％以上であることを示している
係数が負の場合は団体が参加することで，議員－首長間の影響力差が縮小していることを示している

ほど，その基盤は厚く，議員よりも影響力が高く評価されているかもしれない。表には示さないが，分野や過程による差はあるものの，議員側の影響力評価が2目期にやや高まっていることがわかった。特に，市民活動や環境分野ではそのような認識が強いようである。

織等と共に関与していることがうかがえる。実際，社会団体調査では地方政府の課長以上と接触ありと回答した団体は66.5％である一方，地方議員の割合も62.4％とほぼ同じ水準である。また，個人の交際範囲については地方議員が地方政府の課長以上（52.4％）よりも10ポイント高い。このように，市民や市民社会組織にとって，議員も重要な経路となっていることが影響力差を縮小させる方向と関連している背景にあると考えられる。

2つ目は，産業振興分野では市民社会組織等が参加している場合，首長－議員間の影響力が拡大する方向に関連していることである。あまり有意な関係があるわけではないが，他の分野との比較において，産業振興分野は傾向が異なる。

以上までの分析から，首長が議員よりも影響力評価は高いけれども，各地方政府内の複数の政策領域を一貫するものではない。分野の特徴をみると，市民活動分野（人口20万人以上）は比較的選挙に反応している。一方で，福祉分野は市民社会組織等の参加による変化が大きかった。また，産業振興分野では市民社会組織等の参加が他の分野とは異なり，首長の影響力を高める方向と関連していた。このような各分野の違いが，一貫した影響力評価が表出しなかった背景にあるのであろう。

6. まとめと考察

6.1. 結果

本章では，ローカル・ガバナンスの制度的な担い手である首長と議員や政党との関係に焦点をあててきた。特に，議員や政党は選挙や議会での関係を通じて，首長といかなる関係を形成しているのか，それは議員が首長を規律付けることになっているのかどうかを分析してきた。

議会を構成する地方議員の党派性に関して，次の2点が得られた。1点目は，地方政府職員によれば，地方議員の75％には党派性が識別できるレベルで存在することである。従来，体系的に調査されていなかった町村や一般市レベルの議員の党派性が明らかとなった。2点目は，無党派議員の比率と自民党（−0.82），民主党議席率（−0.33）に相関があることである。無党派議員は，自民党系や民主党系の議員に振り分けられると考えられる。

議会と首長との選挙や議会レベルでの支持関係については，次の2点が得

られた。1点目は，55.2%の議会で自民党が過半数以上を占めていることである。ただ，人口規模による差も大きい。人口20万人以上の地方政府では，どの政党も過半数を占めていない多党型が58.1%である。2点目は，政党支援と議会レベルでの支持関係が一致しないことである。政党支援の有無にかかわらず，首長は議会からの支持を獲得していた。また，議会類型からみれば，多党型では推薦が多いものの，自民党優位型や非自民優位型などの議会では推薦がそもそもあまり行われていない。

　政党の推薦行動については，次の2点がわかった。1点目は，国政レベルの枠組みが地方政治レベルでも進展していることである。自民党と公明党の推薦によって当選するパターンが推薦のある場合の22.8%を占めていた。ただし，自民党と民主党がともに支持し，当選しているパターンも17.4%あり，地方政治独自の要因も考慮に入れる必要がある。2点目は，首長選挙の支援・当選の要因として，政党の得票力，選挙連合の可能性，共産党の議席率が重要なことである。特に，自民党，公明党，民主党，政党推薦を受けない無党派，国政与野党が支持する相乗り全てのモデルにおいて，共産党の議席率が推薦・当選に影響を与えていた。政党や首長の側の党派的つながりを明示する上で，共産党の議席率の高さが関連していることがうかがえた。

　議員と首長との影響力関係については，次の4点が得られた。1点目は，ほぼどの人口規模および分野でみても，首長と議員の影響力が拮抗していると評価されているのは2～3割の地方政府である。2点目は，首長―議員間の影響力評価が過程によって異なることである。首長―議員間の影響力評価は分野間の関連性が弱く，多元的である。もちろん，首長はほぼどの分野や過程においても高い影響力評価を得ている。しかし，首長と議員の間にある影響力の差は分野間で一貫しない。3点目は，政党による選挙支援の影響力評価への効果は人口20万人以上の市民活動分野でのみ見られたことである。4点目は，団体が政策過程に参加している場合に，首長の影響力を下げる方向に関連している場合が多いことである。

6．2．考察

　今回得られた結果は，ローカル・ガバナンスにおける首長―議員・政党関係に対して，どのようなことを含意しているのか。

　1点目は，首長―議員・政党を取り巻くローカル・ガバナンスの状況が首

長優位でありつつも，その関係は多様なことである。首長はかなり高い影響力評価を得ているものの，議員との影響力差は各分野を一貫したものではない。また，この影響力評価と関連する要因も分野毎に様々であり，特徴がある。選挙に比較的敏感な市民活動分野，市民社会組織の参加が首長との影響力差を縮小する方向に連動する福祉分野，福祉部署と逆傾向にある産業振興分野などである。分野によっては首長，議員，市民社会組織の位置関係が異なることを示唆している。

2点目は，規律付けメカニズムとしての選挙の有効性が限定的なことである。分析からは，選挙での支援は議員の影響力を高める方向には作用していなかった。この点で，規律付けメカニズムとしての選挙の有効性には限定が付けられた[9]。ただし，選挙支援の効果は人口20万人以上の市民活動分野でみられた。合併は一段落であるかもしれないが，規律付けメカニズムとしての選挙の有効性はより高まるものと考えられる。また，政党の支援は議会類型（政党システムの代替指標）が多党型の場合によく行われ，首長を支持する議員割合も過半数の場合に議員の評価は高まっていた。そのため，調査時点では二大政党間の競争関係が十分に構築されていなかったが，民主党の地方政治レベルでの進出が首長選挙時の政党支援を促し，規律付けメカニズムとしての選挙や議会の有効性をさらに高めることを示唆している。

---

(9) もちろん，本調査の結果にも限定が付けられる。第1に，職員調査であり，議員や首長（候補者）自身の認識を扱ってはいない。第2に，影響力評価では議員の影響力を質問しているが，議会の影響力を質問していない。議員個人と議会の影響力評価では異なる結果が出ているため（自治大学校2005），調査設計の問題の可能性もある。第3に，政党化の進んでいない町村までを含めていることである。これは，政党の首長支援の効果が人口20万以上で限定的にみられたことからも考えられる。以上の問題はあるものの，職員の影響力評価という予算や決議等とは異なる従属変数を扱ったことで，制度的に想定される影響の範囲を推定する1つの結果を提示していると考えることができる。

第9章　市区町村職員のガバナンス意識

山本英弘

1. 本章の位置づけ

　本書で繰り返し述べてきたように，ガバメントからガバナンスへの移行期ともいうべき現在，市区町村をとりまく状況も大きく変化している。地方分権改革が進められ，市区町村に権限が委譲されつつあるものの，何でも自由にアイディアを実現できるというわけではない。むしろ，逼迫する財政の下でいかに創意工夫して効率的な経営を行っていくかを考えなければならないのである。こうした中で，行政ばかりでなく市民も政策形成に参画し，ともに地域社会のあり方を決め，運営していくことが求められている。

　様々な制度や組織の変革とともに重要なのが，市区町村職員の能力，姿勢あるいは意欲である（寄本・下條編 1981：3）。様々な変革が行われたとしても，実際に行政運営に携わっている職員がその価値を内面化し，職務に反映させなければ得られる成果は乏しいだろう[1]。市区町村職員はガバナンスの当事者（ステイクホルダー）であり，これらの人々がどのような考えをもって職務にあたっているのかは，ガバナンスの成果に関わる重要な問題である。例えば，市民参加が進み，市民との接触機会が増えると，職員がどのような態度で市民に応対するかが地域社会のパフォーマンスに影響を及ぼすようになるものと考えられる。

　そこで，本章では市区町村職員のガバナンスに関する諸意識をみていくこ

（1）これは市区町村のエージェントである職員によるエージェンシー・スラックだということもできる。

ととする[2]。職員は近年の動向に応じて，地方分権や市民との連携や協働について積極的なのだろうか。それとも，このような流れに対して否定的であり，むしろ従来通りの行政運営を是としているのだろうか。行政運営の効率化についてはどのような意見をもっているのだろうか。こうした項目に対する回答を総合し，職員のガバナンス観を明らかにしていきたい[3]。

　本章の構成は以下のとおりである。まず第2節で職員のガバナンス意識の分布を確認し，さらに市区町村のどのような特徴と関連しているのかをみていく。ここでの分析からは，ガバナンス意識として，上位連携志向，分権志向，参加志向，効率化志向の4つの因子を析出することができる。これらの

---

(2) 市区町村の職員意識を実証的に分析した研究はいくつか存在する。寄本・下條編（1981）では，1978年に全国7市の職員に対して行った職員意識調査をもとに，職業観，職員参加，住民参加，財政危機，行政サービスのあり方などについて質問している。市民参加に関する部分では，市民に対する上下関係意識はみられないものの，地域社会本位というより役所という「場」中心の思考が根強く残っているとされる。また，財政危機に対する認識は低いものの，限られた財源の有効な配分という意識は高まっている。

　小林ほか（2002）は，2001年に行われた全国の672市の市長，議長，財政担当課長，総務担当課長を対象に行った調査をもとに，住民参加，情報公開，行政改革，市町村合併，財政選好などについて質問している。結果は多岐にわたるが，基本的には地方分権化の方向に肯定的な意見を持っていることが示されている。小林・中谷・金（2008b）は，2005年に都道府県職員に対して行った調査をもとに，行政改革，分権改革，市民参加への意識を分析している。ここでも地方分権に対して肯定的であることがみてとれる。また，金（2008b）は自治体における組織規範に着目し，政策パフォーマンスとの関連などを分析している。

　このほか，1つの市区町村の調査をもとに，市民社会組織に対する職員の態度や応対について検討したものとして，NPOとの関係を扱った小田切・新川（2007），共同体的な地域における自治会との関係を扱った高橋（2007）などがある。

(3) 職員意識のあり方については，実務レベルで規範的に取り上げられており，分権時代に応じた職員意識改革の必要性は多くの市区町村において課題とされている。しかし，本章では地方分権改革を是とした上で職員の意識の高まりの到達度を測定するという方針ではなく，あくまで職員がどのような意識をもっているのかを記述するという方針で分析を行う。

意識には，部署，財政力，団体との接触などによる差異がみられるものもある。続いて第3節では，市民参加の方法としてどのような方法が望まれているのかを検討する。そして，職員は行政が市民のニーズを把握し，施策を説明する方法を評価していることを示す。第4節では，同じくガバナンスの担い手である市民社会組織についてどのように評価しているのかを検討する。分析から，自治会，NPO・市民団体，各種の団体のそれぞれについて職員はおおむね肯定的な評価をしていることが明らかとなる。最後に，第5節で全体の総括を行う。

2. 職員のガバナンス意識

2.1. 職員意識の分布

まずは，市区町村職員の社会意識や行政運営に対する意見をみていこう。市区町村調査では4部署に対して，「次の意見に対する，貴部署の課長相当職の方のお考えをお答えください」という質問文で，15項目について尋ねている[4]。表9-1は，5段階の質問のうち，「そう思う」と「ある程度そう思う」という肯定的な回答の割合を4部署ごとに示したものである。

行政の評価基準としての効率性を重視する意見が全体の56.8%，広域行政の推進が68.7%，行政サービスの民間委譲が77.0%である。財政難の時代にあって，行政の運営を効率的にし，スリム化を図ることは多くの市区町村職員に共有されている。しかしながら，税負担を増やせない以上は行政サービスを低下しても仕方がないという意見に対しては，肯定的な回答は全体の27.9%にすぎない。行政マンとして，サービスを低下させることをよしとし

---

(4) 質問文において課長相当職に限定したのは，役職による職員意識の相違を統制するためである。課長相当職としたのは，部署内において実務に携わりながらも，一定以上の意思決定を行うことができるポジションと考えたからである。また，調査では，各市区町村の部署ごとに1人ずつの回答を求めている。つまり，特定の市区町村の特定の部署の職員意識を1人の回答で代表させている。したがって，今回の回答者が特異な意見をもっているために結果が部署の実態を適切に表していない可能性がある。しかし，回答者の意識には，市区町村全体や部署が共有する規範が反映されているものと想定して分析を行うこととする。

表9-1　職員意識の分布 (単位:％)

	市民活動	環境	福祉	産業振興	全体
行政の評価基準としては政策の効率性が最も重要である	55.6	58.6	54.1	58.9	56.8
広域行政に向けた取組はいっそう推進されるべきである	71.9	68.3	66.0	68.5	68.7
税負担を増やせない以上，行政サービスが低下しても仕方がない	26.5	27.5	28.6	28.9	27.9
行政サービスのうち民間でできる業務はなるべく委譲したほうがよい	81.9	72.0	77.4	76.9	77.0
国の権限のうち可能なものは自治体に委譲したほうがよい	62.2	50.0	58.5	62.3	58.2
地方自主財源はさらに拡大されるべきである	86.5	77.9	80.0	82.7	81.8
様々な団体の活動は，国民の要求やニーズを政治に反映するために必要である	69.3	66.4	69.1	69.5	68.6
市民の直接的な政治参加はもっと促進されるべきである	69.9	63.1	62.7	67.7	65.8
貴自治体と都道府県との関係はこれからますます強くなる	28.2	34.1	29.3	36.7	32.1
貴自治体と中央省庁との関係はこれからますます強くなる	15.0	13.4	16.7	22.0	16.7
国の主要な政策課題は地域間格差の是正である	71.4	67.5	72.4	74.8	71.5
国や自治体はどちらかといえば経済成長よりも環境保護を重視した政策を行ったほうがよい	25.5	55.1	35.6	27.2	35.9
企業は利益追求だけでなく社会貢献も行うべきである	93.0	92.3	92.0	93.7	92.8
国の行政運営は全般的にみて満足できる	5.2	6.6	6.0	6.7	6.1
貴自治体の運営には全体的にみて満足できる	44.5	39.5	40.2	40.9	41.3
N	1100	1106	1069	1076	4351

註）Nは各項目の欠損値により若干異なる。ここでは効率性重視の項目の値を示した。

ないようである。なお，これらの項目については部署間の差はあまりみられない。

　国の権限の自治体への委譲は全体の58.2％，自主財源の拡大は81.8％である。これらの権限委譲に関する項目についても肯定的な意見が多い。部署別にみると環境部署でわずかながら低い傾向がみてとれる。また，都道府県との関係が今後強化されるという意見には全体の32.1％，中央省庁については16.7％と低い割合である。都道府県については環境部署と産業振興部署，中央省庁については産業振興部署で高い割合を示している。以上の項目からみると，市区町村の職員は分権化を進め，自律的な行政運営を行わなければならないという意識をもっていることがわかる。特に財政面での自律志向が強いようである。様々な団体活動の必要性は全体の68.6％，市民による政治参加は65.8％と，これらについても高い割合を示している。環境部署と福祉部署で若干低い割合である。

　ここまでの結果から，市区町村職員はガバナンスに対しておおむね肯定的な意見をもっていることがわかる。まず，地方への権限委譲を進め，中央省

庁や都道府県といった上位レベルの行政との関係は強化しないというところから，地方の自律志向性をみてとることができる。さらに，行政運営については効率化を図り，市民の参加を求めていることがわかる。

この他，政策の志向性についてもいくつか質問している。まず，国の主要な政策課題は地域間格差の是正だという意見は全体の71.5％である。地方分権により地方政府間の競争が求められているものの，格差の拡大については国による調整が求められている。表9－1から部署間での差はあまりみられない。しかし，市区町村の人口規模でははっきりした差がみられる（表は割愛）。人口5万人未満の都市では77.8％が肯定的な回答であるのに対して，人口5～20万人都市では62.3％，20万人以上の都市では46.7％である。人口規模が小さい市区町村ほど財政力がなく経営が苦しいために，国による格差是正を求めている。

続いて，国や自治体の政策として経済成長より環境保護を重視すべきという意見については，全体の35.9％と肯定的な回答はあまり高い割合ではない。ただし，環境部署だけは例外で55.1％が肯定的に回答している。環境問題は今日の最も重要な政策課題の1つとされているが，市区町村レベルでは当該部署を除けば経済振興のほうがより求められている。さらに，企業の社会貢献については全体の92.8％が肯定的であり，かつ，部署間の差もみられない。

最後に，国や地方自治体の運営に対する満足度をみよう。国の行政運営について満足できるのは全体の6.1％と極めて低い。これに対して，自治体の運営については全体の41.3％である。国政には不満をいだきつつも，自らの市区町村の行政運営には一定程度満足しているようである。なお，国と自治体ともに部署間による差はみられない。市区町村の人口規模では20万人以上の都市だと自治体運営に満足だという回答が多くなる（58.0％）。

2.2. 職員意識の構造

以上にみた意識項目は相互にどのような関係にあるのだろうか。これらの項目から析出される市区町村職員の意識構造とはどのようなものなのだろうか。ここでは，特にガバナンスと関連の深い10の意識項目を取り上げて，因子分析（主成分法）を行った。表9－2は，固有値1以上の4つの因子を取り上げ，プロマックス回転した結果を示している。なお，調査票においては，肯定的な回答ほど低い得点（「そう思う」＝1）になっているが，ここでの分

表9－2　ガバナンスに関する職員意識の因子分析

	上位連携志向	分権志向	参加志向	効率化志向	共通性
貴自治体と都道府県との関係はこれからますます強くなる	**0.820**	−0.053	−0.023	0.064	0.668
貴自治体と中央省庁との関係はこれからますます強くなる	**0.785**	0.082	−0.069	−0.032	0.615
国の権限のうち可能なものは自治体に委譲したほうがよい	−0.031	**0.822**	0.014	−0.006	0.676
地方自主財源はさらに拡大されるべきである	0.059	**0.810**	−0.055	0.030	0.655
様々な団体の活動は，国民の要求やニーズを政治に反映するために必要である	−0.051	−0.124	**0.861**	0.050	0.700
市民の直接的な政治参加はもっと促進されるべきである	−0.040	0.097	**0.790**	−0.030	0.656
行政の評価基準としては政策の効率性が最も重要である	0.257	−0.119	0.065	**0.518**	0.348
広域行政に向けた取組はいっそう推進されるべきである	0.181	0.063	0.126	**0.520**	0.376
税負担を増やせない以上，行政サービスが低下しても仕方がない	−0.207	−0.113	−0.212	**0.630**	0.457
行政サービスのうち民間でできる業務はなるべく委譲したほうがよい	−0.129	0.207	0.059	**0.621**	0.497
固有値	2.098	1.346	1.141	1.062	
寄与率	20.975	13.465	11.410	10.620	

註）　主成分法，プロマックス回転 N =4281
　　太字は因子負荷量が0.5以上

析に際しては，肯定的な回答ほど高い得点（「そう思う」＝ 5 ）となるように変換している。

　第 1 因子は，都道府県および中央省庁との関係の強化に関する項目が高い因子負荷量を示している。そこで，この因子を「上位連携（上位政府との連携）志向」と名づける。第 2 因子は，自治体への権限委譲と地方の自主財源の拡大が高い因子負荷量を示している。これらはいずれも国から自治体への権限の委譲を表すものなので，第 2 因子を「分権志向」と名づける。続いて，第 3 因子は団体の活動の必要性と市民の直接的な政治参加の因子負荷量が高い。そこで「参加志向」と命名する。最後に，第 4 因子については，政策の効率性重視，広域行政の推進，行政サービスの低下の容認，行政サービスの民間委託の因子負荷量がそれぞれ高い。これらはいずれも行政運営の効率性を表すものである。したがって，「効率化志向」と命名する。

　第 1 章では，ガバナンスを国家−社会関係の再編において，分権，参加を志向する流れと，効率化（NPM）を志向する流れがあると捉えている。ここ

での分析で析出された因子はいずれも，同章で論じたガバナンスの要素を表すものといえる。本書全体で想定したガバナンス概念は，ステイクホルダーである市区町村職員の意識構造とも整合するものである。

2.3. ガバナンス意識の規定因

ところで，職員意識は取り扱う政策分野や，市区町村の社会経済的環境あるいは政治環境によってどのように異なるのだろうか。先に析出した類型をもとに，これらの変数による相違を検討していこう。

考えられる第1の要因は職員の所属する部署である。同じ市区町村であっても，取り扱う政策によっては市民のアイディアを積極的に受け入れられる分野もあれば，専門性が高いために過度な市民参加を求めない分野もあるだろう。また，中央省庁の政策に大きく影響される分野もあれば，自主的な政策形成を行いやすい分野もあるだろう。例えば，本書で取り上げた4部署の中では，市民活動部署は市民社会組織との接触機会も多く，市民参加に積極的な意見をもっていると考えられる。これに対して，福祉部署や産業振興部署は中央政府や都道府県といった上位レベルの行政との関係が強いため，分権に対する意識にもそれが反映されるだろう。

また，各市区町村の基本的な特徴も職員意識に影響を及ぼすと考えられる。このような特徴として，次の3つを取り上げて検討する。第1に人口規模である。これは市区町村の最も基本的な属性であり，保有している資源量や都市制度に基づく権限を規定している。人口規模が大きいほど様々な資源や権限を用いることが可能であり，職員も自律的な行政運営を志向しているものと考えられる。

第2に市区町村の財政力である。現在，ガバナンスが求められる背景にあるのが地方政府の財政逼迫である（羽貝編 2007；山本編 2008など）。市区町村の財政状態が悪ければ，それだけ効率的な行政運営の必要性が高いと考えられる。また，自主財源の拡大を求めたり，脆弱な財政の中で住民のニーズを積極的に取り入れることを求めるだろう。分析には，財政力指数を4カテゴリ（0.3未満，0.3〜0.5，0.5〜0.7，0.7以上）に分類した値を用いる[5]。

---

(5) 各カテゴリの基準は四分位数をもとにして，きりの良い値としている。そのため，各カテゴリはだいたい下位1／4，1／4〜中央値，中央値〜上位

第3に市町村合併の経験である。分権改革に伴う合併を経験した市町村ほど，分権に向けた体制づくりや政策形成が進められており，それに携わる職員の地方分権志向が高まるものと考えられる。

　このほか，職員が団体と接触する頻度も意識の形成に寄与するものと考えられる。自治会，NPO・市民団体，各種の社会団体と日常的に連携して政策形成や執行を行う職員ほど，市民参加や自律的な行政運営に対して積極的であるかもしれない[6]。なお，市区町村調査では，自治会，NPO・市民団体，社会団体のそれぞれとの接触の頻度（月に1度以上，半年に1度以上，半年に1度未満）を，5つの内容について質問している（6章参照）。ここでは，それぞれの団体分類について，5つの内容のどれか1つでも月に1度以上接触していれば接触が「多い」とし，それ以外は「少ない」として分析に用いる。

　以上の変数を独立変数とし，それぞれのガバナンス意識因子を従属変数とした一般線形モデルによる分析を行った。表9－3は推定周辺平均値と各変数についてのF検定の結果を示している。

　上位連携志向については，産業振興部署では平均値が高いのに対して，市民活動部署や福祉部署では低い。産業振興政策は国の政策に影響を受ける部分が大きいために，上位レベルの行政との連携を図りながら進めていく必要があるからだと考えられる。もっとも，福祉政策も上位レベルの行政の影響が強い分野であるにもかかわらず，福祉部署での平均値が低い。福祉政策については，社会福祉法によって地域福祉計画の必要性が規定されるなど，地域における独自の政策形成が求められるように変化している。そのため，上位レベルの行政との連携に対して積極的な見通しをもてないのかもしれない。市民活動部署については，様々な市民社会組織と連携しながら地域形成を目指すため，上位レベルの行政との連携はあまり重視されないと思われる。

　人口規模についてはあまり差がみられないが，財政力指数については小さい市区町村の職員ほど平均値が高い傾向にある。財政基盤の弱い市区町村の

　　1／4，上位1／4に対応している。
（6）　これに対して，職員が地方分権を志向しているからこそ頻繁に団体と接触しているという逆の因果関係も考えられる。ここでは接触という行為が意識を規定すると想定して分析を行うが，両者は双方向的な関係にあることには注意が必要である。

表9－3　職員のガバナンス意識因子の平均値

		上位連携志向	分権志向	参加志向	効率化志向
部署	市民活動	−0.140	0.265	0.127	0.020
	環境	0.063	−0.092	0.068	−0.011
	福祉	−0.068	0.105	0.083	−0.086
	産業振興	0.162	0.218	0.118	−0.006
	F値	8.180***	12.671***	0.374	0.968
人口規模	1万未満	0.040	−0.193	0.090	−0.100
	1万以上3万未満	0.012	0.045	0.090	0.041
	3万以上5万未満	−0.060	0.107	0.079	0.023
	5万以上20万未満	0.056	0.216	0.168	−0.035
	20万以上	−0.027	0.446	0.067	−0.033
	F値	0.687	8.155***	0.514	1.278
財政力指数	0.3未満	0.136	0.264	0.289	0.061
	0.3−0.5	0.027	0.149	0.128	−0.034
	0.5−0.7	−0.085	0.133	0.029	−0.006
	0.7以上	−0.061	−0.050	−0.051	−0.105
	F値	2.616*	5.326***	5.531***	1.508
合併経験	あり	−0.012	0.114	0.064	−0.071
	なし	0.021	0.134	0.134	0.029
	F値	0.259	0.098	1.167	2.424
自治会との接触	多い	0.087	0.168	0.173	−0.016
	少ない	−0.079	0.080	0.025	−0.026
	F値	9.388***	2.903*	7.474***	0.033
NPOとの接触	多い	0.000	0.186	0.159	0.018
	少ない	0.009	0.062	0.039	−0.060
	F値	0.019	4.054**	3.484*	1.461
社会団体との接触	多い	−0.015	0.158	0.132	−0.031
	少ない	0.023	0.090	0.066	−0.011
	F値	0.458	1.574	1.403	0.126
N		1909	1909	1909	1909

註）＊：$p<.10$　＊＊：$p<.05$　＊＊＊：$p<.01$　一般線型モデルによる推定周辺平均値

ほうが上位レベルの行政との連携の必要性を感じている。団体との接触頻度については，自治会との接触が多いほうが平均値が高いが，NPO・市民団体と社会団体では差がみられない。自治会という旧来からの地域団体との関係が深い職員は，やはり従来からの上位レベルの行政との連携をも重視しているようである。

分権志向と参加志向についてはおおむね同じ結果が得られている。部署については，市民活動部署と産業振興部署で平均値が高い（参加志向は有意ではない）。市民活動部署は市民参加によるガバナンスを促進する立場にあり，その規範意識の表れと考えることができる。産業振興は主として経済的利害

に基づく政策分野であり，国の政策とも大きく連動しているのでやや意外な結果ともいえる。しかし，地域の根幹をなす産業の育成や振興を自律的に行おうという職員の意思をみてとれよう。

また，分権志向については，人口規模の大きい市区町村の職員ほど平均値が高い。大都市で資源や権限を多く保有する市区町村ほど，より自由な裁量の行使を求めていることがわかる。これに対して，参加志向については人口規模による明確な差異をみてとることができない。

財政力指数については，分権志向も参加志向も指数が小さい市区町村ほど平均値が高い[7]。ちなみに，他の変数を統制せず財政力指数のカテゴリごとに平均値をみると，どちらの項目についても明確な差を確認することができない。これは財政力指数と分権志向や参加志向は本来マイナスに関連するのだが，人口規模と財政力指数とがプラスに相関しているため，人口のプラスの効果で相殺されるからである。すなわち，財政力指数と分権志向や参加志向との間は疑似無相関関係にある[8]。ここでの分析からは，人口規模が同程度であれば，財政状況が思わしくない市区町村ほど分権による再活性化を求めていることが明らかとなった。

市町村合併についてはあまり相違がみられない。分権改革に伴って多くの地方政府で市町村合併が行われたものの，その経験は職員意識に差をもたらさないのは，やや意外ともいえる。

団体との接触については，自治会およびNPO・市民団体との接触が多いほど平均値が高い。やはり接触頻度は職員の分権，参加志向性と関連をもつのである。しかし，経済団体や政策受益団体を含む各種の社会団体との接触と

---

(7) 村松 (2009) は，2007-08年に全国市部の首長を対象に行った調査をもとに，財政力指数と地方分権評価との間に正の相関があることを確認している。本章の分析結果は，この知見と整合的ではない。これについてはいくつかの可能性が考えられる。第1に，地方分権の評価と，権限委譲や市民参加を求める意見とは測定しているものが違うかもしれない。地方分権への評価は，権限委譲などを志向していても，改革が不十分だから評価が低いことも考えられる。第2に，市長と課長職相当職員では意識の持ち方が違うかもしれない。

(8) 2章において市民社会組織の政策過程への参加を検討した際にも，このような擬似的な相関関係が確認されている。

は関連しない。職員にとってガバナンスのステイクホルダーとして念頭にあるのは，地域住民からなる自治会およびNPO・市民団体といった新興の団体のようである。

最後に効率的な行政運営についてみていこう。統計的有意性を基準にすると各変数間に平均値の差がみられない。市区町村の基本的属性や団体との接触による相違はあまりないようである。それでも個々の変数の傾向を確認していくと，市民活動部署，財政力指数が小さい，合併を経験していない，市民活動・NPOとの接触が多いことなどが行政運営の効率化志向につながっている。

以上の結果から，市区町村職員のガバナンス意識は，上位連携志向，分権志向，参加志向において，担当部署，財政力指数，団体との接触などによる差異を確認することができる。

3. 市民参加の望ましい方法

これまでみてきたように，市区町村職員はガバナンスへと向かう変化の方向を肯定的に受け止めており，市民参加の促進についても同様である。ところで，市民が行政に参加するには様々な方法がある。では，市区町村職員は，市民参加を促進するためにどのような参加の方法が望ましいと考えているのだろうか。参加の方法はしばしば階梯的に示されるように，参加の深さを表すことにもなる（Arnstein 1969；篠原 1977；佐藤 2005）。したがって，参加の方法から，市区町村職員が望む市民参加の程度を推し量ることもできるだろう。

表9－4は，市民参加の望ましい方法について3位まで尋ねた結果をまとめたものである。1位を30点，2位を20点，3位を10点，選ばれなかった場合は0点として，その平均値を部署別に算出した。市民アンケート，地区別懇談会，公聴会・住民説明会の3つが突出して高い[9]。これらの方法は従来から行われてきたものであり，行政が市民のニーズを把握し，施策を説明するという性格が強いものである。これら以外でも，審議会への公募住民の参加やパブリック・コメントなどあまりコストの高くない方法が望まれている。

（9） ちなみに，1位に選択された割合は，市民アンケート36.6％，地区別懇談会26.4％，公聴会・住民説明会14.6％であり，これら3つで77.6％を占める。

表9−4　市民参加の望ましい方法（単位：平均値）

	市民活動	環境	福祉	産業振興	合計
市民アンケート	13.6	16.0	18.8	15.3	15.9
地区別懇談会	15.1	14.4	13.8	14.4	14.4
公聴会・住民説明会	9.5	12.2	10.5	11.4	10.9
審議会への公募住民の参加	4.8	4.6	4.8	4.3	4.6
パブリック・コメント	5.2	4.5	4.1	4.6	4.6
ワークショップ	4.2	2.4	3.8	3.8	3.5
市民会議	3.1	2.1	1.2	1.6	2.0
市政モニター	1.8	1.7	1.5	2.0	1.7
住民投票（条例に基づく）	1.3	0.8	0.4	0.9	0.9
シンポジウム・フォーラム	0.6	0.4	0.4	0.9	0.6
直接請求（条例の制定・改廃）	0.3	0.4	0.2	0.2	0.3
N	1108	1116	1093	1085	4402

　ワークショップや市民会議など，近年注目されている市民が政策の立ち上げから関わるような方法については，市区町村の職員の側にはそれほど求められていないようである。表9−4の結果からは，市民参加自体には肯定的であるものの，従来程度の参加でよいという職員の意識をみてとることができる。

4. 市民社会組織に対する意識

　職員意識を別な観点からみていこう。本書の各章ではガバナンスの重要な側面として，様々な市民社会組織の参加に注目してきた。実際に団体と関わって職務を遂行している職員は，団体の果たす役割をどのように評価しているのだろうか。また，これらの団体について何か問題を感じているのだろうか。ここでは，自治会，NPO・市民団体，各種の社会団体のそれぞれについて検討する。

4.1. 自治会に対する評価

　自治会や町内会等の地域住民組織は，住環境の整備，地域安全，福祉，教育，親睦など住民生活に直結する基礎的な社会サービスを提供する。加えて，市区町村との関係も密接であり，行政情報の伝達や業務受託などを行うほか，地域を代表して市区町村に要望を伝達している。このように地域住民と市区町村を媒介する組織を，市区町村の職員はどのように評価しているのだろうか。

表9-5 人口規模別にみる自治会に対する評価 (単位:%)

	1万未満	1万以上3万未満	3万以上5万未満	5万以上20万未満	20万以上	全体	人口規模との関連 (γ係数)	審議会との関連 (γ係数)	業務委託との関連 (γ係数)
情報伝達・親睦など日常の活動で行政ができない役割を果たしている	89.8	93.8	91.7	95.0	95.3	92.9	0.161**	0.196**	0.152*
福祉，治安，まちづくりなどの分野で，行政に代わって住民ニーズに応えている	46.3	53.8	58.6	65.3	72.9	57.0	0.212**	0.062	0.007
災害時の対応など緊急時に不可欠の役割を果たす	85.9	92.6	91.7	95.3	97.6	91.9	0.185**	0.126	0.131*
地区の課題について，住民の合意形成を図ることができる	80.9	80.0	79.0	78.5	75.9	79.4	−0.087*	0.108	0.103
行政の施策・事業の円滑な実施のためには，自治会等の協力を得ることが不可欠である。	94.7	96.6	95.0	95.6	97.6	95.7	0.041	0.225**	0.201**
地区住民の意見を代表し，行政とのパイプ役となっている	90.1	91.4	87.8	90.2	85.7	89.8	−0.040	0.214**	0.175**
加入率の低下によって，従来から行われてきた活動の継続が困難になっている	25.4	37.2	46.4	54.2	54.1	41.3	0.289**	−0.041	0.039
担い手層の高齢化が進み，今後の活動の維持が危ぶまれる	75.0	66.7	63.5	72.4	77.6	70.5	−0.042	−0.009	0.018
役員が固定化されるなど，運営の改善が必要な点がみられる	24.6	29.0	29.8	44.4	62.4	34.4	0.288**	0.038	0.101*
自治会等に代わる組織や団体が育ちつつある	5.3	3.4	6.6	9.1	10.7	6.3	0.250**	0.023	0.038
N	283	325	181	298	85	1172	1171	1047	1079

) Nは各項目の欠損値により若干異なる。ここでは情報伝達・親睦の項目の値を示した。

　表9-5は，自治会に対する評価（5段階の質問のうち，「そう思う」と「ある程度そう思う」の割合の和）を市区町村の人口規模別に示したものである。なお右端には，それぞれの項目と人口規模および自治会の政策過程への参加状況（審議会・懇談会への参加と業務委託）との順位相関係数（グッドマン－クラスカルのγ係数[10]）を記載している。ここで自治会の参加状況と

---

(10) グッドマン－クラスカルのγ係数は，順位付け可能なカテゴリカル・データに用いられる順位相関係数である（Bohrnstedt・Knoke 1988＝1992など参照）。この場合，都市の人口規模（5カテゴリ）と自治会に対する評価（5カテゴリ）との間の係数を求めており，値が正に大きいほど，正の方向に関連がある（人口規模が大きいほど肯定的な評価）ことを示している。なお，自治会に対する評価について，調査票においては肯定的な回答ほど低い得点（「そう思う」＝1）になっているが，ここでの分析に際しては，肯定的な回

の関連をみるのは，市区町村職員が実際の自治会の参加を通して，どのような機能を評価しているのかを確認するためである[11]。政策形成を代表して審議会・懇談会への参加，政策執行を代表して業務委託を取り上げる[12]。

親睦・情報提供，緊急時に不可欠，円滑な政策実施，行政と住民のパイプ役のそれぞれについては全体の90％程度，住民の合意形成については全体の80％程度が肯定的な回答を寄せている。このように，ほとんどの市区町村職員が自治会の果たす役割を高く評価していることがわかる。特に，円滑な政策実施というガバナンスに欠かせない要素については全体の95.7％と非常に高い割合を示している[13]。

行政に代わって住民ニーズに応えているという項目については他の項目と比べると低いものの，全体の57.0％が肯定的に回答している。なお，住民のニーズについては人口規模が大きい都市の職員ほど肯定的である（$\gamma = 0.212$）。辻中・ペッカネン・山本（2009）は，自治会に対して行った全国調査をもとに，都市部の自治会のほうが様々な社会サービス活動を行っていることを示している。ここで示された職員の評価にも，実際の自治会活動の程度が反映されているといえる。

これに対して，自治会の問題点について職員はどのように認識しているのだろうか。高齢化が最も多く全体の70.5％である。これは人口規模による差もみられず，全国一律に抱えている問題だといえる。加入率の低下については全体の41.3％，運営の改善については34.4％である。これらは人口規模が大きくなるほど割合が高く（それぞれ$\gamma = 0.288$，$\gamma = 0.250$），都市部の市区

　　答ほど高い得点（「そう思う」＝5）となるように変換している。また，自治会の政策過程への参加状況については，参加の有無を2値変数としている。
（11）　ただし，自治会に対する評価と政策過程への参加は相互に影響を及ぼしあうと考えられるので，因果的解釈には慎重にならなければならない。
（12）　これらを含め，自治会および他団体の参加状況については2章を参照されたい。
（13）　この点については，自治会が行政の下請けとして機能していると考えることもできる。行政と自治会との関係は歴史的経緯もあるので，ここでの結果からだけで一概にいうことができない。ただ，ガバナンスにおけるステイクホルダーと考えるなら，行政と自治会の間の権力関係が対等であることが求められる（森2008）。

町村職員ほど自治会の抱える問題点を認識している。辻中・ペッカネン・山本（2009）では，都市部の自治会ほど加入率が低く，一部の人々のみが運営に携わる傾向がみられている。職員の認識にも，このような問題点が反映されているのかもしれない。

最後に，自治会に代わる代替組織が育っているかについては，全体の6.3%と非常に低い割合を示している。昨今，NPO・市民団体の台頭が著しいと言われるが，市区町村職員からみると自治会の役割を担うことができる団体は他に存在しないようである。

さて，自治会の政策過程への参加状況と職員の評価には関連がみられるだろうか。γ 係数からは，あまり明確な関連をみてとることはできない。それでも，自治会が審議会・懇談会に参加したり，業務委託をしている市区町村の職員ほど，情報伝達・親睦，円滑な政策実施，行政とのパイプ役などとの関連がみられる。行政に協力的だという評価が実際の参加によって裏打ちされていることがわかる。

4.2. NPO・市民団体に対する評価

NPO・市民団体は，特定の問題関心を共有した人々から構成され，市民の自由なアイディアに基づいた活動が行われている。これらの団体は，近年，台頭が著しく，市民社会の新たな担い手として注目されている。

表9-6は，NPO・市民団体に対する評価を部署別に示したものである[14]。自治会と同じく，5段階の質問のうち，「そう思う」と「ある程度そう思う」の割合の和を示している。また，右端には人口規模およびNPOの政策過程への参加状況と各項目との順位相関係数（γ 係数）を示している。変数の操作は自治会の場合と同様である。

NPO・市民団体の活動には，政治や行政に対して政策提言などアドボカシー活動を行う側面と，様々な対象者に社会サービスを供給したり政策執行に

---

(14) 伊藤・辻中（2009）では，ここで挙げたNPO・市民団体に対する意見について主成分分析を行い，先進性（先駆・柔軟・効率・多元），未成熟（サービス・偏り・知識欠如・基盤脆弱），公平公正（公平・腐敗）という3つの主成分を析出している。人口規模（対数）を統制した上で，これらの主成分とNPO・市民団体の市民参加の程度との関連をみたところ，ほとんど関連は確認されなかった。

表9−6　部署別にみるNPO・市民団体に対する評価 (単位：%)

	市民活動	環境	福祉	産業振興	全体	人口規模との関連（γ係数）	審議会との関連（γ係数）	業務委託との関連（γ係数）
政策の提案よりもサービスの供給を担っている側面が強い	59.9	48.5	62.3	57.0	56.9	0.012	0.054*	0.225**
行政よりも旧弊や慣習に縛られない先駆的な活動ができる	62.0	51.8	56.6	58.6	57.2	0.203**	0.185**	0.232**
行政よりも受益者のニーズへ柔軟に対応できる	65.5	50.2	68.0	60.3	61.0	0.159**	0.149**	0.308**
行政よりも効率的なサービスが提供できる	40.6	25.8	40.2	35.9	35.7	0.056*	0.108**	0.232**
行政よりも多元的な価値観を表現できる	45.5	35.8	40.0	41.2	40.6	−0.107**	0.121**	0.193**
行政よりも腐敗・汚職の危険が少ない	12.9	14.1	11.9	12.7	12.9	0.004	0.030	−0.002
行政よりも公平なサービスが提供できる	6.7	5.6	5.4	7.4	6.3	0.086**	−0.033	−0.026
特定の対象に偏っており、サービスを均一に供給することが難しい	42.4	44.4	39.9	47.5	43.5	0.039*	0.003	−0.051
専門的な知識やノウハウに欠ける部分がある	19.0	17.7	19.8	21.8	19.6	−0.128**	−0.093**	−0.158**
継続的な活動をする基盤が弱い	46.7	39.0	41.9	46.8	43.6	0.003	0.012	−0.018
N	1078	1051	1036	999	4164	4164	3934	4036

註）Nは各項目の欠損値により若干異なる。ここではサービス供給の項目の値を示した。

協力したりする側面がある。全体の56.9％がサービスの供給を担っている側面が強いという項目に肯定的であることから、市区町村の職員にはNPO・市民団体はどちらかといえばサービス供給主体と認識されているようである。なお、環境部署でやや低い傾向がある。

続いて、行政と比べてNPO・市民団体が優れている点についての評価をみていこう。先駆的な活動ができることや受益者のニーズに柔軟に対応できることについては、全体の60％程度が肯定的である。新しいニーズに機動的に対応できる点がNPO・市民団体の長所と受け止められている。効率的なサービス提供や多元的な価値観の表現については、全体の40％程度が肯定的である。これらについても一定程度の職員にNPO・市民団体のメリットと考えられている。なお、これまでにみた諸項目については環境部署で割合が低い傾向にある。特に効率的なサービス供給については、他部署よりも10ポイント以上低い。環境団体の活動は新たな価値を政策過程に注入する役割という側面が強いため、効率性の評価が低いのかもしれない。

このほか、腐敗や汚職の危険が少ないことについては全体の12.9％と肯定

的な割合が低い。これはNPO・市民団体に腐敗・汚職の危険性があるというのではなく，行政自体が適切に運営されているという自負の表れだと考えられる。

公平なサービスの提供については全体の6.3%と非常に低い割合である。また，NPO・市民団体が特定の対象に偏っており，サービスを均一に供給することは難しいという項目には全体の43.5%が肯定的である。しばしばボランティアの失敗として指摘される個別主義という問題点が認識されており（Salamon 1981），全体のバランスを配慮して公平かつ均一にサービスを供給できる点では行政の方が優れていると認識されている。先駆性や柔軟性に対する評価を勘案すると，NPO・市民団体は行政では十分に行き届かない部分に対して補完的にサービスを供給する主体と考えられているようである[15]。

それでは，NPO・市民団体について，どのような問題点が認識されているのだろうか。継続的な活動を行う基盤が弱いという意見には全体の43.6%が肯定的である。地域レベルで活動するNPO・市民団体の中には財政的基盤が不十分であったり，活動を担う人材が不足している場合もみられる。市区町村職員にもこうした問題点が一定程度認識されているようである。これに対して，専門的知識やノウハウの欠如については全体の19.6%とあまり高い割合ではない。NPO・市民団体はむしろこうした知識・技能という資源を動員できるという点を評価されている。

最後に，市区町村の人口規模との関連をγ係数でみると，ほとんどの項目で明確な関連をみてとることができない。もっとも，先駆的な活動については，都市規模が大きくなるほど評価が高くなっている。

NPO・市民団体の参加状況についても職員評価と明確な関連はみられない。それでも，審議会・懇談会への参加および業務委託ともに，NPO・市民団体の役割に対する評価とプラスに関連している。否定的な項目については，ほとんど関連がみられない。実際の参加と肯定的評価とは好循環関係にあることがうかがえる。

---

(15) 小田切・新川（2007）によると，行政とNPOとの協働として，相互補完や役割分担を挙げる回答が多い。また，課長級以上の職員のほうが協働に対する意識が高い。本章の分析は課長相当職を対象とした質問への回答に基づいているため，職員全体の意識からみるとNPO・市民団体に好意的な結果となっているかもしれない。

4.3. 各種団体に対する評価

　各種の団体についての評価をみていこう。市区町村は様々な団体や組織と関わり合っている。とりわけ各部署と関連の深い分野の活動を行う団体は，政策の形成および執行への参加や，情報交換などいろいろな局面で市区町村に関与する。

　表9－7は各種団体に対する評価を部署別にみたものである。これまでと同じく，5段階の質問のうち，「そう思う」と「ある程度そう思う」の割合の和を示している。なお，右端には人口規模および団体の参加状況と各項目との順位相関係数（γ係数）を示している。変数の操作は自治会およびNPO・市民団体の場合と同様である。

　必要な情報の入手が全体の82.3%，市民参加の活発化が70.7%と高い割合を示している。各種の団体の最も主要な機能として，様々な市民が参加することで社会全体に存在するニーズや情報を政策過程に反映させるという点が評価されている。先進的な施策の実施も全体の53.3%と肯定的な割合が高いことから，団体が新しい価値や利益を政策過程に注入していると認識されている。この他，利害調整，行政の主張の正当化，政策・施策への反対の緩和についても全体の30〜40%程度が肯定的であり，政策形成における調整機能についても一定程度評価されている。これらの項目については，産業振興部署でやや割合が高い。

　これらに対して，団体の働きかけによって行政運営の長期的な視野を欠い

表9－7　部署別にみる各種団体に対する評価 (単位：%)

	市民活動	環境	福祉	産業振興	全体	人口規模との関連（γ係数）	審議会との関連（γ係数）	業務委託との関連（γ係数）
必要な情報を得ることができる	83.0	76.7	82.4	87.2	82.3	0.076**	0.197**	0.101**
市民参加を活発にする	74.4	69.2	72.3	66.9	70.7	0.085**	0.154**	0.057
先進的な施策の実施に役立つ	57.1	48.0	51.6	56.4	53.3	0.098**	0.154**	0.090**
利害調整に役立つ	43.3	39.1	38.6	48.2	42.3	0.003	0.119**	0.026
行政の主張に正当性を付与する	37.7	34.8	35.1	40.8	37.1	−0.025	0.073*	−0.002
政策・施策への反対が緩和される	30.8	27.5	29.5	33.0	30.2	0.005	0.060	0.048
行政運営の長期的な視野を欠く	5.3	7.1	4.8	7.4	6.1	−0.094**	−0.125**	−0.085**
行政判断の自律性を失う	3.5	4.5	2.8	5.2	4.0	−0.114	−0.108**	−0.102**
N	1101	1069	1110	1076	4325	4325	3167	3195

註）Nは各項目の欠損値により若干異なる。ここでは必要な情報の項目の値を示した。

たり，判断の自律性を失うという意見については全体の10％にも満たず，否定的である。団体から情報を得たり，団体が政策形成に関与することがあっても，それらに振り回されるということはないようである。

　最後に，人口規模との関連をみるとγ係数は非常に低く，関連をみることができない。団体の参加との関連についても全般にあまり大きな関連はみられない。それでも，審議会・懇談会に参加しているほど団体の諸機能を肯定的に評価している。なお，団体に対する否定的な評価は参加とはマイナスに関連している。ここでも，実際の参加と評価の相互連関を確認できる。

4．4．市民社会組織に対する評価間の相互関係

　これまで自治会，NPO・市民団体，各種の団体のそれぞれに対する意識についてみてきたが，これらは相互にどのような関係にあるのだろうか。市区町村職員がどの団体の役割も肯定的に捉え，多元的な市民社会を評価している場合が考えられる。これに対して，ある特定の団体の役割を評価しているために，他団体の必要性を感じない場合もあるだろう。例えば，旧来から存在する自治会の役割を高く評価しているために，新興のNPO・市民団体の有用性を評価しない職員もいるかもしれない。さらには，それぞれの団体に対する評価は独立していることも考えられる。

　先に挙げたように各団体に対する評価は非常に多くの質問項目からなる。そのうち，それぞれの団体に対する評価項目と他団体に対する評価項目との相関係数を求め[16]，0.2以上のものを挙げたのが表9－8である（自団体に対する意識項目同士の関係は除く）。

　自治会に対する評価項目とは，NPO・市民団体，各種団体とも相関係数が0.2以上の組み合わせはない。NPO・市民団体と各種団体の評価項目間にも，それほど大きな相関はみられない。その中では，NPO・市民団体の先駆性，柔軟性，効率性，多元性と社会団体の情報入手，参加の活発化，先進性との間にやや大きな相関がみられる。ここから，市区町村職員はそれぞれの団体

---

　(16)　それぞれの5段階の評価項目を連続変数として用いている。調査票においては肯定的な回答ほど低い得点（「そう思う」＝1）になっているが，ここでの分析に際しては，肯定的な回答ほど高い得点（「そう思う」＝5）となるように変換している。

表9－8　市民社会組織に対する評価項目間の相関係数

組み合わせ	相関係数	N
NPO・市民団体：先駆性×各種団体：情報	0.211	4108
NPO・市民団体：柔軟性×各種団体：情報	0.209	4111
NPO・市民団体：柔軟性×各種団体：参加	0.211	4115
NPO・市民団体：柔軟性×各種団体：先進的	0.249	4099
NPO・市民団体：効率的×各種団体：先進的	0.217	4097
NPO・市民団体：多元的×各種団体：先進的	0.247	4096

註）表示したのは，相関係数は0.2以上である。

を独立に評価しつつも，一方を評価すると他方も評価する傾向にある。つまり，多様な団体の役割を肯定し，多元的な市民社会の存在を評価する市区町村が存在することを推察できる。

5．まとめと考察

　本章では，市区町村職員がガバナンスに対してどのような意識を持っているのかに焦点を合わせて分析を行った。得られた知見をまとめておこう。まず，地方分権や自律的な行政運営，あるいは効率的な行政運営については，多くの市区町村職員が肯定的である。これについては，部署による意識の相違があまりみられない。地方自治をとりまく現在の社会状況に対して，多くの市区町村で同様の認識が共有されていることがわかる。

　続いて，ガバナンスに関する意識項目について因子分析を行ったところ，上位連携志向，分権志向，参加志向，効率化志向の4つの因子が析出された。これらのガバナンス意識因子のうち，特に分権志向と参加志向について，市民活動担当部署と産業振興部署で積極的である。また，これらの因子では，人口を統制すると財政力指数の効果が明確に表れる。すなわち，同程度の人口規模であれば財政状況が悪いほどガバナンスが求められている。このようにガバナンスに期待が高まる背景にある財政的要因は，市区町村職員の意識にも反映されている。市民社会組織との接触については，自治会およびNPO・市民団体との接触が分権志向や参加志向と関連している。参加の必要性を感じるほど市民社会組織と多く接触し，それによりさらに意識が喚起されるという循環を推察できる。

　もっとも，望ましい参加の方法を尋ねると，市民アンケート，地区別懇談会，公聴会・住民説明会といった従来用いられてきた方法が挙げられている。これらは市民のニーズを把握したり，市民に施策を説明することを主たる目的としたものである。また，各種の団体についても，情報を入手できる点が高く評価されているように，市区町村の側では市民参加によって利益やニー

ズの存在を把握することを念頭においているのかもしれない。

　市民社会組織についての評価については，自治会の評価が非常に高い。住民生活の維持や政策の実施において，ほぼすべての市区町村で不可欠な存在と位置づけられている。自治会については賛否両論あるものの，地方政府職員の立場からみると現状では日本の地域運営にとって欠かせない存在といえる。

　NPO・市民団体についてもおおむね高い評価が得られている。特に，先駆性や柔軟性を評価する意見が多く，新しいニーズに機動的に対応できる点がその長所と受け止められている。各種の団体については，情報の入手とともに，市民参加の活発化と先進的な政策実施という点で評価が高い。以上のことから，市区町村職員からみると，NPO・市民団体や各種の団体などの市民社会組織は，市民のニーズを行政に伝達し，それに基づいて新たな政策の形成に貢献する点が評価されているようである。

　最後に，本章での分析はあくまで職員意識を俯瞰したにすぎないことを断っておきたい。個々の現場において市区町村職員は，それぞれの立場から地方分権や行政運営のあり方について様々な思いを抱いているだろう。このような思いが実際の政策の形成や執行にどのように結びつくのかは，やはり個別具体的な局面の事例研究でサポートするしかないだろう。本章の分析は，このような具体的な事例研究を行う上での見取り図の作成を目指したものである。

第10章　市区町村におけるパフォーマンスの測定

横山麻季子

1. 本章の位置づけ

　本章の目的は，市区町村における公共サービスの水準はどのような現状にあるのか，また公共サービスの水準が高い市区町村はどのような特徴を持っているのか，このリサーチ・クエスチョンの解を見出すことである。本書はここまで，日本の市区町村という基礎自治体におけるローカル・ガバナンスの様態を様々な視点から分析してきた。これらの分析の結果確認されたガバナンスによる効果は，行政のサービス供給をめぐる変化の有無と関連させることで測定が可能になる。本章では，行政パフォーマンスのあり方を，ガバナンスとの関係を分析し得る公共のサービス供給等の状態を表す指標として示し，その分布傾向を考察する。

　一口で市区町村のパフォーマンスと言っても行政活動の守備範囲は広く，どのように捉え，かつ測定するのかは大きな課題である。これまでも行政パフォーマンスは種々検討・考察されてきた。例えばイタリア州政府の活動を政策過程や内部運営，政策の表明，政策の執行という点から評価し，制度パフォーマンス（institutional performance）を測定したパットナムの研究がある（Putnam 1993＝2001）[1]。制度や政策に着目したパフォーマンスの捉え方としては，世界銀行のグループ機関である国際開発協会（IDA）の国別政策

　（1）　制度パフォーマンスに関しては，家計や失業率などの統計データを利用することでその評価を行っている文献も蓄積されている（例えば Knack and Keefer 1995; Newton and Norris 2000; Kaufmann and Mastruzzi 2003 など）。

・制度評価（CPIA; Country Policy and Institutional Assessment）がある。これは経済運営，構造政策，社会的一体性・公平のための政策，公的部門の運営・制度の4分野計20項目を評価するもので，政策・制度の良好度がパフォーマンスとして示されている（目黒 2003）。また行政サービスをめぐる利害関係者の期待値や費用（便益）とリンクさせ，業績をパフォーマンスとし，生産の効率性，配分の効率性，政策の有効性を考察している文献も数多い（Halachmi and Bouckaert 1996; Mayne and Zapico-Goni 1997; Hatry 1999; Morley, Bryant and Hatry 2001; Government Accountability Office 2005; McDavid and Hawthorn 2005 他）。他に公務・公務員の管理という文脈で，組織や個人の性能・能力や業績をパフォーマンスとする研究もある（小池 2007）。

このように行政のパフォーマンスは，分析者の視座により，多様な概念が存在するが，ここではパフォーマンスを政策アウトプットと位置づける。公的なサービスの供給のみならず，公共財としての制度の構築・有無までを含め，公共サービスの水準を測りたい。市区町村による行政活動のなかでも，先進的・革新的な取り組みの整備・実施状況を把握し，これをもとに作成した指標を市区町村の行政パフォーマンスを測る代替尺度と考える。

具体的には，2007年に行った市区町村調査により得られた地方政府の行政運営に関する先進的な制度や手続きの有無をもとに制度的革新度を，教育や福祉政策，産業振興といった政策実施レベルでの活動からサービス充実度を作成する。さらに行政の先駆的な取り組みの程度を示すものとして，この2つを合わせ，行政革新度を設ける。制度の整備状況に関心を寄せるのは，参加なり情報公開なりの制度が整えられているという状態が，市民・住民，自治会・町内会，NPO，各種市民社会組織など多岐にわたるアクターを行政サービス供給の行為主体にする契機となると考えることができるからである[2]。その1つの例として考えられるのが事業や管理運営業務の外部委託である。外部委託は効率性の向上への貢献が期待されているが，他方，民間と行政の連携，パートナーシップの構築につながり得る。本章では，外部委託状況に

---

(2) 行政学・地方自治研究において，制度がアクターの行動を制約もしくは促進する（伊藤 2002b）など，制度がアクターに与える影響を論じる文献は多い。また第5章では，参加制度がステイクホルダーとしての市民社会組織の参加を促す制度として機能していることを明らかにしている。

関するデータから業務委託度指標を作成する。また制度整備状況のなかでも特に行政情報の公開に関する制度の導入状況に注目し，ここから行政活動の透明度を表す指標を作る。

以下，本章では市区町村のパフォーマンスの測定を行った既存の調査・研究を概観した上で，本章で，どのようにパフォーマンス指標を作成したのか，構成要素と照らし合わせながら記述し，また指標がどのような分布傾向を有するのか，地方政府の地域特性から考察した結果を示す。

2. 市区町村のパフォーマンスの測定に関する調査・先行研究の考察

本節では，本章の目的であるガバナンスによる効果を検証できるパフォーマンス指標の作成に関連する既存の調査や研究を考察する。先に挙げたパットナム（Putnam 1993=2001）の研究は，地方政府を対象とするパフォーマンス測定を行ったという点で極めて興味深いものだが，ここでは日本の地方政府を対象としたものを扱っていく。

日本の地方自治研究において，地方政府の比較を可能にする指標作りは1960年代から検討されてきた。国民生活の状況の全体的な把握を目指した社会指標がそれであり，その後，新社会指標，新国民生活指標（通称，豊かさ指標）と変化を遂げ，地域社会の実態と特徴を示してきた（国民生活審議会編 1979；経済企画庁国民生活局 1999）。しかしその名の通り住民の生活全般にかかる指標であり，また生活評価軸として安心・安全，快適など個人の満足感をも含めているため，行政による影響はどこまでなのかという線引きをすることはできず，市区町村のパフォーマンス指標として用いることは難しい。なおこの指標は毎年，経済企画庁（当時）によって都道府県別にランキング形式で公表されていたが，1999年以降は発表されていない。

もっと行政のパフォーマンスを包括的かつ多角的に捉えた指標として，日本経済新聞社と日経産業消費研究所（当時，現在は産業地域研究所）が1998年から隔年で実施している「全国市区の行政比較調査」の結果をもとに作られた「行政革新度」「行政サービス度」がある。「行政革新度」は透明度，効率化・活性化度，市民参加度，利便度の4要素計78項目からなる指標で，加点方式で数値化した得点を偏差値にして表したものだ。「行政サービス度」は子育て環境，高齢者福祉，教育，公共料金等，住宅・インフラという5分野計30項目の調査結果を得点で示している指標である（日本経済新聞社・日経

産業消費研究所 2006)[3]。行政サービスの水準は容易に測れるものではなく，また市区ごとにどれだけのサービスを住民に提供しているかを計測するのはさらに困難であることを考慮すれば，サービス度・革新度とも，質と量の両方を含む総合的なパフォーマンス指標として有用である。実際，政治学，行政学，経済学ほか，いろいろな分野の研究においてこの指標は利用されている（例えば赤井・佐藤・山下 2003；林 2002；坂本 2005；金 2005；横山 2006 など）。市区レベルで得られる個別のデータとしても貴重であり，指標のランキングも注目されるところである。しかし，保険料や特別養護老人ホームの定員数など，市区が独自に改善を行うには難しい項目が含まれていること，調査結果を数値化し指標を算出する過程で不明な点があること[4]，等の問題点もある。また指標のなかには，ガバナンスの様態を示すと考えられるものが含まれていることから，今回の指標の作成には直接的には用いず，指標作成のための調査項目の検討において参照するにとどめた[5]。

サービス度や革新度のような包括的な調査として，他に関西社会経済研究所が行った「自治体経営改革の自己診断 2006：自己評価に基づく組織運営（ガバナンス）評価」がある。この調査は2006年度に人口10万人以上の市区を対象として実施され，財政運営・予算編成，情報公開・住民参加，行政評価など10項目200問にわたる。質問文や選択肢についての説明も詳細な調査だが，ランキングと集計結果のみしか一般には公開されておらず，また対象の市区も限られていることから，パフォーマンスの測定にあたって，調査内容を部分的に参考にするが，本章での指標の作成や分析には利用しない。

上述のように，行政のパフォーマンスを測ることによって生成された指標はあるものの，ガバナンスとの関係性を問いうる変数として用いるには，いずれも少なからず問題がある。よって本章では，市民活動部署を対象とした調査により得られるデータをもって，計7種の行政パフォーマンス指標を作

---

(3) この「全国市区の行政比較調査」は年度により，指標の名称や調査項目数が異なる。ここでは2006年の調査概要のみを参考に記述している。

(4) 例えば「行政サービス度」算定において，料金や施設定員数などは数値が大きい順に偏差値を出し，さらに10段階に分けて得点化したとあるが，公開されているデータからはその過程を知ることはできない。

(5) 第4節ではパフォーマンス指標との相関分析を行い，本章で作成した指標の頑健さを考察する。

成する。7指標とそれを生成する調査項目等については次節で説明する。
　なお本書で扱う調査の特筆すべき点は，市区町村をその対象としていることである。既存の指標も，都道府県や市区のみを推計の対象とするものであり，この意味でも地方政府のパフォーマンスの測定というには限界があった。パフォーマンス指標の策定に関わらず，行政・自治体に関する調査では町村が除かれるケースが散見され，市区レベル以上に町村レベルでのデータを得るのが困難である場合が多い。実証的な研究を行うという面でも，対象を市区町村すべてとした本書で扱う調査の結果は意義深いものといえるだろう。

3. パフォーマンス指標の作成

3.1. 制度的革新度

　行政運営に関し，先進的・革新的な制度設計がなされているかを調査によって確認し，導入の有無によって制度的革新度指標を作成する。調査では，「市民参加」「情報公開」「行政評価」「事業委託」，そして財政や行政組織の管理運営に関連する制度を含む「その他」の項目群に分け，計42項目にわたる制度整備状況の把握を行った。回答は制度の有無を知ることに特化したため，試行あるいは検討中といった選択肢はない。また合わせて制度の導入年度を問うた。
　「市民参加」項目群では，住民投票条例，モニター制度，審議会・懇談会の公募制度，市民会議・ワークショップのような直接的な行政への参加を担保する枠組みのほか，パブリック・コメント，オンブズマン制度，市民意識調査，市民からの意見と回答の公開といった市民の声を行政府に伝える経路を保障する制度を挙げている。また参加を促進する枠組みと考えられる情報公開条例（公文書公開条例を含む）や自治基本条例もこの項目群に含める[6]。
　およそ行政サービスに関わるすべてのことが政治的な意思決定に基づいていることを考えれば，その過程を明らかにすることは極めて重要である。「情報公開」項目群において，政治的な決定のプロセスを担う議会（本会議），付属機関である委員会や全員協議会，審議会・懇談会と様々な形態，参加者

---

(6) 各制度の概要や導入状況等については，第5章において詳細に分析・説明されているので，そちらを参照されたい。

を含む会議の議事録の公開がなされているかをここで確認する。加えてしばしば非公開が原則とされる委員会や審議会・懇談会の傍聴制度の有無も項目に入れた。また予算の作成は行政組織における大きな仕事の1つだが、結果だけではなく予算編成の枠組みや予算要求内容といった過程までも公開しているか，さらに支出基準の曖昧さや機密費のような扱いが議論を呼んできた首長の交際費の公開についても問う。

「行政評価」は財政状況の悪化などを背景に登場した，行政改革のツールの1つとして位置づけられる制度である。導入の目的はアカウンタビリティの向上，職員の意識改革，資源配分の改善，政策・事業や行政組織の改善など様々かつ複合的であるが，日本では1995年の三重県での実施に始まり，10年以上を経た現在，多くの地方政府が評価に取り組んでいる[7]。行政活動は一般に，目的と手段の関係によって政策－施策－事務事業というピラミッド型の3層に体系化されている。職員にとって最も身近で具体的な業務は事務事業である。最上位に位置する政策は，その政府が目指すあるべき姿を理念的に表現している場合が多く，評価するための基準や指標を設定することはなかなか難しい。評価基準を設けることの難しさは，福祉や教育など，政策分野の特性によるところもある。よって一律に評価制度があるか否かを聞くのではなく，政策レベル別，特に事務事業についてはすべてか一部かまで，詳細に導入状況を確認することにする。それぞれの評価結果の公開についても項目に挙げる。

行政業務の委託は，行政活動に競争という概念を投入することでサービス供給の効率性を上げることが目指されているが，他方，民間企業やNPOなどの様々な外部主体と市区町村との連携という側面もある[8]。「事業委託」項目群では，指定管理者制度やPFI事業，窓口業務，電話受付業務等のコールセンター委託などが行われているかを問う。指定管理者制度は，駐車・駐輪施設や体育館，図書館など公の施設の管理運営を民間企業や法人，NPO，市民

---

(7) 総務省実施の行政評価取り組み状況に関する調査によれば，2008年10月1日の時点で17の政令指定都市，782の市区町村で評価が導入されている（総務省自治行政局 2009）。その数は調査が始まった2002年から増え続けている一方，結果の活用方法や評価を行うことによる職員の負担感の増大等に悩み，一時評価活動を休止している自治体もある。

(8) 市区町村における外部委託の状況については，第4章で論じている。

団体等に任せるというものである。2003年の地方自治法改正により実施されるようになった。PFI（Private Finance Initiative）は，公共施設等の建設，維持管理，運営等について民間の資金や経営能力，技術的能力等を活用し，効率的で効果的なサービスの提供を目指す新しい手法である。委託の際には選定があるが，その結果を示すものとして，採択もしくは棄却・廃止の理由書を公開しているかも併せて聞く。理由の明示は，競争が実質的に行われているかどうかを探る手助けとなる。また業務の委託は，公的な部門間でも行われる。地方政府間のパートナーシップの表れである一部事務組合など，広域行政制度の有無についても本項目群において確認する。

民間の経営管理手法の導入は，業務の外部委託のほかにもある。バランスシート（貸借対照表）や行政コスト計算書の作成もその一つだ。バランスシートは，通常の会計収支記録からは把握できない資産や負債の状況を明らかにする。また行政コスト計算書は人的サービスや給付サービスなど，資産形成につながらない行政のサービス供給にかかる活動実績をコスト面から把握しようとする。行政組織内での先駆的な取り組みとしては，新規の業務や事務事業の改善策などを集める職員提案制度や，自身の望む部署やポスト，プロジェクトへ応募できる庁内公募制度がある。また第三者による行政活動の監視である外部監査制度，役所内の窓口業務の総合化を図ったワンストップサービス，さらに苦情処理制度，まちづくり条例の有無もここで尋ねる。

以上42項目の制度について，行っていれば1として単純加算した値を制度的革新度とする。またこの問いでは制度の導入年度についても回答を求めたが，その結果から調査実施時点の2007年度を基点に経過年数を算出し，さらにそれぞれの経過年数を当該項目の経過年数最大値で割ることにより，経過年数の比率を出した。42項目の制度の有無にこの比率を加算することで，導入期間を含む制度的革新度の指標の作成も行った。

3．2．サービス充実度

地方自治や行政運営について検討するときには課題・論点が挙げられる「治安・防犯」，「防災」，「教育」，「児童福祉」，「高齢者福祉」，「環境保全」，「産業振興」という7分野で，どのようなサービスの提供が行われているかを問う。ここでは該当する項目が多ければ多いほど，政策の実施における充実度が高いものとして，指標を作成する。なおこの質問項目は，前述の「全国市

区の行政比較調査」や「自治体経営改革の自己診断2006：自己評価に基づく組織運営（ガバナンス）評価」の調査項目を参考にして設定している。

　7つの分野すべてに共通する質問項目は，担当職員の増員についてである。5年前との比較としたのは，所管課もしくは回答者の記憶として正確な回答が得られる範囲の年数の遡りであり，昨今の行政サービス提供や政策をめぐる変化を捉えられるスパンであろうと判断したからである。また本調査項目だけではカバーできない，特色あるサービスを提供している市区町村も多いと考え，その他という選択肢を設けている。

　「治安・防犯」と「防災」の分野では，具体的な器具の整備・設置状況のほか，住民による活動への支援の有無を聞いた。近年，国からの規制が緩和され，遅ればせながら「教育」の分野でも独自の政策を実施することができるようになった。その代表例である少人数学級・少人数教育についての質問項目を設けている。「児童福祉」に関しては，子育て環境を整えるサービスとして，乳幼児のいる家庭や一人親家庭への補助金制度，出産・育児に関する支援策を項目に挙げた。「高齢者福祉」の分野では，高齢者への支援策や補助金制度について尋ねる。「環境保全」分野では，ISO14001認証取得など，環境をマネジメントするという側面と，住民参加という側面，すなわち環境や公害対策に関する審議会・協議会の設置について問うている。また環境への負荷低減という点から，ごみ収集の有料化の有無を聞いた。「産業振興」分野については，今ある商店や産業の保護・育成および青年会・商工会議所等との協働事業や支援についてと，これから起業する人への支援とを分けて項目を設けた。

　以上7分野計36項目のサービスについて，実施していれば1とし，単純加算することでサービス充実度指標を作成する。この指標は，調査時点での地方政府の行政サービスの水準を示すものである。また，先進的な制度，サービスの導入を示す制度的革新度とサービス充実度を合算し，行政の革新度を表すパフォーマンス指標の1つとする。この行政革新度指標も，経過年数の比率を含むものと含まないものの2種を設ける。

3.3. 業務委託度

　第4章で論じたように，公共のサービス供給の民間への委託は，効率性の向上を期待されるにとどまらず，地方政府と様々なアクターとの連携を表す

1つの形態として捉えることができる。が，ここではステイクホルダーとしての地方政府が，NPOや自治会，企業など多様な外部主体をエージェントとして捉え業務を委託しているものとし，委託の進展度合いを測るという意味で，業務委託度指標を作成した。

外部委託の事業内容（項目）や委託主体については，総務省が2003年に実施した「地方公共団体における事務の外部委託の実施状況調査」結果を参考に，一般事務として，一般ごみ収集，し尿収集，ホームヘルパー派遣，在宅配食サービス，学校給食，道路維持補修・清掃等，水道メーター検針，また施設の運営事務としてごみ処理施設，下水処理施設，図書館，公園，保育所，養護老人ホーム，児童館，体育館，プール，陸上競技場，公民館，コミュニティセンターの計19の事務，さらに委託先として，企業，外郭団体・第3セクター，NPO・市民団体，自治会・町内会，広域行政一般事務組合，財団法人，福祉法人，その他の8主体を挙げ，回答者には委託業務と委託先の主体としてあてはまるものすべてにチェックを入れてもらった。このチェックの数を単純加算した結果を業務委託度指標とする。

3. 4. 透明度

行政が持つ様々な情報にだれもが容易にアクセスできる環境を整えることは，多様なアクターが行政運営に関わっていくための基本的な条件である。3. 1. で説明した42項目から情報公開に関する項目を抜き出し，行政の透明性を測る指標を作成する。

具体的には，「情報公開」項目群（9項目）および情報公開条例，オンブズマン制度，行政評価結果の公開（一部の事務事業，全部の事務事業，施策，政策），事業採択の理由書の公開，事業廃止の理由書の公開，外部監査制度の計18項目である。これも単純に加算し，透明度指標とする。

表10−1は，ここで作成した7つのパフォーマンス指標の構成要素を示す。上記記述とともに参照されたい。なお，指標は基本的に先進的な取り組み状況の有無を中心に作られているので，指標の値の大きさが，公共サービス水準の高さを表していることになる。

4. 指標の傾向

本節では，作成したパフォーマンスを表す指標がそれぞれどのような分布

表10-1 指標の構成要素

指標名	内容
制度的革新度	市民参加，情報公開，行政評価，事業委託に関する各制度の有無，および苦情処理制度やバランスシートの作成，職員提案制度など42項目
制度的革新度（経過年数含む）	上記項目および経過年数（比率）
サービス充実度	治安・防犯，防災，教育，児童福祉，高齢者福祉，環境保全，産業振興の7分野の政策に関連するサービス内容について36項目
行政革新度	制度的革新度＋サービス充実度
行政革新度（経過年数含む）	上記項目および経過年数（比率）
業務委託度	一般ごみ収集，し尿収集，ホームヘルパー派遣，在宅配食サービス，学校給食，道路維持補修・清掃等，水道メーター検針，ごみ処理施設，下水処理施設，図書館，公園，保育所，養護老人ホーム，児童館，体育館，プール，陸上競技場，公民館，コミュニティセンターの施設の運営に関する外部委託について19項目，企業，外郭団体・第3セクター，NPO・市民団体，自治会・町内会，広域行政一般事務組合，財団法人，福祉法人，その他など委託主体8項目
透明度	情報公開条例，オンブズマン制度，首長交際費の公開，議会（本会議）議事録のウェブ公開，議会（委員会）傍聴制度，議会（委員会）議事録の公開，議会（全員協議会）議事録の公開，審議会・懇談会傍聴制度，審議会・懇談会議事録の公開，予算編成の枠組みの公開，予算要求内容の公開，行政評価結果の公開（一部の事務事業），行政評価結果の公開（全部の事務事業），行政評価結果の公開（施策），行政評価結果の公開（政策），事業採択の理由書の公開，事業廃止の理由書の公開，外部監査制度，計18項目

傾向を持つのか，まず指標間および既存の指標との関連性の有無を考察する。既存の指標として，ここでは第3節に挙げた「行政革新度」と「行政サービス度」を利用する。次いで指標と人口規模や財政力など，市区町村の地域特性との関係を分析することで，パフォーマンスが高い地方政府はどのような特徴を有するのかを明らかにする。

表10-2 指標間の相関係数

	制度的革新度	サービス充実度	行政革新度	業務委託度
サービス充実度	0.575			
	1146			
行政革新度	0.909	0.864		
	1146	1146		
業務委託度	0.440	0.417	0.483	
	1130	1132	1124	
透明度	0.905	0.485	0.805	0.390
	1156	1146	1146	1130

（註）係数はすべて1％水準で有意，下段の数字はサンプル数。

表10-2は，本章で作成した5指標の相関係数を示している。行政革新度は制度的革新度とサービス充実度を合わせたものであり，また透明度は制度的革新度の構成要素と重なるため，これらの指標間の相関関係は強い。指標の構成要素の重複がない制度的革

新度とサービス充実度の相関係数は0.575と高めであり，制度の整備と充実したサービス提供との関連性が窺える。対して業務委託度は他の指標との相関関係はいずれもやや弱く，制度や施策・業務の実施の影響を受けにくいパフォーマンスであるといえる[9]。

続いて，パフォーマンス指標と広く市区の研究・分析に利用されている「行政革新度」「行政サービス度」との相関分析を行った。先にも述べたように「行政革新度」と「行政サービス度」の内容は本章で作成した指標と異なる部分もあるが，公共サービスの水準や制度の導入・実施状況等を網羅的に捉えたものである。よってこの2つの指標との間に相関関係があることが確認できれば，本章で作成した指標は一定程度の頑健性を有する，信頼に足るものと判断することができる。表10-3の上部は指標間，下部は指標の順位による相関係数を示している[10]。指標間・順位のどちらも「行政革新度」と各パフォーマンス指標との相関は強い傾向にあり，それに比べれば「行政サービス度」との相関関係は弱めではあるものの，全体として正の関係があることがわかった。またサービス充実度と業務委託度は総じて相関関係は弱く，「行政サービス度」指標との関係においては統計的に有意ではない結果となっ

表10-3 既存データとの相関（市区のみ）

	制度的革新度	制度的革新度（年数含む）	サービス充実度	行政革新度	行政革新度（年数含む）	業務委託度	透明度
（指標の相関）							
行政革新度	0.651**	0.682**	0.430**	0.634**	0.668**	0.353**	0.572**
	523	523	524	520	520	514	523
行政サービス度	0.155**	0.170**	0.061	0.128**	0.145**	0.024	0.118**
	523	523	524	520	520	514	523
（順位相関）							
行政革新度	0.641**	0.659**	0.432**	0.618**	0.641**	0.336**	0.556**
	523	523	524	520	520	514	523
行政サービス度	0.426**	0.443**	0.348**	0.448**	0.462**	0.194**	0.338**
	523	523	524	520	520	514	523

（註） **p.<0.01 下段の数字はサンプル数。

(9) 年数を含む制度的革新度および行政革新度指標を入れた相関分析も行ったが，相関係数の数値などで表10-2の結果との大きな差異はなかった。
(10) 「行政革新度」「行政サービス度」の順位はデータ集で公開されているもの（日本経済新聞社・日経産業消費研究所 2006）を，本章で作成したパフォーマンス指標については市区のみを順位付けした。

ており，パフォーマンスの内容による違いがここに表れている。

次に，どのような特徴を持つ市区町村が高い行政パフォーマンスを示すのかを検討したい。表10−4は，人口規模別の7指標の記述統計量である。結果を見ると，最大値と平均値に関しては，総じて1万未満のカテゴリーが低く，人口規模が大きくなるにつれ高くなる傾向がほぼすべての指標に共通している。またサービス充実度のみ，人口5万以上20万未満の方が20万以上の市区の標準偏差よりもわずかながら大きな値となっているが，他の指標では20万以上のカテゴリーの標準偏差がもっとも大きく，この規模の地方政府におけるパフォーマンスの差は大きいようだ。また人口規模と各指標の分散分析の結果，F値はすべての指標において有意で，人口規模の相違によるパフォーマンスの違いが統計的に示された。

続いて，人口規模に加え，市区町村の外生的要因として，人口集中地区人口比，高齢化率，第1次産業就業者数比を，財政については財政力指数を，行政組織の大きさを表すものとして住民1人あたりの行政職員数をとり，相関分析を行った[11]。表10−5はその結果を示したものである。すべての指標で，人口規模，人口集中地区人口比，財政力指数が正の相関を，高齢化率，第1次産業就業者数比，住民1人あたりの行政職員数が負の相関を示している。ここから，人口規模が大きく，都市化が進み，財政基盤が強く，高齢化率および第1次産業に従事する就業者数比が低く，人口に比して行政職員数が少ない市区町村，端的にいってしまえば，財政力のある都市型の市区町村ではパフォーマンス指標が高いということになる。しかし相関関係の強弱という点では，業務委託度はどの変数との間の係数も小さく，地域特性との強い関連性を見出すことができない。サービス充実度と透明度も同じ傾向を示しており，指標によって地域特性との関連には違いがあることがわかる。

この相関分析の結果を参考に，人口規模や財政などがパフォーマンスの水準を規定するものと想定し，指標を従属変数に，地域特性を独立変数に投入したモデルを最小二乗法によって分析した[12]。推定の結果は表10−6の通りである。

---

(11) 分析に際し，財政力指数の外れ値（1.80以上の5町村）を除いた。

(12) 高齢化率は他の変数との間の相関が高かったため，除外した。投入した独立変数間に多重共線性の問題はない。

表10-4 人口規模別の指標の記述統計量

		N	平均値	標準偏差	最小値	最大値
制度的革新度	全体	1156	10.87	6.70	1.00	33.00
	1万未満	277	5.68	3.59	1.00	29.00
	1万以上3万未満	322	8.47	4.48	1.00	26.00
	3万以上5万未満	180	11.52	5.25	1.00	25.00
	5万以上20万未満	295	14.96	5.81	1.00	32.00
	20万以上	82	21.71	6.20	1.00	33.00
	F値	246.64***				
制度的革新度	全体	1156	13.53	8.66	1.11	48.93
(経過年数含む)	1万未満	277	7.09	4.19	1.12	31.45
	1万以上3万未満	322	10.41	5.51	1.12	35.98
	3万以上5万未満	180	14.03	6.48	1.11	30.16
	5万以上20万未満	295	18.42	7.62	1.36	45.78
	20万以上	82	28.87	8.85	1.40	48.93
	F値	259.16***				
サービス充実度	全体	1157	11.84	5.54	1.00	29.00
	1万未満	280	8.56	3.91	1.00	23.00
	1万以上3万未満	322	10.85	4.37	1.00	22.00
	3万以上5万未満	178	11.53	5.08	1.00	23.00
	5万以上20万未満	294	14.47	5.67	1.00	29.00
	20万以上	83	18.04	5.53	2.00	27.00
	F値	91.61***				
行政革新度	全体	1146	22.82	10.87	3.00	55.00
	1万未満	274	14.30	6.14	3.00	46.00
	1万以上3万未満	321	19.35	7.07	3.00	43.00
	3万以上5万未満	177	23.17	8.62	5.00	46.00
	5万以上20万未満	292	29.63	9.51	5.00	55.00
	20万以上	82	39.88	10.14	3.00	55.00
	F値	235.74***				
行政革新度	全体	1146	25.49	12.69	3.20	69.63
(経過年数含む)	1万未満	274	15.72	6.67	3.20	48.45
	1万以上3万未満	321	21.29	7.88	3.23	50.80
	3万以上5万未満	177	25.71	9.68	5.24	50.54
	5万以上20万未満	292	33.11	11.12	5.36	67.78
	20万以上	82	47.04	12.67	3.40	69.63
	F値	254.25***				
業務委託度	全体	1143	9.79	4.72	0.00	32.00
	1万未満	280	7.94	3.36	1.00	22.00
	1万以上3万未満	318	8.63	3.50	0.00	20.00
	3万以上5万未満	177	9.58	4.05	1.00	23.00
	5万以上20万未満	288	11.45	5.13	0.00	29.00
	20万以上	80	15.38	6.43	1.00	32.00
	F値	64.22***				
透明度	全体	1156	4.66	2.97	0.00	15.00
	1万未満	277	2.81	1.87	0.00	13.00
	1万以上3万未満	322	3.65	2.26	0.00	14.00
	3万以上5万未満	180	4.84	2.57	0.00	14.00
	5万以上20万未満	295	6.14	2.67	0.00	14.00
	20万以上	82	9.10	3.12	0.00	15.00
	F値	152.97***				

(註) ***p.<0.01　F値は分散分析による。

表10－5　指標と地域特性との相関係数

	人口規模	人口集中地区人口比	高齢化率	第1次産業就業者数比	財政力指数	住民1人あたりの職員数
制度的革新度	0.667	0.556	−0.416	−0.444	0.452	−0.408
	1156	1156	1156	1156	1130	1156
サービス充実度	0.480	0.357	−0.333	−0.345	0.366	−0.328
	1157	1157	1157	1157	1130	1157
行政革新度	0.661	0.529	−0.428	−0.455	0.469	−0.419
	1146	1146	1146	1146	1120	1146
業務委託度	0.401	0.287	−0.214	−0.240	0.213	−0.231
	1143	1143	1143	1143	1118	1143
透明度	0.570	0.496	−0.346	−0.363	0.370	−0.328
	1156	1156	1156	1156	1130	1156

(註)　係数はすべて1％水準で有意　下段の数字はサンプル数。

　すべての指標に共通して，第1次産業就業者数比と住民1人あたりの職員数は統計的に有意ではなく，パフォーマンスとの関係は明確には示されなかった。逆に人口規模はどの指標でも正の符号で有意となり，市区町村の人口が多いほど，パフォーマンス水準が高くなる傾向があることを示している。この人口規模が大きいことに加え，制度的革新度と行政革新度は人口集中地区人口比，財政力指数の3変数，サービス充実度では財政力指数，業務委託度と透明度は人口集中地区人口比がそれぞれ正で有意となった。およそ人口規模以外については，指標の内容によって影響を受ける特性に違いがあり，

表10－6　指標と地域特性との重回帰分析

	制度的革新度	サービス充実度	行政革新度	業務委託度	透明度
人口規模	2.623***	1.574***	4.232***	1.371***	1.010***
	(0.163)	(0.165)	(0.271)	(0.149)	(0.081)
人口集中地区人口比	0.040***	0.006	0.046***	0.010*	0.019***
	(0.006)	(0.006)	(0.010)	(0.006)	(0.003)
第1次産業就業者数比	0.540	−1.537	−1.240	−0.793	1.092
	(2.010)	(1.976)	(3.353)	(1.764)	(0.993)
財政力指数	1.316*	2.236***	3.502***	−0.655	0.361
	(0.721)	(0.713)	(1.201)	(0.640)	(0.356)
住民1人あたりの職員数	9.986	−21.500	−5.795	13.128	17.450
	(38.681)	(38.953)	(64.450)	(33.978)	(19.112)
定数	2.054**	6.753***	8.800***	6.256***	1.005**
	(0.809)	(0.806)	(1.343)	(0.720)	(0.400)
調整済み R^2	0.460	0.239	0.449	0.154	0.336
N	1130	1130	1120	1118	1130

*** $p<0.01$　** $p<0.05$　* $p<0.10$　（　）は標準誤差

特に財政力指数に関しては，有意性，係数の符号，係数の大きさについて，指標による違いがあり，一貫した傾向はみえない。

また調整済み決定係数をみると，サービス充実度と業務委託度の数値の小ささが目を引く。サービス充実度は人口規模と財政力の強さ，業務委託度も同じく人口規模，それに人口集中地区人口比の高さによって指標が高くなることはわかったが，このモデルでのそれぞれの説明力は23.9%，15.4%にとどまる。パフォーマンスを決定づける変数として本節で挙げた地域特性の影響はさほど強いとはいえない結果である。

5. まとめと考察

本章では，市区町村における公共サービスの水準の現状と，サービス水準が高い市区町村の特徴をつかむために，行政パフォーマンスを政策アウトプットとして捉え，サービス供給等の状態を示す指標を作成し，その分布の傾向を考察した。パフォーマンスを指標化するにあたっては，サービス水準を代替するものとして先進的な事業や施策の取り組み状況を把握し，また公共財としての革新的な制度の導入状況も指標に反映させた。具体的にはその構成要素に応じ，制度的革新度，サービス充実度，行政革新度，業務委託度，透明度という5つの指標を作成した。

パフォーマンス指標がいかなる分布傾向を持つのか，まず作成した指標同士の関係を見たところ，制度的革新度とサービス充実度の相関は正に有意で，制度の整備・導入状況と施策・事業を含むサービスの充実との間には何らかの関連があることがわかった。対して業務委託度はどの指標とも相関関係は弱く，制度の有無やや公共サービスの実施による影響を受けにくいパフォーマンスであることが推測できる。

また作成した指標と既存データである「行政革新度」「行政サービス度」との相関分析では，「行政サービス度」との相関については総じて係数は小さく，有意ではない指標もあったものの，「行政革新度」は指標間および順位相関のいずれにおいても強い正の相関関係が認められ，制度的革新度をはじめとするパフォーマンス指標の信頼性は一定程度担保できた。しかしサービス充実度と業務委託度は「行政革新度」との間でも強い相関関係はなく，指標の内容による関係性の違いがみられた。

続いてどのような特性を持つ地方政府が高いパフォーマンスを示すのか，

まず人口規模による違いを明らかにした。人口1万未満，1万以上3万未満，3万から5万未満，5万から20万未満，20万以上と分けたとき，多くの住民を有する地方政府の指標は総じて高い傾向にあり，統計的にも人口区分ごと，パフォーマンス指標に違いがあることが示された。

人口規模に加え，市区町村が有する特性として，人口集中地区人口比，高齢化率，第1次産業就業者数比，財政力指数，住民1人あたりの行政職員数とパフォーマンス指標との相関分析を行ったところ，人口規模が大きく，都市化が進み，財政基盤が強く，高齢化率および第1次産業に従事する就業者数比が低く，人口に比して行政職員数が少ない市区町村，一口で言えば財政力のある都市型の地方政府ではパフォーマンスが高いという結果になった。また業務委託度とサービス充実度はどの地域特性との間でも強い関連性はなく，指標によって地域特性との関連には違いがあることがわかった。

さらにパフォーマンス指標を従属変数に，地域特性を独立変数にした最小二乗法による回帰分析を行い，パフォーマンスに影響を与える要因を探った。結果，人口規模はどの指標でも正の符号で有意となり，市区町村の人口が多いほど，パフォーマンス水準が高くなる傾向があることがこの分析からも確認できた。制度的革新度と行政革新度は人口集中地区人口比，財政力指数，サービス充実度では財政力指数，業務委託度と透明度は人口集中地区人口比がそれぞれ正で有意となり，およそ人口規模以外については，パフォーマンス指標の内容によって影響を受ける特性が異なることが示された。またサービス充実度と業務委託度の調整済み決定係数はそれぞれ0.239，0.154と小さく，パフォーマンスを決定づける変数として本節で挙げた地域特性の影響はさほど強いとはいえない数値である。

結果として，人口規模とパフォーマンスとの関係と，指標の内容によって地域特性との関連性には違いがあるということが相関や回帰分析から確認されたが，それではサービス充実度と業務委託度はいかなる変数との関係が深く，どのような要因によって規定されるのだろうか。本書では多様なローカル・ガバナンスの実際を把握し分析するが，何らかのガバナンスのあり方が，パフォーマンス指標に代替された公共サービス水準の向上に寄与しているということを示唆しているのかもしれない。

第11章 ローカル・ガバナンスの現況と公共サービスへの効果

伊藤修一郎

　本章では，ここまでで明らかになった知見を，第1章で提示したリサーチ・クエスチョンに沿って整理し直す。また，積み残した分析として，ガバナンスが公共財・公共サービスの供給にどのような効果をもたらすのか，「ガバナンスのパフォーマンス」ともいうべきものについて実証的な検討を試みる。

　ここで第1章の議論を振り返っておくと，ガバナンス概念の理論的検討によって，(1)国家－社会関係の再編成，(2)主体間の相互行為，(3)集合的利益の実現という三つの論点を導いた。これらをそれぞれ操作化して，次のリサーチ・クエスチョンを導いた。

RQ 1（主体）　公共サービス供給をめぐる政策過程に多様な主体が参加しているか。各主体は一方的に行政から業務を委託されるような，単なるエージェントの立場を超えて，ステイクホルダーでもあるか。

RQ 2（相互行為）　主体間の相互行為（規律付けメカニズム）はいかなるものか。それらは静的な制度か，不特定多数のステイクホルダーとエージェントの関係に対応できる動態的なものか。

RQ 3（効果）　新たなガバナンスによって，いかなる効果が生じているか。公共財・サービス供給のパフォーマンスを変化させているか。

　以下では，これらの問いに沿って，第2章から第10章までの実証分析で明らかになった知見を整理し，日本のローカル・ガバナンスの現況を描き出すこととする。

1. 主体の参加と影響力

　第1の論点は，政策過程に多様な主体が参加しているかについてである。

第2章の分析の結果,多様な主体の参加が確認され,特に都市化した地域で多様化が進んでいることが解明された。また,政策過程の段階別にみると,同じ主体が政策形成と政策執行の両局面で参加していることが観察され,ここから参加主体は,単に行政のエージェントとして業務委託を受けるような片面的な関係でなく,ステイクホルダーとしても関わる双方向的な関係を有していることが確認された。以下では,ブレイクダウンされたリサーチ・クエスチョンに沿って,各章の分析で明らかになった知見をまとめておこう。

1.1. 参加

市区町村の政策過程に,いかなる主体がどの程度参加しているか(RQ 1-1)。第2章で参加を主体別にみたところ,全体として多様な市民社会組織の参加が観察された。その中で,特に市民活動と環境の分野では自治会の参加が多く,福祉と産業振興では,それぞれ福祉団体と経済団体など,政策分野に関連する団体の参加が多かった。

参加が確認された各主体は,どのようなルートで政策過程に参加しているのだろうか(RQ 1-2)。審議会・懇談会,計画策定,業務委託などでは,ほとんどの市区町村で何らかの団体の参加がみられた。その中で,ルート別・分野別に特徴を挙げれば,審議会・懇談会への参加は,市民活動分野で多く,産業振興で少ない。計画策定については,福祉分野で多く,環境で少なかった。政策執行への参加は福祉で多く,環境で少なかった。審議会や計画策定への参加をステイクホルダー,業務委託をエージェントとしての参加とみるならば,分野別に濃淡はあるものの,全体としてはステイクホルダーとエージェントの両面からの参加がなされており,第1章で想定したとおりの現状となっている。

NPO・市民団体の参加について(RQ 1-3)は,どの分野でも一定程度(30-50%)の市区町村でみられた。重要な発見として,NPO・市民団体が新たに参加することによって,自治会や経済団体などの関連団体といった従来から地方政府と関わりがある組織が押し出されてしまうのではなく,従来の団体も参加が維持されていること,すなわちNPO・市民団体の参加によって,参加主体の多様性が増すことが確認された。

それでは参加が盛んな市区町村はどのような特徴をもつのか(RQ 1-1)。まず自治会については,人口規模が大きい地域ほど参加が行われない傾向に

あった。自治会加入率の低下と関係があると推測される。逆に，NPO・市民団体については，人口規模が大きくなるほど参加する傾向にある。特に財政状況が悪いところほど，行政支援と審議会へのNPO・市民団体及び関連団体の参加が促される傾向が認められた。

以上をまとめると，政策分野ごとに関連団体の参加が多い点は，従来型のヒエラルキーに連なる利益団体の参加が維持されていることを示しているが，他方で，行政のエージェントとしての参加だけでなく，ステイクホルダーとしての立場を有することを示唆するルートからの参加が行われている点，NPO・市民団体が参加する市区町村が一定割合を占め，特に規模の大きい地方政府で参加が多い点，更にはNPO・市民団体の参加によって参加主体の多様性が増している点から，多様な参加を特徴とするガバナンスへの移行が進みつつあることが読み取れる。

1.2. 影響力構造

多様な主体の参加が観察されても形式的な参加である可能性は否定できない。そこで影響力の観点からガバナンスを把握するとどうなるか（RQ1－4）。まず全体の傾向を第2章で把握した。平均値でみると，首長を筆頭に副首長，担当部署，財政部署という庁内の行政主体が抜きん出た影響力をもつ。市区町村議会がそれに続く。中央省庁・都道府県という上位の行政主体は市区町村議会に続くが，福祉及び産業振興分野では，議会に匹敵するか上回る影響力をもっている。市民社会組織については，自治会が議会や都道府県等に匹敵する影響力をもち，特に市民活動部署と環境部署で強く認識されている。また，政策分野ごとに関連団体が高い得点を得ている。これ以外の団体はやや弱い影響力にとどまる。

主成分分析によって影響力の構造を探ると，首長，担当部署などの「庁内主体」，中央省庁，都道府県などの「上位主体」，経済団体や農林水産団体などの「経済セクター」及びNPO・市民団体や福祉団体などの「市民セクター」にきれいに分かれた。経済セクターは産業振興分野に参加する主体であり，市民セクターは審議会・懇談会を通じて参入していることも明らかになった。また，市民セクターは市民活動，環境，福祉の分野において，人口規模が大きいほど影響力が強い傾向が確認された。

第3章で影響力構造を類型化したところ（RQ1－5），首長の一元型と首

長・職員の二元型が過半数を占めた。影響力構造をガバナンスの表れとみるならば，依然として，過半の地方政府はヒエラルキー構造をもつことがわかる。しかし，多元化した影響力構造をもつ地方政府が全体で7％あり，かつ人口規模が大きくなるほど多元型が増える傾向が確認された。この類型が，最大の影響力をもつ主体を数え挙げる保守的な見積もりであることを考慮すると，都市化に伴い少数の頂点をもつヒエラルキーから多元的なガバナンスへの移行が進んでいることを示唆する結果だといえる。人口規模に伴う多元化をもたらすのは，市民社会組織，特にNPO・市民団体及び審議会の影響力の伸長である[1]。

政策過程の各段階で影響力構造に違いがあるか（RQ1-5）。全体の基調としては首長又は行政を頂点とした一元型と両者が並立する二元型で過半数を占めるが，立案及び決定段階で審議会及び議会を含む構造がやや多くなり，執行段階では市民社会組織が影響力を増していた。

前述のとおり，審議会を通じて市民社会組織，特に市民セクターが参加しているわけだが，第3章の分析によって，審議会に参加する市民社会組織の方がそうでない組織よりも強い影響力をもつことが確認された。また，参加する市民社会組織が多いほど審議会の影響力は強まる傾向が見られた。

それでは，市民社会組織の影響力の規定要因は何か（RQ1-6）。政策過程に参加することで影響力が強まるとともに，行政との関与が深いほど，行政との接触が頻繁であるほど，影響力が強かった。加えて，行政から委託を受けることは，当該市民社会組織の影響力を変化させないことも確認された。このことは，単にエージェントとして行政に関わるだけでは影響力は変化せず，ステイクホルダーとしての立場で関わることが重要であることを示唆する。業務委託は行政の下請け化につながるという懸念を裏付ける結果ともいえる。委託については次項で更に詳しく検討しよう。

1.3. 外部委託と参加

---

(1) ただし，第3章の分析にあるように，参加や接触といった変数を投入したモデルでは，人口の係数は負となっており，人口規模の直接の作用ではなく，参加や接触に媒介されて市民社会組織の影響力が増大することが考えられる。

業務委託も外部主体による実施過程への参加の一種だといえる。公共サービス供給はどの程度行政組織以外の主体に担われているのだろうか（RQ 1 - 7）。第4章の集計結果によれば，企業への委託は約9割の市区町村が行っており，福祉法人に対しては約8割，自治会が5割近く，NPO・市民団体が4分の1であった。つまり，公共サービスの外部委託は広範に行われている。しかも他の調査結果を加味すると，増加傾向にある。委託内容については，企業へは一般ごみ収集，し尿収集，道路維持・補修，給食といった業務が多く委託され，自治会へはコミュニティセンター，公園，公民館，道路維持補修が多く，福祉法人へはホームヘルパー派遣，在宅配食サービス，養護老人ホーム，保育所などが多い。

外部委託が進んでいる市区町村の特徴はどうか（RQ 1 - 7）。企業，NPO・市民団体，財団法人，外郭団体に対する委託では，人口規模が大きいほど委託が行われる傾向にある。これは委託に出せる業務の豊富さや受託できる団体の得やすさが関係していると考えられる。他方，広域行政に対する委託は，規模が小さい市区町村の方が盛んである。自治会及び福祉法人に対しては人口規模と無関係であるが，委託の必要性が規模に関わりなく高いからだと考えられる。業務の種類でみると，学校給食，道路維持補修，図書館，公園，保育所等々，多くの業務で規模が大きい市区町村ほど外部委託されている。他方，ホームヘルパー派遣とごみ処理施設については規模が小さいほど外部委託される傾向にある。

更に，外部委託を促進する要因を重回帰分析によって探ったところ，NPO・市民団体から行政に対して，政策提言，モニタリング，共同事業の企画・運営といった形態の関わりが多いほど，NPO・市民団体への委託が行われる傾向が確認された。ただし，NPO・市民団体に対する委託だけでなく，企業，外郭団体，自治会等に対する委託も行われる傾向にある。

NPO・市民団体による行政への関わりが有意に働いたことについては，企業などへの委託にどう作用するのか因果関係が自明でないため解釈が難しいが，これが市民社会組織と行政との関係を表す何らかの指標（第4章でいう「パートナーシップの土壌」）だとみるならば，市民社会組織の参加や関与によって，ガバナンス構造が変容し，受託者の位置づけも変わるのかもしれない。

ただし，前項で確認されたとおり，関与を含む他の要因を制御すると，行

政から委託を受けることは，受託主体の影響力の増大には結びつかないことに留意が必要である。つまり，主体の参加，行政との関与，行政との接触が影響力を伸長させ，他方で行政とNPO・市民団体の関わりが委託を増やす（もしくは委託が関与を増やす）が，委託が政策過程への影響力を増やすとはいえないのである。

2. 主体間の相互行為

第1章で論じたように，ガバナンス論が志向するのは，集合的利益の実現に向けた主体間の相互行為である。これが第2の論点となる。具体的には，ステイクホルダーによるエージェントの規律付けメカニズムがどのように機能しているのかを調査した。メカニズムには静的な制度と不特定多数のステイクホルダーとエージェントの関係に対応できる動態的なものを想定し，前者には参加を促す制度を取り上げ，後者としては行政による接触を扱った。また，究極のステイクホルダーは住民であるが，その代表としての議会による首長と行政への規律付けメカニズムを検討した。

2.1. 制度による規律付け

情報公開制度や自治基本条例のように「参加を促す制度」は，市民社会組織にとって地方政府の政策過程へ参加する権利を保障し，実質的な参加を図るよう行政組織を規律付ける公式のメカニズムだと位置づけられる。制度と参加の関係については，制度が導入されることによって参加が促進される，まさに規律付けの側面が考えられる一方で，かつて情報公開制度を求める市民運動が働きかけて情報公開条例の制定が進んだように，参加が制度の導入を促す側面も想定できるが，本書では特に前者の側面に着目した。

第5章で参加制度の導入時期を調査したところ（RQ 2 - 1），調査対象の全てが地方分権一括法施行後の2000年以降に急増しており，パブリック・コメントは国の同種の制度導入によって更に増えていることがわかった。このことから，参加制度は地方政府の域内の組織・団体の働きかけによるよりは，外在的要因によって導入される傾向があることがわかり，これは事例研究によっても確認された。

参加制度は規律付けに関してどのような機能を果たしているか。特に市民社会組織に着目したとき，制度がある市区町村で参加は活発なのだろうか

(RQ 2 - 1)。第 5 章の相関分析によれば，参加制度が手厚く整備されているほど，NPO・市民団体の参加が行われやすいことが明らかになった。この分析は，ワークショップやまちづくり条例，自治基本条例のような実質的参加を保障する制度により重いウェイトをかけて実施したので，単なる意見表明を保障する制度よりも実質的な参加を保障する協働型の制度の導入が，一層の参加を促すといえる。他方，NPO・市民団体以外の市民社会組織の参加については，参加制度との関連が見出せなかった。これらの団体は制度導入前から政策参加をしてきたために影響を受けにくいのに対して，近年叢生を始めたNPO・市民団体が参加制度の恩恵を特に受けているのだと考えられる。

2.2. 主体間の接触として捉えた相互行為

主体間の相互行為を行政職員による接触として捉えた場合，その対象となるのは庁内幹部や財政部署が圧倒的に多い。本書の興味は外部主体との接触にあるが（RQ 2 - 2），第 6 章の集計によれば，市民社会組織の中では福祉団体，経済・商工団体，自治会・町内会，農林水産業団体との接触が多く，これは当該地方政府の議員や審議会・懇談会，中央省庁などとの接触よりも多い。政策分野別にみると，福祉部署では福祉団体，産業振興部署では経済団体といったように，関連団体との接触が多い。内部主体及び関連団体との接触の多さは，本章の1.1.項で観察された「ヒエラルキーに連なる参加」と呼応する結果といえる。

人口規模別にみると，規模と無関係に多いのが自治会である。人口が小さいほど多くなるのが福祉団体と農林水産業団体，それに庁内幹部や上位政府である。逆に規模が大きいほど接触が増えるのがNPO・市民団体，経済・商工団体，企業等である。これは社会経済環境に応じた市民社会組織の分布が関係していると考えられる。また，担当職員のネットワークという観点で解釈すると，規模が大きな地方政府では専門分化するせいか，庁内幹部や上位政府との接触が減少し，かえってネットワークが狭まるようにみえる。しかしこれは，ヒエラルキー内での接触が減った分，市民社会組織との水平的接触の比重が高まったと解釈することもできる。

接触の頻度，方向性，内容などに着目するとどうか（RQ 2 - 3）。自治会との接触では，意見交換や説明・説得も活発であるものの，自治会からの要望が多く，自治会が単なる行政のエージェントではないこと，むしろステイ

クホルダーというべき側面が強いことをうかがわせる。NPO・市民団体及び諸団体と行政との接触では，要望や説明・説得もかなり多いものの，意見交換が最多となっており，エージェントとステイクホルダーの両面の立場にあること，また，福祉部署と諸団体との接触形態では業務連絡が最も多く，諸団体（福祉団体）がエージェントに位置づけられていることをうかがわせる結果となった。接触の方向性からみると，自治会では職員からの接触が多く，それ以外の主体では双方向的な関係が多い。もちろん以上の解釈は相対的なもので，エージェントかステイクホルダーか明確に切り分けられる類のものでないことは言うまでもない。

　市民社会組織と行政との接触はどのような要因によって活発化するのか（RQ 2 − 3）。審議会や政策策定，行政評価への参加をステイクホルダーとしての関与，政策執行への参加，許認可・行政指導，業務委託などをエージェントとしての関与とみなして分析したが，どちらの立場からの関与も行政との接触を増やし，双方向化させることが確認された。特に，両方の立場を有する場合が，接触頻度が最大になり，双方向性が高かった。

　このほか，市民社会組織との接触頻度の多い職員ほど，市民社会組織を重要な情報源であると認識し，市民社会組織の影響力を大きく評価する傾向にあった。

2.3. 議会と市民社会組織

　議会は有権者の多様な選好を政策に反映し，住民（有権者）が地方政府を規律付けするルートである。開かれたガバナンスに向けて議会が機能する条件は整っているのか（RQ 2 − 4）。第7章によれば，多くの市区町村で議員定数が削減されており，多様な有権者の選好が反映されにくくなっていると考えられる。特に町村において削減幅が大きく，人口規模が大きくなるほど削減幅は小さくなる。他方，人口規模を制御した場合，自治会数が多いほど定数削減は行われにくい傾向がみられた。議会が自治会や地区の代表という側面を有していることの証左だといえる。また，議員定数の削減が進んでいる市区町村ほど，審議会を通じた市民社会組織の参加が行われている。つまり，地方議会の代表機能の低下は，市民社会組織の直接の参加によって補完されているといえる。

　議会改革も参加と関連がある。人口規模が大きいほど，本会議議事録のウ

ェブ公開や委員会傍聴・議事録公開などの透明性を高める議会改革が進んでいる。そして，議会の透明性が高いほど，一般市民及びNPO・市民団体が審議会に参加する傾向にある。逆に，議会の透明度が高いほど，自治会の参加は行われない傾向がみられる。

　議会の勢力構成や選挙による支持関係は，議会が首長を規律付けるのにどう関連するのか（RQ 2 − 5）。市区町村議会においては，自民党議員が全議員の半数を占めており，かつ自民党優位の議会が過半数を占める。首長選挙時における政党からの支援は，意外にも 7 割を超える選挙で行われていない。選挙を通じた規律付けは限定的な機能しかもたないようである。しかし，そうした首長の多くが通常の議会では政党からの支持を受けている。なぜ選挙で支援を受けない首長が議会で支持を受けるのかについては，議会勢力が多党化している場合に起こりやすいことがわかった。

　議員と首長の影響力の関係をみると，議会が首長を支持しているかどうかは違いを生まない。政治的な支持関係も規律付けメカニズムとしては機能していないようである。しかし，市民社会組織が政策過程に参加する地方政府において，議員の影響力が高いことが確認された。議会は市民社会組織が政策過程に参加する重要なルートの一つとして機能しているとともに，議会にとっても市民社会組織の参加が自らの影響力を高めるリソースとして役立つことを示唆する結果といえる。

3．ガバナンスの効果

　さて，ここまでで確認された参加の実態（参加，影響力，委託）と相互行為（参加制度，関与・接触，議会－首長関係）を「ガバナンス」と呼ぶならば，これがどのような効果を生み出しているのかが次に検討すべき論点となる。ガバナンスの違いによって各地域の公共財供給や公共サービス供給に違いを生み出しているのだろうか。第 1 に職員のガバナンス意識について検討し，続いてここまでで明らかになったガバナンスの諸側面とサービス供給の「パフォーマンス」との関係を分析する。

3．1．職員のガバナンス意識

　ガバナンスの効果として，行政職員の意識に変化がもたらされることが考えられる。職員意識の現状はどのようなもので，それはガバナンスの様態と

関連するのだろうか（RQ 3 − 3）。第 1 章で理論的に検討したように，ガバナンス論は新たな集合的利益の実現に向けた国家−社会関係の再編成を意図するものであるが，その方向性として，市民・団体の参加と権限移譲・地方分権があり，他方で NPM に代表される市場機構を通じた行政サービスの効率化がある。これらの改革・再編を行政職員はどのように受け止めているのか。

　第 9 章の分析によれば，参加拡大，分権化，効率化のいずれに対しても，地方政府職員は肯定的な意見をもっている。多数意見を具体的に拾うと，行政の評価基準として効率性を重視し，権限移譲，自主財源拡大を求め，都道府県や中央省庁との関係強化は期待せず，団体活動の必要性を認識し，市民による政治参加が促進されるべきだと考えている。

　以上のような，参加，分権化，効率化を志向する，いわばガバナンス意識とでも呼ぶべきものが，どのように醸成されるかを分析したところ，まず所属部署によって違いが生じていた。市民活動部署で分権志向が強く上位政府との連携志向が弱い。産業振興部署では分権志向が強いが上位連携志向も強い。

　このほかの要因については，人口規模が大きいほど，財政力が低いほど，自治会及び NPO・市民団体との接触が多いほど，分権志向が強い。他方で，自治会との接触が多いと，上位連携志向が強いという結果となった。また，財政力が低いほど，自治会及び NPO・市民団体との接触が多いほど，参加志向が強いという結果も得られた。自治会及び NPO・市民団体との接触は，本書の興味の中心の 1 つであり，ローカル・ガバナンスを特徴付ける重要な要素であるが，これが職員意識に分権志向と参加志向をもたらすという発見は重要だと考える。効率志向については，本書の分析の範囲では規定要因を見出すことができなかった。

　職員のガバナンス意識を把握するには，市民社会組織に対する意識を探ることも重要である（RQ 3 − 4）。地方政府職員が自治会をどうみているかというと，円滑な事業実施や災害時に不可欠であるとともに，情報伝達・親睦で行政ができない役割を果たし，地区住民の意見を代表して行政のパイプ役となり，地区の課題について合意形成を図ることができるとみている。他方，問題点として，高齢化や加入率の低下，運営の課題などが認識されている。しかし，自治会に代わる組織は育っていないとの認識である。

NPO・市民団体に関しては，先駆的で受益者のニーズに柔軟に対応できると職員はみていて，専門性も評価しているが，政策提案よりもサービス供給を担うと考えている。多元的な価値観の実現や効率的なサービス提供に関する肯定的な認識も一定程度ある。他方で，対象には偏りがあり，基盤が脆弱であるとみている上，公平であるとか腐敗・汚職が少ないといった評価はほとんどない。

地方政府が各種団体と接触することについては，情報の入手と市民参加の活発化の面から肯定的に受け止める意見が多い。このほか，先進的な施策の実施，利害調整，行政への正統性の付与，政策への反対の緩和などの面で，一定程度の評価がなされている。

市民社会組織の参加と職員意識の関係については，自治会，NPO・市民団体，諸団体のいずれに関しても，参加と肯定的意識とに関連性がみられた。以上をまとめると，職員のガバナンス意識は，全体として参加志向，分権志向，効率化志向であり，自治会及びNPO・市民団体との接触が多いほど，参加志向で分権志向になるといえる。自治会，NPO・市民団体，諸団体との接触について，地方政府職員は概ね肯定的な意見をもっており，この結果がガバナンス意識に反映されているといえる。

3.2. サービス充実度とガバナンス

続いて，前節までの諸要素に職員意識を含めたものを「広義のガバナンス」と呼ぶなら，この違いが地方政府のパフォーマンスに違いを生むか否かを検討する。地方政府のパフォーマンスをどう測定するかは困難な課題である。第10章では，先行研究を検討しながら，地方政府の政策分野を広くカバーする制度や施策を選定し，3種（組み合わせにより7種）の指標を提案した。この指標の長所は構成要素に何が含まれているかが明確で利用しやすい点，指標相互に一定の相関をもつことで頑健性が保たれている点である。また，本書独自の指標ではあるが，先行研究の指標とかけ離れた結果（順位）ではないことも示された。

本章では，この指標の中から，「サービス充実度」を従属変数とした分析を行う。サービス充実度を用いる理由は，地方政府が担当する政策分野を幅広くカバーしていること，立法措置を伴わない政策が中心であるため廃止もありえ，毎年の政策判断を反映しやすいことなどである。他方，制度的革新度

や業務委託度もパフォーマンスの指標として用いられうるが、本書では除外した。その理由は以下のとおりである。制度的革新度については、ガバナンスが制度導入に作用するだけでなく、制度が参加を促す方向の因果関係も強く推定され、かつ情報公開制度のように、本調査で把握したガバナンスの成立以前から導入されている制度が含まれる（ひとたび制定されれば維持される）。業務委託度についても、財政力や参加・関与などとの関係で双方向の因果が想定される上、ここまで参加の一形態と位置づけてきたので、これを一貫させることとした。

独立変数については、第10章で各種の地域特性変数（社会経済要因）を投入した分析によって、人口規模と財政力指数が有意に働くことが示された。

表11-1　ガバナンスの諸要素を代表する指標（ガバナンス変数一覧）

要素名	変　数（指　標）	計算方法（変数の値の範囲）
参加	主体別参加得点（11主体：自治会、NPO、環境団体等）	部局ごとに参加ルート数を集計（0－4）
	ルート別参加得点（4種：審議会、計画、執行、評価）	参加ルートごとに参加主体を集計（0－11）
	総合参加得点	段階別参加得点を集計（0－44）
	業務委託度	第10章参照
影響力	影響力成分得点（4種：上位、経済、市民、庁内）	第2章参照
	主体別影響力得点（市民社会組織）	主体ごとに3段階（立案、決定、執行）の評価を平均
関与	主体別関与得点（10主体：自治会、NPO、環境団体等）	主体ごとに関与の種類数を集計（0－5）
	種類別関与得点（5種：許認可、派遣、支援、委託、モニタ）	関与の種類ごとに対象主体数を集計（0－10）
	総合関与得点	種類別関与得点を集計（0－50）
	NPO関わり得点（提言、委託等6種の関与の有無：第5章参照）	6種の関与を集計（0－6）
接触	主体別接触頻度（3主体：自治会、NPO、諸団体）	リコード（第6章）⇒主体ごとに5種の接触頻度を平均（5－30）
	種類別接触頻度（5種：要望、説得、交換、提案、連絡）	リコード（同上）⇒種類ごとに3主体の接触頻度を平均（5－30）
	総合接触頻度	主体別接触頻度の平均
政治	革新首長経験	あり＝1、それ以外＝0
	多党化割合（％）	公明党系、民主党系、社民党系、共産党系、地域政党系の議員の議席割合の和
	首長支持割合	第8章参照
制度	制度的革新度	第10章参照
職員意識	ガバナンス意識（主成分4種：上位、分権、参加、効率）	第9章参照
	対NPO職員意識（主成分3種：先進性、未成熟、公平）	伊藤・辻中（2009）参照。ただし、尺度の入れ替えなし。

これを踏まえ，人口（対数）及び財政力指数を投入したモデルをベースとし，ベースモデルとの対比でガバナンスの諸要素がどれだけサービス充実度に影響を及ぼすかを検証する。独立変数の候補（ガバナンス変数）は，表11－1のとおりである。紙幅の制約から仮説の詳細は省略するが，市民社会組織の参加が多いほど，影響力が強いほど，関与が多いほど，接触が多いほど，議会が多党化しているほど，制度的革新度が高いほど，サービス充実度が高いと予想する。なお，職員意識については，選択肢番号の設定の仕方から，成分得点が高いほど「そう思わない」（例えば参加に好意的でない）ことを意味する[2]。

表11－2のガバナンスモデルは，ベースモデルに10%水準で有意となったガバナンス変数を加えたものである[3]。結果は概ね予想どおりといえる。すなわち，計画策定ルートを通じて参加する市民社会組織の種類が多いほどサービス水準が高い。同様に，多くの業務が多様な市民社会組織に委託されるほど，NPO・市民団体の関わりが多いほど，職員が分権志向であるほど，議

表11－2　サービス充実度（従属変数）に及ぼすガバナンスの効果

	ベースモデル B	標準誤差	ガバナンスモデル B	標準誤差
ルート別参加得点（計画策定）			0.3***	0.11
業務委託度			0.22***	0.03
NPO関わり得点			0.59*	0.32
対NPO職員意識（先進性）			−0.38	0.26
対NPO職員意識（公平）			1.21***	0.26
ガバナンス意識（分権志向）			−0.87***	0.25
多党化割合（％）			0.01**	0.01
人口（対数）	1.81***	0.12	1.16***	0.15
財政力指数	2.00***	0.53	2.38***	0.54
定数	−7.71***	1.15	−4.86***	1.31
N	1135		889	
R^2	0.25		0.39	
F	193.11***		62.46***	
残差	25805.24		16129.14	

***: $p<.01$　**: $p<.05$　*: $p<.10$

(2)　この扱いは第9章の処理と異なるが，析出された主成分は同じである。
(3)　対NPO職員意識（先進性）のみ10%水準を満たさないにもかかわらず加えたのは，業務委託度を参加の代理変数として加えないモデルでは有意に働いたためと，対NPO職員意識（公平）と対比するためである。

会が多党化している（自民党系及び無党派の議員以外の政党の議員が多い）ほど，サービス充実度が高いことが示された。なお，NPO・市民団体に対する意識は，NPO・市民団体を先進的だと思うほどサービス充実度が高いが有意ではなく，逆にNPO・市民団体は公平だとは考えないほど，サービス水準が高いという結果となった[4]。

ガバナンス関連の7変数の総体としての効果を検証するため，ベースモデルを制約されたモデルとみてF検定を行うと，F＝75.33となり（N＝889），7変数の係数のどれもがゼロという帰無仮説は棄却される。以上の結果は，ローカル・ガバナンスの違いが，地方政府のサービス充実度に違いを生み出すという仮説を支持する。少なくとも地方政府のアウトプットに関する限り，市民社会組織の参加や関与を強める方向を目指したガバナンスの再編成が進むと，サービス水準が向上するということができるだろう。

4. まとめと考察

本章では，リサーチ・クエスチョンに沿って，第10章までの分析結果を整理した。それを簡略化して図示したものが図11−1である。言うまでもないことだが，図に掲載したのは，本書で関連性が検証できたと考えられる一部の要素にすぎない。また，矢印の方向は，本書が分析で想定した因果の向きであって，実際には逆向きや双方向のもの，見過ごされてしまったものも多々あるはずである。

最後にまとめとして，本書の分析からみえてきたローカル・ガバナンスの姿をごく短く要約し，考察を加えておこう。まず，政策過程を動かす主体（RQ 1）については，地方政府内部の主体の存在感が大きく，そこに関連団体や上位政府が連なるヒエラルキーが維持されていることが確認された。しかし同時に，都市部を中心に多様な主体が政策過程に参加し，エージェントとしてだけでなく，ステイクホルダーとして関与していることが明らかにな

---

(4) サービス充実度を構成する施策には，一人親家庭への補助など，都道府県の補助事業として行われる政策が一部含まれるため，都道府県の影響をコントロールしたモデルも考えられる。そこで沖縄県をベースとし，46都道府県のダミー変数をガバナンスモデルに追加すると，決定係数が0.45となり，多党化割合変数が有意でなくなった（符号は同じ）以外は，同じ変数が有意となり符号も維持された。

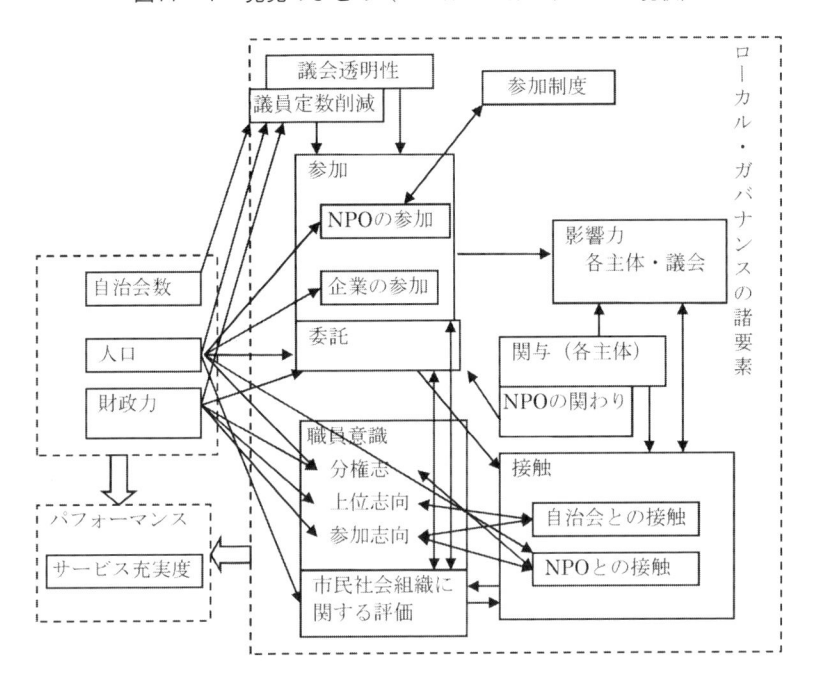

図11−1 発見のまとめ（ローカル・ガバナンスの現状）

った。

この結果をどう解釈すべきだろう。ヒエラルキーの存続を根拠に，日本の地域の多く——特に都市化されていない地域の多く——が旧来のガバナンス（ガバメント）のまま運営されているとみるべきだろうか。われわれは，本書各章で論じたように，変化の方を重視すべきだと考える。その根拠となるのは，政策過程への市民社会組織の参加の広がり，小規模自治体を中心に進む議会の定数削減を補う市民社会組織の進出，業務委託の広範な活用，NPO・市民団体や諸団体との接触に肯定的な職員意識の定着などである。

都市化の段階に沿って，様々な様態のガバナンスが並存する状態は，日本のローカル・ガバナンスが過渡的段階にあるとみるべきだろう。本研究は1時点の描写に過ぎないので，今後どちらの方向に進むかについての即断は避けなければならないが，多様な主体の広範な参加の進展を示す集計結果と，地域に市民社会組織が登場・成長しさえすれば参加や委託，関与が進むこと

を示唆する分析結果から,「ガバメントからガバナンスへ」の移行が進みつつあり, それが不可逆的であることを読み取りたいと考える。

道具主義（国家中心）か相互行為（社会中心）かという区分けでみれば, 相互行為アプローチが主張するようなガバナンスに一気に進んでいるわけではなく, 道具主義の色合いが濃いものとなっているといえる。ただし, 本書は市区町村職員を対象にした調査結果をもとに, 政府（国家）の視点からガバナンスを描いている。社会の側の視点から描いた像と突き合わせる必要がある。この点には終章で, もう少し詳しく触れることとする。

主体間の相互行為（RQ 2）については, 制度と動態的なメカニズム（接触と関与）の両面から接近を試みた結果, 両形態とも市民社会組織の参加を促し, 影響力を強める方向に作用することがわかった。また, 議会も市民社会組織の参加と関連があり, 首長や行政を規律し市民社会組織の参加を促すメカニズムとして位置づけられることも示された。

主体間の相互行為については, 外部からうかがい知ることが難しく, これまで行われてきた事例研究では, ブラックボックスをのぞき見る程度にとどまっていた。本書では制度や接触・関与を規律付けメカニズムと位置づけ, 体系立てて観察することによって, 相互行為（≒メカニズム）が各主体の参加や影響力をどう変化させるのかを探った。その分析によって, 制度や動態的メカニズムを通じて, 市民社会組織の参加が促され, 影響力が強まり, その結果, 行政職員が当該主体を高く評価するようになり, 一層接触が増加し, 参加を促す制度が強化されるという循環が起こることを示す発見が得られた。第1章で論じたようなローカル・ガバナンスの再編成は, このような相互行為を通じてなされうる。筆者らは, この発見を突き詰めていけば, 今後の理論展開にも貢献できると考える。

ここで第1章の理論的検討を振り返ってみよう。ガバナンス論とは, 国家―社会関係の再編成を論ずるものであり, その再編成のあり方に多様なアプローチがあった。今, その整理を振り返ってみると, その議論の中にどのようにして再編成がなされるのかのメカニズムについては, ほとんど言及がなかった。「どのように」という問いは, 現実の観察を通じてのみ論ずることができる。本書の分析は, そのような問い――相互行為のメカニズム――に光を当てた。それはすなわち, 市民社会組織の参加と主体間の相互行為そのものが, 政策過程や地方政府の組織・職員意識を変化させ, 更なる参加を呼び

込む「循環的なメカニズム」である。このメカニズムこそが,「自己組織的」(Rhodes 1996) に国家－社会関係を再編成していくと考えられるのである。

　本書では,新しいガバナンスが生み出す効果（RQ 3）についても分析した。ガバナンスの再編は,地方政府職員の意識をも分権,参加,効率性を志向する方向へと変容させていた。更に,参加と規律付けメカニズムに職員意識を加えた広義のガバナンスは,地方政府のサービス充実度に有意な違いを生み出していた。公正な政府やサービス水準の高さは,それ自体,地域社会にとっての集合的利益・公共財である（Putnam 1993）。すなわち,参加が進み規律付けメカニズムが機能し,職員意識が変化するようにガバナンスが再編成されれば,サービス水準の向上という集合的利益が実現することが確認された。

終章　市民社会論への示唆

辻中　豊

　本書の一連の分析を通して，日本の地域社会における地方政府と様々な市民社会組織からなるローカル・ガバナンスの実態を解明することができた。各章の分析の要約およびガバナンス論における意義についてはすでに前章で体系的に論じた。本来，全体のプロジェクトが，市民社会構造とガバナンス[1]であり，日本において3種の市民社会組織（自治会，社会団体，NPO）の調査を行ったのであるから，市民社会からの見方と本書，特に前章でまとめられたものを接合することが期待される[2]ところだが，われわれの力量不足から，その課題は，各調査を主対象に纏められるモノグラフの刊行後に持ち越さざるを得ない。ここでは市民社会論の観点への示唆について触れるに止めたい。

1. 行政媒介型市民社会の広がり

　まず，市区町村の側からみても，日本の市民社会組織は**地方政府との関係が密接**であることが確証された。さまざまな市民社会組織は，自治体と頻繁に接触し，様々なレベルで政策過程に参加し，施策をサポートし，市民社会組織は利益の表明とともに公益の供給を行っているのである（第2章，第5

（1）　文部科学省特別推進研究「日韓米独中における3レベルの市民社会構造とガバナンスに関する総合的比較実証研究」

（2）　例えば，政策過程への参加に関して，モニタリングを取り上げる。第2章表2－1で示されるのは，市区町村側では，自治会がモニタリングをしているとしているのは市民活動部署では2％，多くて環境部署の7％に過ぎない。ところが自治会調査では，自治会の42％が，自分たちはモニタリングをしていると回答している。こうした一見すると齟齬をどう考え，より実態に迫ることが要請されている。

章）。

　市民社会の参加の中で，第一に目立った**存在感を示すのは，自治会などの近隣住民組織**である。近隣住民組織については，Read with Pekkanen eds. (2009) では，straddling civil society（行政媒介型市民社会）という概念を提唱し，政府と市民を「橋渡しする存在」としてのこれらの団体に焦点を合わせている。辻中・ペッカネン・山本（2009）では，日本の自治会の側からこの概念の妥当性を検討している。本書の一連の分析から，市区町村の側からみても，自治会ばかりでなく他の市民社会組織を含めて，地方政府と市民を橋渡しする媒介型の市民社会組織という特徴をみてとることができる。しかし，この場合の政府行政は，市区町村という地方政府，地方自治体であり，こうした媒介が必ずしも依存や従属を意味するわけでないことに注意する必要がある。前章で述べたように市民社会組織のステイクホルダーとしての参加や関係の側面が大きく，重要である。

　日本の政府については，小さな政府を補うために政府の外郭を拡大させ，多様な主体の協力を得るという「最大動員」システムや「底が抜けた行政」という特徴がかつてから指摘されてきた（伊藤 1980；村松 1994）。本書の知見を別な観点からみると，まさに地方分権化という言葉と裏腹に政策リソースの縮減に苦しむ地方政府が，様々な市民社会組織との連携によって事態に対応しようとしている姿とみることができるかもしれない。しかも，地方政府の外郭団体よりも，自治会や各種の社会団体（政策関連団体）との間でより頻繁な接触が行われており，さらには**新興のNPO・市民団体**も堅固に主体的な位置を確保していることが推察される（第 2 章）。自治会や**社会団体**については，加入率の低下や衰退・形骸化が指摘されてもいるが，本調査データで見る限りはなお健在である。辻中ほか（2007）では 3 つの団体の調査から，自治会や社会団体と比べて NPO・市民団体が政府と接触できず，自己の影響力認知も相対的に低いという結果が得られた。本書の結果も基本的にこの傾向と同様であるが，それでも NPO・市民団体が一定程度の予想をこえた参加割合を見せており，他の分類と比べて見劣るものではないことに留意したい。この点は特に大都市部で顕著である。

　前章でも触れられたが，このような市民社会組織の政策過程への**参加に関して非ゼロサム的な関係があることが特に重要**である。NPO・市民団体が新たに参加することによって，自治会や経済団体など従来から地方政府と関わ

りがある組織が押し出されてしまうのではなく，それらの団体も参加が維持されていること，すなわちNPO・市民団体の参加によって，参加主体の多様性が増すことが確認された．

2．下請け論への 2 つの修正

このように政府と団体との間に密接な関係がみられても，市民社会組織の側が自律的でなければ，政府の下請け機関や末端組織という批判を招くことになる．こうした指摘は，自治会，NPO，政策受益団体のそれぞれについてなされている（自治会は，秋元 1971；NPO は田中 2006；政策受益団体は社会福祉協議会などに対する批判）．

これらの見解に対して，本書の分析は 2 つの点で修正を迫っている．

1 つは，行政活動の担い手となることの評価である．行政活動の担い手となることは，政策過程への参加や地方政府との接触が活発になることを意味する（第 4 章，第 6 章）．実際第 6 章の分析によれば，政策立案・決定・評価過程での接触よりも，政策執行過程での関わりの方が，行政とのネットワークを活性化させている．他方，接触活動が活発になることは，市民社会組織自身の影響力増大にもつながる．単純な「下請け」化批判が成立しないことを示唆している．第 4 章での委託関係の分析でも，委託関係の成立によって団体の影響力評価が変動しないということも確認されている．

第 2 に，これらの団体は業務委託や政策執行ばかりでなく，特に審議会・懇談会，計画策定などの**政策形成過程にも参加**していることである．このように単に政府の政策手段として働くのではなく，社会過程にある利益を集約し，政策過程に反映させる機能をも市民社会組織は果たしている．そして**審議会への参加は，影響力を増大させる効果をもっている**（第 3 章）．

市区町村職員からは，市民のニーズについての情報や先駆的な政策形成における団体の役割が評価されている．これらのことから，団体は硬直しがちな政策過程に新たな価値を注入し，政策の革新に貢献しているのである．また，市民社会組織は政策過程の各局面において，一定程度の影響力を発揮している．市民社会組織が政府の下請け機関だとすれば，政策過程における影響力はより低く見積もられるはずである．つまり，政府に従属するのではなく政策に影響を及ぼすアクターとして位置づけられているのである．このことは自治会において著しいが，他の団体も同様である．

職員による影響力評価によるという限定つきであるが，審議会への参加を通して市民社会組織は影響力を発揮していることも注目される。地方政府にとっても，多数の市民社会組織が参加する審議会は，政策決定を行う上で，その正統性を確保する場として重視していると推察される。中央レベルにおいては，官僚支配論の代名詞として使われる審議会であるが，地方レベルにおいては一定程度，実質的な影響力を担っている可能性がある。もっとも，中央レベルでも曽我（2006）など，審議会の影響力を捉えなおす試みが行われ始めている。**地方レベルの審議会研究**は，今後なされるべきテーマの1つといえる。

第3章で触れられたように，参加と接触の進展が市民社会組織の影響力増大をもたらすことから，市民社会組織の参加を，形式的な制度的枠組みにそった参加と地方政府職員との日常的な接触を通しての実質的参加という二段階で論じることも重要である。**政策的含意**を引き出すならば，参加を制度化した後の運用状況によって，市民社会の発揮する影響力の大きさが変わってくる，あるいは，非公式の接触活動が活発な地方政府でも，参加を公式に制度化することによって，一層，市民社会組織の影響力の増大が期待できるのである。

二元代表制（特に議会）の後退という現実に対して，市民社会組織の直接的な参加がそれを補っていることが明らかにされた（第8章）。例えば，議員定数の削減が進んでいる市区町村ほど，審議会を通じた市民社会組織の参加が行われている。つまり，地方議会の代表機能の低下は，**市民社会組織の直接の参加によって補完**されている。地方レベルでの市民社会組織が，民主主義による代表性の観点からも重要な役割を担っていることがわかる。

本書の分析対象外ではあるが，市民社会組織には，団体を介して市民の社会関係資本を醸成するという機能がある（パットナム1993）。団体は市民のエネルギーを政策執行へと動員していることがわかる。

市民社会組織の専門化に関しては，「アドボカシーなきメンバーとしての参加」というペッカネンの問題提起（2006）がある。国家の空洞化，政府の後退が促進した「ガバメントからガバナンスへ」の移行に際して，市民社会組織の情報源としての重要性が接触頻度と相関することは，市民社会組織がステイクホルダーとして関係者の意向を伝え，エージェントとして現場の情報を地方政府に提供することの重要性を示している。市民社会組織が専門性

を高めることで，地方政府への関与を深めていることも考えられる。その結果として市民社会組織の影響力が増大すれば，職員とのネットワークがさらに活性化する可能性がある。国家（中央政府，地方政府）による「舵取り」だけでなく，市民社会側の成熟もまた，ローカル・ガバナンスへの移行の鍵を握っているのである。

　ペッカネン (2006) が法人格の取得の難しさと官僚の裁量の影響を根拠に指摘したように，日本の市民社会組織は（国家）**政策の強い影響**を受けている。この点について本書は体系的検討を行っておらず，課題は残されている。団体の側からは，辻中・ペッカネン・山本 (2009) により，自治会など団体支援策の効果を示しているが，今後，社会団体調査やNPO調査についての分析から，明らかにしていきたい。もっとも，本書においても，市民参加を保障する様々な制度が整備されているほど参加がなされているということは確認された。分権改革により政治的機会が開放されたことによって，参加が増している。その意味では，今日の地域の市民社会組織はやはり政策によって規定されている側面は見逃せない。今後，比較自治体分析を行うことで政策のインパクトを検証していきたい。

3.「新しい公共」への動き

　本研究の調査時点から2年を経て，2009年秋，日本において選挙による与野党政権交代という政治の大変動が生じた。新政権は，「新しい公共」というスローガンとともに次々と新しい政策アイディアを打ち出し，国会，政・官関係，審議会，特別会計，公益法人，地方分権の改革など，本格的な政治・社会関係の再編成を行うことを宣言している。仮にこうした改革が実現されるなら，1955年以来の自民党を中心とした一党優位型政党制において構築されてきた政治・社会関係，政策ネットワークが，そのパラダイムごと大きな変化を被る可能性がある。市民社会組織と地方政府の関係も，中央政府や地方政府の市民社会組織・団体政策が変更されることによって変動する可能性が大きい。この点に関しては，本調査研究の範囲を超える問題であるが，重要な次の課題である。

　1990年代末からの日本の政治，政策と市民社会組織に関して，今後探求すべく仮説を付言すれば，「制度化とリソース状況のギャップ」があるように思われる。本書で分析（第5章）されたように，多くの参加制度や地方自治体

の制度改革が進展した。また市民社会の側でもNPO法など市民社会組織の促進法と考えられ制度化が進展した。他方で，そうした参加を裏付ける市区町村のリソースや市民社会組織のリソース（辻中 2009）はその後，大きな打撃を受け，急減している。制度化とリソース状況のギャップが，市区町村や市民社会組織に大きなストレスを与えたことが推測される。こうした問題も，本研究の範囲を超えるが，やはり探究されるべき今後の課題と考えている。

　私たちは，序章において，市民社会を，政府，営利企業，家族との関係で把握した。この20年の間，政府や営利企業，家族は，広い意味での公共的な機能を「縮小」させてきたように見える。このこと自体が大きな研究課題であり，実証する必要がある。2009年に発足した非自民，民主党を中心とした連立政権は，「新しい公共」を標榜し，市民社会の様々な組織をその担い手として打ち出そうとしている。それがいかなる市民社会，政府，営利企業，家族の関係を再構築していくかは，単にガバナンスの問題であるだけでなく，社会全体の質をめぐる問題に連なっていく。その意味で，私たちの始めた，市民社会とガバナンス比較研究の射程は極めて長く，深いものがある。

　とはいえ市民社会構造とガバナンスを相関させるという比較研究の試みは，本書に示されるように，緒についたばかりである。日本で行った4種の調査を有機的に接合し組み合わせる比較分析，また4種調査を完遂できた都市間比較，都道府県比較も興味深い課題である。プロジェクト名称から分かるように，韓国，ドイツ，アメリカ，中国でも，首都や1，2地域での市民社会組織のサーベイ調査も実施しており，地方自治体調査を今後行うことで国家を超えた比較の可能性も考えられる。日本で行った4種調査を完遂できた都市間比較の対象としては，表序－2の例がそれを示している。これはそうした分析が現時点で考えられる都市を抜き出したものである。

　こうしたことから序章で述べたように，本書は，市民社会との関係やローカル・ガバナンスを市区町村の側から体系的にまた比較に基づいて実証的に描こうとした最初の研究書であると同時に，今後の私たちの比較研究のまさに出発点なのである。

引用文献

青木栄一. 2004.『教育行政の政府間関係』多賀出版.
青木康容編. 2006.『変動期社会の地方自治—現状と変化, そして展望』ナカニシヤ出版.
赤井伸郎・佐藤主光・山下耕治. 2003.「地方交付税制度に潜むインセンティブ効果」赤井伸郎・佐藤主光・山下耕治『地方交付税の経済学』有斐閣:139-159.
秋月謙吾. 2006.「ガバナンス時代の地方自治—NPMとNPO」村松岐夫編『テキストブック地方自治』東洋経済新報社:185-210.
秋元律郎. 1971.『現代都市の地域権力構造』青木書店.
飽戸弘・佐藤誠三郎. 1986.「政治指標と財政支出—647市の計量分析」大森彌・佐藤誠三郎編『日本の地方政府』東京大学出版会:141-179.
阿部斉. 1974.「地方議会の機能と限界」成田頼明編著『現代社会と自治制度の変革』学陽書房:267-301.
阿部斉. 1981.「『市民党』の政治学的考察」『都市問題』72 (4):37-47.
天川晃. 1974.「地方自治と政党—＜革新政党＞のイメージ」成田頼明編著『現代社会と自治制度の変革』学陽書房:303-356.
荒見玲子. 2009.「ガバナンスにおける計画—市町村地域福祉計画を事例に」『年報行政研究』44:126-149.
石垣尚志. 1999.「ごみ処理事業における政策実施過程—埼玉県大宮市を事例に」『環境社会学研究』5:183-195.
井田正道. 2005.「市議会議員定数に関する分析」『政経論叢』74 (1・2):185-206.
市川嘉一. 1999.「自治体の外部委託, 最近の動向と今後の課題—求められる『事務の委託から成果の委託へ』」『地方財務』541:37-50.
井出嘉憲. 1972.『地方自治の政治学』東京大学出版会.
伊藤修一郎. 2002a.『自治体政策過程の動態—政策イノベーションと波及』慶應義塾大学出版会.
伊藤修一郎. 2002b.「社会学的新制度論」河野勝・岩崎正洋編『アクセス比較政治学』日本評論社:147-162.
伊藤修一郎. 2006.『自治体発の政策革新—景観条例から景観法へ』木鐸社.
伊藤修一郎. 2007.「自治会・町内会と住民自治」『論叢現代文化・公共政策』5:85-116.
伊藤修一郎. 2009.「ローカル・ガバナンスをどうとらえるか—自治体研究を踏まえた調査の見取り図」辻中豊・伊藤修一郎編『市民社会構造とガバナンス総合研

究：全国自治体（市区町村）調査報告書』筑波大学：23－39.
伊藤修一郎・辻中豊．2009.「市区町村におけるガバナンスの現況—市民社会組織を中心に」『レヴァイアサン』45：68－86.
伊藤大一．1980.『現代日本官僚制の分析』東京大学出版会.
伊藤光利．1990.「地方政府構造と二元代表制」『名古屋市立大学教養部紀要 人文社会研究』34：150－114.
伊藤光利編．2009.『変革期における中央－地方関係の総合的解明』平成18年度－平成20年度科学研究費補助金（基盤研究Ｂ）成果報告書，CD-ROM.
今井照．2008.『「平成大合併」の政治学』公人社.
今井照・柏村秀一．2009.「市町村合併期の政策主体間関係の変化について—福島県内の市町村議会議員意識調査」『自治総研』369：1－25.
今村都南雄．2005.「ガバナンス改革と外部委託」『法学新報』111：41－62.
石上泰州．2003.「第15回統一地方選挙の分析—『脱政党』と無投票当選」『選挙学会紀要』1：5－20.
岩崎正洋．2008.「今なぜガバナンスについて論じるのか—政治学の立場から」日本大学法学部政経研究所編『国家と市場をめぐるガバナンスの研究：国家をめぐるガバナンス・市場を巡るガバナンス報告書』日本大学法学部政経研究所：1－10.
上神貴佳．2008.『地方政治家の肖像—2006年岩手県釜石市議会議員インタビュー記録』東京大学社会科学研究所.
牛山久仁彦．2002.「自治体のNPO政策」山本啓・雨宮孝子・新川達郎編『NPOと法・行政』ミネルヴァ書房：212－233.
牛山久仁彦．2007.「住民と行政の『協働』を考える—『協働』をめぐる議論の整理と今後の課題」『季刊行政管理研究』119：15－22.
後房雄．2009.『NPOは公共サービスを担えるか—次の10年への課題と戦略』法律文化社.
内海麻利．2007.「まちづくり条例の動向と論点」『自治実務セミナー』46（4）：30－37.
浦安市．2006.「第2期（平成20～29年）基本計画策定浦安市民会議準備会報告書」．(http://www.challenge-urayasu.jp/prep.html, 2009年8月5日最終閲覧)
浦安市．2008.「答申にあたって」．(http://www.city.urayasu.chiba.jp/menu1223.html, 2009年8月5日最終閲覧)
浦安市．2009.『住みがいのあるまち 浦安をめざして—第2期基本計画策定浦安市民会議活動報告書』.
江藤俊昭．2004.『協働型議会の構想—ローカル・ガバナンス構築のための一手法』信山社.
江藤俊昭．2009a.「日本の地方自治制度における二元代表制—地方行政から地方政

治へ」『法学新報』115（9・10）：185-229.
江藤俊昭．2009b．「地方分権時代の議会事務局の現状と課題─『議会事務局職員調査』を素材として」『山梨学院大学法学論集』63：9-41.
大塚祚保．1978．「自治体における民間委託の論理」『都市問題』69（2）：64-77.
大野伸夫．2009．「基本計画策定プロセスにおける市民参加」村松岐夫・稲継裕昭・財団法人日本都市センター編『分権改革は都市行政機構を変えたか』第一法規：205-215.
大森彌．2006．「地方制度調査会答申と地方議会の充実強化」『都市問題』97（4）：25-29.
大森彌編著．2000．『分権時代の首長と議会─優勝劣敗の代表機関』ぎょうせい．
大山耕輔．2002．『エネルギー・ガバナンスの行政学』慶應義塾大学出版会．
大山礼子．2002．「首長・議会・行政委員会」松下圭一・西尾勝・新藤宗幸編『自治体の構想 4 機構』岩波書店：21-39.
小田川正良．1982．「『都市における事務事業の外部委託の課題』（地方自治協会報告書）について」『地方自治』420：30-46.
片岡正昭．1994．『知事職をめぐる官僚と政治家─自民党内の候補者選考政治』木鐸社．
加藤幸雄．2008．『市町村議会の常識─「知らなかった」ではすまされない』自治体研究社．
加藤富子．1985．『都市型自治への転換─政策形成と住民参加の新方向』ぎょうせい．
金井利之．2006．「自治基本条例（上）」『月刊 自治フォーラム』560：47-51.
金井利之．2007．「行政改革（1）」『月刊 自治フォーラム』571：40-43.
河村和徳．1996．「議員定数削減に関する計量分析」『法学政治学論究』29：391-413.
河村和徳．2001．「首長選挙における政党の役割─相乗り型選挙を手がかりとして」『都市問題』92（10）：27-37.
河村和徳．2008a．「地方議会の定数を巡る一考察─『地区割り』『地区推薦』の視点から」『公共選択の研究』50：26-33.
河村和徳．2008b．『現代日本の地方選挙と住民意識』慶應義塾大学出版会．
関西社会経済研究所．2006．「自治体経営改革の自己診断2006：自己評価に基づく組織運営（ガバナンス）評価」（http://www.kiser.or.jp/research/project/061016_jititai.html，2009年5月25日最終閲覧）
北原鉄也．1989．「地方自治体におけるアクターの意識・行動にみる地方自治の現状」『都市問題』80（9）：27-45.
北村亘．2006．「中央官庁の地方自治観」村松岐夫・久米郁男編『日本政治 変動の30年─政治家・官僚・団体調査に見る構造変容』東洋経済新報社：199-222.
金宗郁．2005．「日本における政策パフォーマンスと自治体組織規範」小林良彰編

『地方自治体をめぐる市民意識の動態』慶應義塾大学出版会：179-199.
金宗郁．2008．「行政改革に対する職員意識」小林良彰・中谷美穂・金宗郁『地方分権時代の市民社会』慶應義塾大学出版会：149-175.
金宗郁．2008a．「地方分権に対する職員意識」小林良彰・中谷美穂・金宗郁『地方分権時代の市民社会』慶應義塾大学出版会：177-202.
金宗郁．2008b．『地方分権時代の自治体官僚』木鐸社．
久保慶明．2009．「市区町村職員と諸集団の接触」辻中豊・伊藤修一郎編『市民社会構造とガバナンス総合研究——全国自治体（市区町村）調査報告書』筑波大学：175-205.
久保慶明．2010．「ローカルレベルの利益団体の存立・行動様式」辻中豊・森裕城編『現代社会集団の政治機能——利益団体と市民社会』木鐸社．
熊谷智義・広田純一．2001．「市町村総合計画における住民参加システムの評価——岩手県田野畑村と胆沢町の事例」『農村計画論文集』3：247-252.
黒田展之編．1984．『現代日本の地方政治家——地方議員の背景と行動』法律文化社．
クロダ・ヤスマサ（秋元律郎・小林宏一訳）．1976．『地方都市の権力構造』勁草書房．
経済企画庁国民生活局編．1999．『新国民生活指標』大蔵省印刷局．
小池治．2007．「政府部門の近代化と公務員管理——カナダを中心とした国際比較から見た日本の課題」ESRI Discussion Paper Series 179.
河野勝編．2006．『制度からガバナンスへ——社会科学における知の交差』東京大学出版会．
国民生活審議会編．1979．『新版社会指標——暮らし良さのものさし』大蔵省印刷局．
小田切康彦・新川達郎．2007．「NPOとの協働における自治体職員の意識に関する研究」『同志社政策科学研究』9（2）：91-102.
小林良彰・中谷美穂・金宗郁．2008a．『地方分権時代の市民社会』慶應義塾大学出版会．
小林良彰・中谷美穂・金宗郁．2008b．「地方分権時代の職員意識」小林良彰・中谷美穂・金宗郁『地方分権時代の市民社会』慶應義塾大学出版会：121-148.
小林良彰・名取良太・金宗郁．2002-2003．「事業別自治体財政需要（50）-（56）：『FAUIプロジェクト』報告書（1）-（7）」『地方財務』572：167-184；574：232-249；576：92-106；578：222-241；580：141-153；582：65-89；584：207-224.
小林良彰・名取良太・中谷美穂・金宗郁．2002．「事業別自治体財政需要 2001年度日米韓国際FAUIプロジェクト報告書（1）住民参加と情報公開」『地方財務』572：167-184.
小林良彰・新川達郎・佐々木信夫・桑原英明．1987．『アンケートに見る地方政府の現実：政策決定の主役たち』学陽書房．

近藤康史．2008．『個人の連帯―「第三の道」以後の社会民主主義』勁草書房．
坂本治也．2005．「地方政府を機能させるもの？―ソーシャル・キャピタルからシビック・パワーへ」『公共政策研究』5：141-153．
佐々木信夫．2004．「協働型まちづくりの新たな展開―市民と行政の新しい関係」『月刊　自治フォーラム』538：9-14．
佐藤徹．2005．「市民参加の基礎概念」佐藤徹・高橋秀行・増原直樹・森賢三『新説　市民参加』公人社．
佐藤徹・高橋秀行・増原直樹・森賢三．2005．『新説　市民参加』公人社．
佐藤竺．1980．「地方自治の問題状況」佐藤竺編著『地方自治の変動と政治』学陽書房：3-49．
自治大学校．2005．『自治体における政策の現状と政策形成過程に関する調査』．(http://www.soumu.go.jp/jitidai/tyousamokuji16.htm，2009年7月31日最終閲覧)
篠原一．1977．『市民参加』岩波書店．
篠原一．2004．『市民の政治学―討議的デモクラシーとは何か』岩波書店．
嶋田暁文．2003．「地方分権と現場改革」北村喜宣編『ポスト分権改革の条例法務―自治体現場は変わったか』ぎょうせい：93-106．
清水直樹．2009．「地方政府内部における行政部門の活動：市行政職員に対するサーベイ調査データによる分析」『政策科学』16巻特別号：7-26．
城山英明・鈴木寛・細野助博．1999．『中央省庁の政策形成過程―日本官僚制の解剖』中央大学出版部．
城山英明・細野助博．2002．『続・中央省庁の政策形成過程―その持続と変容』中央大学出版部．
神野直彦・澤井安勇編．2004．『ソーシャルガバナンス－新しい分権・市民社会の構図』東洋経済新報社．
勢籏了三．2007．『地方議会の政務調査費』学陽書房．
総務省．2004．「市区町村における事務の外部委託の実施状況(平成15年4月1日現在)」．(http://www.soumu.go.jp/iken/gai_itaku01.html，2009年6月30日最終閲覧)
総務省自治行政局．2004．『地方公共団体における事務の外部委託の実施状況調査』．
総務省自治行政局．2009．『地方公共団体における行政評価の取組状況』．
曽我謙悟．2004．「ゲーム理論から見た制度とガバナンス」『年報行政研究』39：87-109．
曽我謙悟．2006．「中央省庁の政策形成スタイル」村松岐夫・久米郁男編著『日本政治　変動の30年：政治家・官僚・団体調査に見る構造変容』東洋経済新報社：159-180．
曽我謙悟・待鳥聡史．2007．『日本の地方政治―二元代表制政府の政策選択』名古屋大学出版会．
曽我謙悟・待鳥聡史．2008．「政党再編期以降における地方政治の変動―知事類型と

会派議席率に見る緩やかな二大政党化」『選挙研究』24（1）：5-15.
高橋尚也. 2007.「住民との『協働』に関わる自治体職員の意識に関する探索的検討」『産業・組織心理学研究』20（2）：53-64.
高寄昇三. 1981.『地方政治の保守と革新』勁草書房.
田口富久治. 1961.「県政・党派・インタレスト―秋田県のケース・スタディ（一）」『政経論叢』30（5）：1-35.
武智秀之編. 2004.『都市政府とガバナンス』中央大学出版部.
田中敬文. 2002.「NPOと行政とのパートナーシップ」山本啓・雨宮孝子・新川達郎編『NPOと法・行政』ミネルヴァ書房：184-211.
田中政彦. 1993.「地方議会の定数」西尾勝・岩崎忠夫編『地方政治と議会』ぎょうせい：59-73.
田中弥生. 2006.『NPOが自立する日：行政の下請け化に未来はない』日本評論社.
谷聖美. 1987.「市町村議会議員の対国会議員関係―保守系議員に力点をおいて」『岡山大学法学会雑誌』36（3・4）：769-841.
谷口吉光・堀田恭子・湯浅陽一. 2000.「地域リサイクル・システムにおける自治会の役割」『環境社会学研究』6：178-191.
地方自治経営学会. 1995.『公立と民間とのコスト比較―全国延482自治体からの報告とその分析』.
地方自治研究資料センター. 1979.『自治体における政策形成の政治行政力学』ぎょうせい.
地方自治研究資料センター. 1982.『都市化と議員・地域リーダーの役割行動』ぎょうせい.
地方自治総合研究所.『全国首長名簿』2007年版，2008年版.
辻中豊. 2000.「官僚制ネットワークの構造と変容：階統性ネットワークから情報ネットワークの深化へ」水口憲人・北原鉄也・真渕勝編著『変化をどう説明するか：行政篇』木鐸社：85-103.
辻中豊. 2002a.「世界政治学の文脈における市民社会，NGO研究」『レヴァイアサン』31：8-25.
辻中豊. 2002b.「日本における利益団体研究とJIGS調査の意義」辻中豊編『現代日本の市民社会・利益団体』木鐸社：37-62.
辻中豊編. 2002.『現代日本の市民社会・利益団体』木鐸社
辻中豊. 2009a.「はじめに」辻中豊・伊藤修一郎編『市民社会構造とガバナンス総合研究：全国自治体（市区町村）調査報告書』筑波大学：ⅰ-ⅵ.
辻中豊. 2009b.「日本の市民社会のマクロトレンド」辻中豊・伊藤修一郎編『市民社会構造とガバナンス総合研究　全国自治体（市区町村）調査報告書』筑波大学.
辻中豊編. 2009a.『市民社会構造とガバナンス総合研究　全国自治体（市区町村）調査コードブック』筑波大学.

辻中豊編．2009b．『第二次　団体の基礎構造に関する調査（日本全国・社会団体調査）コードブック』筑波大学．

辻中豊編．2009c．『特定非営利活動法人（NPO法人）に関する全国調査コードブック』筑波大学．

辻中豊編．2009d．『町内会・自治会など近隣住民組織に関する全国調査（全国集計）コードブック』筑波大学．

辻中豊・伊藤修一郎編．2009．『市民社会構造とガバナンス総合研究：全国自治体（市区町村）調査報告書』筑波大学．

辻中豊・濱本真輔．2009．「行政ネットワークにおける団体－諮問機関と天下りの分析から－」辻中豊・森裕城編『第二次団体の基礎構造に関する調査（日本全国・社会団体調査）報告書』筑波大学：261-288．

辻中豊・森裕城編．2009．『第二次団体の基礎構造に関する調査（日本全国・社会団体調査）報告書』筑波大学．

辻中豊・森裕城編．2010．『現代社会集団の政治機能』木鐸社．

辻中豊・崔宰栄・山本英弘・三輪博樹・大友貴史．2007．「日本の市民社会構造と政治参加－自治会，社会団体，NPOの全体像とその政治関与」『レヴァイアサン』41号：7-44．

辻中豊・R．ペッカネン・山本英弘．2009．『現代日本の自治会・町内会─第1回全国調査にみる自治力・ネットワーク・ガバナンス』木鐸社．

辻山幸宣・今井照・牛山久仁彦編．2007．『自治体選挙の30年』公人社．

辻山幸宣・三野靖編．2008．『自治体の政治と代表システム─第22回自治総研セミナーの記録』公人社．

辻陽．2008．「政界再編と地方議会会派─『系列』は生きているのか」『選挙研究』24（1）：16-31．

坪郷實．2006．「市民参加の新展開と自治体改革─市民社会を強くする方法」坪郷實編『参加ガバナンス─社会と組織の運営革新』日本評論社：31-53．

坪郷實編．2006．『参加ガバナンス─社会と組織の運営革新』日本評論社．

出口康彦．1981．「都市における外部委託の実施状況」『地方自治』403：23-46．

東京市政調査会研究部．1996．『都市議員の研究─全国市・区議会議員アンケート調査報告書』東京市政調査会．

内閣府編．2003．『ソーシャル・キャピタル─豊かな人間関係と市民活動の好循環を求めて』国立印刷局．

内閣府経済社会総合研究所．2006．「公務員数の国際比較に関する調査」研究会報告書等21．(http://www.esri.go.jp/jp/archive/hou/hou030/hou021.html)

中澤秀雄．2005．『住民投票運動とローカルレジーム─新潟県巻町と根源的民主主義の細道，1994-2004』ハーベスト社．

中谷美穂．2005．『日本における新しい市民意識─ニューポリティカル・カルチャー

の台頭』慶應義塾大学出版会.
中野実．1992．『現代日本の政策過程』東京大学出版会．
中道實．2006．「地方分権と地方政府の政策過程」青木康容編著『変動期社会の地方自治―現状と変化，そして展望』ナカニシヤ出版：3－22．
中邨章．2004．「行政，行政学と『ガバナンス』の三形態」『年報行政研究』39：2－25．
名取良太．2003．「補助金改革と地方の政治過程」『レヴァイアサン』33：77－110．
新川達郎．1997．「審議会・懇談会と自治体政策形成」『都市問題』88（1）：63－78．
新川達郎．2008．「公共性概念の再構築とローカルガバナンス」白石克孝・新川達郎編『参加と協働の地域公共政策開発システム』日本評論社：3－53．
西尾勝．2007．『地方分権改革』東京大学出版会．
西岡晋．2008．「パブリック・ガバナンスの多様化と発展」日本大学法学部政経研究所編『国家と市場をめぐるガバナンスの研究―国家をめぐるガバナンス・市場を巡るガバナンス報告書』日本大学法学部政経研究所：11－26．
西出優子・埴淵知哉．2005．「NPOとソーシャル・キャピタル―NPO法人の地域的分布とその規定要因」山内直人・伊吹英子編『日本のソーシャル・キャピタル』大阪大学大学院国際公共政策研究科NPO研究情報センター：5－18．
似田貝香門．1983．「自治体行政内部の意志決定とその社会過程」蓮見音彦編『地方自治体と市民生活』東京大学出版会：213－237．
似田貝香門．1990．「市民生活の地域諸集団」蓮見音彦・似田貝香門・矢澤澄子編『都市政策と地域形成：神戸市を対象に』東京大学出版会：111－153．
似田貝香門・蓮見音彦編．1993．『都市政策と市民生活―福山市を対象に』東京大学出版会．
日本経済新聞社・日経産業消費研究所．1998．『行政革新―検証・行政サービスの民活導入度』．
日本経済新聞社・日経産業消費研究所．2006．『2006年（第5回）全国市区の行政比較調査データ集―行政革新度・行政サービス度』日経産業消費研究所．
日本都市センター．2005．『地方分権改革が都市自治体に与えた影響等に関する調査研究報告書』．
日本都市センター．2008．『分権型社会の都市行政と組織改革に関する調査研究―市役所内事務機構アンケート調査結果報告書』．
丹羽功．2007．「地方議会における議員定数の動向」『近畿大学法学』55（2）：65－93．
野口悠紀雄・新村保子・竹下正俊・金森俊樹・高橋俊之．1978．「地方財政における意思決定の分析」『経済分析』71：1－190．
羽貝正美編．2007．『自治と参加・協働―ローカル・ガバナンスの再構築』学芸出

版社．

蓮見音彦・似田貝香門・矢澤澄子編．1990．『都市政策と地域形成─神戸市を対象に』東京大学出版会．

蓮見音彦編．1983．『地方自治体と市民生活』東京大学出版会．

蓮見音彦・町村敬志・似田貝香門．1983．「地域政策と都市の社会的編成」蓮見音彦編『地方自治体と市民生活』東京大学出版会：415-459．

初村尤而．2006．「都市における地域自治の試み─川崎・浜松・堺」岡田知弘・石崎誠也編『地域自治組織と住民自治』自治体研究社：201-234．

濱本真輔．2009．「地方政治の状況」辻中豊・伊藤修一郎編『市民社会構造とガバナンス総合研究─全国自治体（市区町村）調査報告書』筑波大学：67-77．

林建志．2003．「市民参加先進都市を目指す京都市の取組み─市民参加検討プロジェクトチーム報告書を中心に」村松岐夫・稲継裕昭編『包括的地方自治ガバナンス改革』東洋経済新報社：237-252．

林正義．2002．「地方自治体の最小効率規模：地方公共サービス供給における規模の経済と混雑効果」『フィナンシャル・レビュー』61：59-89．

平岡義和・高橋和宏．1987．「地域経済類型と地域権力構造」『総合都市研究』31：55-70．

平野隆之．2007．「地域福祉計画の系譜─地域福祉実践としての地域福祉計画」牧里毎治・野口定久編『協働と参加の地域福祉計画─福祉コミュニティの形成に向けて』ミネルヴァ書房：2-15．

藤島光雄．2008．「住民投票条例に関する一考察」『阪大法学』58（2）：469-493．

前田幸男．1995．「連合政権構想と知事選挙─革新自治体から総与党化へ」『國家學會雜誌』108（11・12）：1329-1390．

松原聡．1999．「外部委託をどう考えるか」『地方財務』541：15-23．

真渕勝．1998．「静かな予算編成─自民党単独政権末期の政治過程」『レヴァイアサン』臨時増刊号98冬：44-56．

宮川公男・山本清．2002．『パブリック・ガバナンス─改革と戦略』日本経済評論社．

三宅一郎．1990．『政治参加と投票行動─大都市住民の政治生活』ミネルヴァ書房．

宮崎伸光．1997．「公共サービスの民間委託」今村都南雄編『公共サービスと民間委託』敬文堂：47-86．

村上弘．1995．「相乗り型無所属首長の形成要因と意味─国際比較を手がかりに」『年報行政研究』：14-35．

村上弘．1996．「ドイツと日本の市町村議会─選挙制度，政党化，社会的代表性」『立命館法学』245：311-346．

村松岐夫．1981．『戦後日本の官僚制』東洋経済新報社．

村松岐夫．1988．『地方自治』東京大学出版会．

村松岐夫．1994．『日本の行政―活動型官僚制の変貌』中公新書．
村松岐夫．2006．「官僚制の活動の後退と中立化」『学習院大学法学会雑誌』41（2）：47－92．
村松岐夫．2009．「市長の諸改革評価における対立軸」村松岐夫・稲継裕昭・財団法人日本都市センター編『分権改革は都市行政機構を変えたか』第一法規：3－18．
村松岐夫・伊藤光利．1986．『地方議員の研究―「日本的政治風土」の主役たち』日本経済新聞社．
村松岐夫・伊藤光利・辻中豊．1986．『戦後日本の圧力団体』東洋経済新報社．
目黒克幸．2003．「IDAにおける国別政策・制度評価（CPIA）とPerformance-Based Allocation制度」『開発金融研究所報』17：106－115．
森田朗．2006．『会議の政治学』慈学社
森裕亮．2001．「わが国における自治体行政と地域住民組織（町内会）の現状」『同志社政策科学研究』3：315－332．
森裕亮．2008．「パートナーシップの現実―地方政府・地縁組織間関係と行政協力制度の課題」『年報行政研究』43：315－322．
柳至．2009．「制度やサービスの実施状況」辻中豊・伊藤修一郎編『市民社会構造とガバナンス総合研究―全国自治体（市区町村）調査報告書』筑波大学：93－119．
山内直人・伊吹英子編．2005．『日本のソーシャル・キャピタル』大阪大学NPO研究情報センター．
山口定．2004．『市民社会論―歴史的遺産と新展開』有斐閣．
山本啓．2004．「公共サービスとコミュニティ・ガバナンス」武智秀之編『都市政府とガバナンス』中央大学出版部：101－125．
山本啓．2008．「ローカル・ガバナンスと公民パートナーシップ―ガバメントとガバナンスの相補性」山本啓編著『ローカル・ガバメントとローカル・ガバナンス』法政大学出版局：1－34．
山本啓編．2008．『ローカルガバメントとローカルガバナンス』法政大学出版局．
横山麻季子．2006．「評価による行政サービスの向上」『日本評価研究』6（2）：59－71．
吉田秀和．2009．「市区町村と諸団体との接触・職員意識」辻中豊・伊藤修一郎編『市民社会構造とガバナンス総合研究―全国自治体（市区町村）調査報告書』筑波大学：143－173．
寄本勝美．1986．「四極構造による政治化―革新自治体のディレンマ」大森彌・佐藤誠三郎編『日本の地方政府』東京大学出版会：181－207．
寄本勝美．2009．『リサイクル政策の形成と市民参加』有斐閣．
寄本勝美・下条美智彦編．1981．『自治体職員の意識構造』学陽書房．
依田博．1995．「地方政治家と政党」『年報行政研究』：1－13．

和気康太．2007．「地域福祉（支援）計画の全国動向とその課題―市町村地域福祉計画の全国動向とその課題」牧里毎治・野口定久編『協働と参加の地域福祉計画―福祉コミュニティの形成に向けて』ミネルヴァ書房：132-149．

Andrews, K. T. and B. Edwards, 2004. "Advocacy Organizations in the U.S. Political Process," *Annual Review of Sociology*, 30: 479-506.

Arnstein, Sherry R. 1969. 'A Ladder of Citizen Participation,' *Journal of the American Institute of Planners*, 35(4): 216-224.

Boix, Carles and Daniel N. Posner. 1998. 'Social Capital: Explaining its Origins and Effects on Government Performance,' *British Journal of Political Science*, 28(4): 686-693.

Bohrnstedt, George W. and David Knoke. 1998. *Statistics for Social Data Analysis, 2nd ed*. Ithaca, IL F. E. Peacock Publishers.（海野道郎・中村隆監訳．1999．『社会統計学―社会調査のためのデータ分析入門』ハーベスト社．）

Dahl, Robert. 1961. *Who Governs?: Democracy and Power in an American City*. New Haven, CT: Yale University Press.（河村望・高橋和宏監訳．1988．『統治するのはだれか：アメリカの一都市における民主主義と権力』行人社．）

Duverger, Maurice. 1954. *Les partis politiques*. Paris: Colin.（岡野加穂留訳．1970．『政党社会学―現代政党の組織と活動―』潮出版社．）

Elkin, Stephen L. 1987. *City and Regime in the American Republic*. Chicago, IL: University of Chicago Press.

Government Accountability Office. 2005. *Performance Measurement and Evaluation: Definitions and Relationships*. Washington, DC: Government Accountability Office.

Halachmi, Arie and Geert Bouckaert. eds. 1996. *Organizational performance and measurement in the public sector: Toward service, effort, and accomplishment reporting*. Westport, CT: Quorum Books.

Hatry, Harry P. 1999. *Performance Measurement: Getting Results*. Washington, DC: Urban Institute Press.

Hirst, Paul. 2000. 'Democracy and Governance,' in Jon Pierre ed. *Debating Governance: Authority, Steering, and Democracy*. Oxford: Oxford University Press, 13-35.

Hunter, Floyd. 1953. *Community Power Structure: A Study of Decision Makers*. Chapel Hill, NC: The University of North Carolina Press.（鈴木広監訳．1998．『コミュニティの権力構造』恒星社厚生閣．）

Kaufmann, Daniel and Massimo Mastruzzi. 2003. *Governance matters III: Governance indicators for 1996-2002* (World Bank Working Paper 3106). Washington, DC: World Bank.

Kickert, Walter J. M. 1997. 'Public Governance in the Netherlands: An Alternative to Anglo-American 'Managerialism', *Public Administration*, 75(4): 731-752.

Kickert, Walter J. M., Erik-Hans Klijn, and Joop Koppenjan. F. M. 1997. 'Managing Networks in the Public Sector: Findings and Reflections,' in W. J. M. Kickert, E. Klijn and J. F. M. Koppenjan eds. *Managing Complex Networks: Strategies for the Public Sector.* Thousand Oaks, CA: Sage.

Knack, Stephen. 2002. "Social Capital and the Quality of Government: Evidence from the States," *American Journal of Political Science*, 46(4): 772-785.

Knack, Stephen and Philip Keefer. 1995. 'Institutions and Economic Performance: Cross-country Tests Using Alternative Institutional Measures,' *Economics and Politics*, 7(3): 207-228.

Kooiman, Jan. 2000. 'Societal Governance: Levels, Modes, and Orders of Social-Political Interaction,' in Jon Pierre ed. *Debating Governance: Authority, Steering, and Democracy.* Oxford: Oxford University Press, 138-164.

Kooiman, Jan. 2003. *Governing as Governance.* London: Sage.

Mayne, Jhon and Eduardo Zapico-Goni. eds. 1997. *Monitoring performance in the public sector: Future directions from international experience.* New Brunswick, NJ: Transaction.

McDavid, James C. and Laura R. L. Hawthorn. 2005. *Program Evaluation and Performance Measurement: An Introduction to Practice.* Thousand Oaks, CA: Sage.

Morley, Elaine, Scott P. Bryant, and Harry P. Hatry. 2001. *Comparative performance measurement.* Washington, DC: Urban Institute Press.

Newton, Kenneth and Norris Pippa. 2000. 'Confidence in Public Institutions: Faith, Culture or Performance?,' in Susan J. Pharr and R. D. Putnam eds. *Disaffected Democracies: What's Troubling the Trilateral Countries?* Princeton, NJ: Princeton University Press.

Nishide, Yuko. 2009. *Social Capital and Civil Society in Japan.* Sendai: Tohoku University Press.

OECD. 2005. *Modernising Government: The Way Forward.* Paris: OECD.（平井文三訳．2006．『世界の行政改革—21世紀型政府のグローバル・スタンダード』明石書店．）

Osborne, David E. and Ted Gaebler. 1992. *Reinventing Government: How the Entrepreneurial Spirit is Transforming the Public Sector.* Reading, MA: Addison-Wesley Pub. Co.（高地高司訳．1995．『行政革命』日本能率協会マネジメントセンター．）

Pekkanen, Robert J. 2006. *Japan's Dual Civil Society: Members without Advocates.* Stanford, CA: Stanford University Press.（佐々田博教訳．2008．『日本における市民社会の二重構造』木鐸社．）

Peters, B. Guy. 2000. 'Governance and Comparative Politics,' in Jon Pierre ed. *Debating Governance: Authority, Steering, and Democracy.* Oxford: Oxford University Press, 36-53.

Pierre, Jon. 2000. 'Introduction: Understanding Governance,' in Jon Pierre ed. *Debating Governance: Authority, Steering, and Democracy.* Oxford: Oxford University Press, 1-10.

Pierre, Jon and B. Guy Peters. 2000. *Governance, Politics and the State.* Basingstoke: Macmillan.

Putnam, Robert D. 1993. *Making Democracy Work: Civic Traditions in Modern Italy.* Princeton, NJ: Princeton University Press.(河田潤一訳．2001．『哲学する民主主義―伝統と改革の市民的構造』NTT 出版)

Putnam, Robert D. 1995. 'Bowling Alone: America's Declining Social Capital', *Journal of Democracy*, 6(1): 65-78.

Putnam, Robert D. 2000. *Bowling Alone: The Collapse and Revival of American Community,* New York: Simon & Schuster.（柴内康文訳．2006．『孤独なボウリング―米国コミュニティの崩壊と再生』柏書房．)

Reed, Stephen R. 1986. *Japanese Prefectures and Policymaking.* Pittsburgh, PA: University of Pittsburgh Press.（森田朗・西尾隆・新川達郎・小池治訳．1990．『日本の政府間関係：都道府県の政策決定』木鐸社．）

Read, Benjamin L. with Robert Pekkanen. 2009. *Local Organizations and Urban Governance in East and Southeast Asia: Straddling State and Society,* New York: Routledge.

Rhodes, R. A. W. 1996. 'The New Governance: Governing without Government,' *Political Studies*, 44: 652-667.

Rhodes, R. A. W. 1997. *Understanding Governance: Policy Networks, Governance, Reflexivity and Accountability.* Philadelphia, PA: Open University Press.

Rhodes, R. A. W. 2000. 'Governance and Public Administration,' in J. Pierre ed. *Debating Governance: Authority, Steering, and Democracy.* Oxford: Oxford University Press, 54-90.

Salamon, Lester M. 1981.'Rethinking Public Management: Third-Party Government and the Changing Forms of Public Action,' *Public Policy*, 29(3): 255-275.

Schwartz, Frank J. 2003. "What is Civil Society," in Schwartz, Frank J. and Susan J. Pharr eds. *The State of Civil Society in Japan*, MA: Cambridge University Press.

Stone, Clarence N. 1989. *Regime Politics: Governing Atlanta, 1946-1988.* Lawrence, KS: University Press of Kansas.

Tsujinaka, Yutaka. 2003. 'From Developmentalism to Maturity: Japan's Civil Society Organizations in Comparative Perspective,' Frank J. Schwartz and Susan J. Pharr eds. *The State of Civil Society in Japan.* Cambridge: Cambridge University Press: 83-115.

Tsujinaka, Yutaka. 2009. "Civil Society and Social Capital in Japan," in Anheier, Helmut and Stefan Toepler, eds. *International Encyclopedia of Civil Society.* Springer.

付録：4部署における調査票の構成

分類	質問項目	市民活動	環境	福祉	産業振興
A）回答者の属性	回答者の属性（部署名、役職、在籍期間）	Q1	Q1	Q1	Q1
B）住民自治	自治会に関する条例・要綱	Q2			
	自治会よりも大きな住民自治組織	Q3			
	自治会への業務委託	Q4			
	自治会への支援・施策	Q5			
	自治会等への補助金交付・資材提供先	Q6			
	自治会等と市町村の望ましい関係	Q7			
	自治会等の現状・今後についての意見	Q8			
C）行政サービスの状況	市民参加制度等への取り組み・導入年度	Q9			
	行政サービスへの取り組み	Q10			
	外部委託	Q11			
	財政政策への取り組み	Q12			
D）政治状況等	市町村合併	Q13			
	首長支持議員割合	Q14			
	首長への政党支援	Q15			
	革新首長経験	Q16			
	議会実議員定数、職員数など	Q17			
	議員割合	Q18			
	大企業の有無	Q19			
E）各種団体とのかかわり	NPO・市民団体との関わり	Q20	Q2	Q2	Q2
	諸団体との関係	Q21	Q3	Q3	Q3
	諸団体の参加	Q22	Q4	Q4	Q4
	自治会・NPO・諸団体との接触内容	Q23	Q5	Q5	Q5
	NPO・市民団体についての意見	Q25	Q6	Q6	Q6
	行政と団体の接触についての意見	Q26	Q7	Q7	Q7
F）政策形成	情報源		Q8	Q8	Q8
	接触の頻度		Q12	Q11	Q12
	接触の方向		Q13	Q12	Q13
	産業施設誘致・設置の際の手続き				Q9
	廃棄物収集・処理施策の立案・決定手続き	Q9			
	政策立案の際に時間をかける事柄		Q10	Q9	Q10
	政策執行の際に重視する事柄		Q11	Q10	Q11
	政策形成における各アクターの影響力	Q24	Q14	Q13	Q14
G）職員意識	地方自治・社会状況についての意見	Q27	Q16	Q15	Q16
	市民参加の望ましい方法	Q28	Q15	Q14	Q15

Abstract
Local Governance: Local government and Civil Society
Eds. by Yutaka Tsujinaka and Shuichiro Ito

The aim of this book is to empirically grasp the local governance in Japan, based on a nation-wide survey of basic local governments (cities, wards, towns, and villages). As the issue facing governance, in the modern welfare state, it has become difficult for administrative organizations to solely bear the responsibility for providing public services. Instead, the range of diverse participating actors has broadened to include companies, NPOs, citizens' organizations, service recipients, and service recipient organizations. In particular, this book focuses on civil society organizations, including neighborhood associations, NPOs, and civic groups, and analyzes how these types of organizations participate in the policy process in local government as well as their function as stakeholders in governance. In addition, it also delves into the question of whether results can be determined through the participation of such organizations.

The results of this analysis can be summarized as follows.

First, in terms of actor in influencing the policy process, naturally, there is a strong sense of presence of political and administrative actors in the internal system of local government. And, to this end, the hierarchy involving related organizations and upper-level government is being maintained. However, at the same time, it is clear that various civil society actors (mainly in urban areas) participate in the policy process not only as recipients of services but are also involved as leading stakeholders. The participation of civil society organizations in the policy process has broadened. In response to reductions in the number of representative assembly members mainly involving small-scale municipalities, inroads have been made by civil society organizations to compensate for this, and there has been an expansion in outsourcing administrative operations. Generally speaking, through such features as positive attitudes held by the administrative personnel towards contact with civil society, we can see a continuous shift from "government" to "governance."

Second, regarding interaction among the main actors, through the results of approaching from the twin perspectives of new administrative systems and dynamic involvement in encounters with administration, both forms encourage participation of civil society organizations. As such, the effects of a trend towards strengthening influence can be perceived. In addition, the function of local assemblies is also related to the participation of civil society organizations, and the placement of mechanisms to regulate local executives and administration, as well as promote the participation of civil society organization has also been observed. More specifically, through the system and dynamic mutual interaction, the participation of civil society has been promoted and its influence has strengthened. The results are that the personnel from local administrations have come to highly value the relevant actors, and a cycle has been revealed in that as continuous contact has increased, the system of encouraging participation has been further strengthened. One particular contribution of this book is the empirical clarification of this realignment mechanism of governance.

Third, the realignment of governance has transformed the consciousness of local government personnel with regard to decentralization, participation, and efficiency. In addition, governance that incorporates participation in local government and the added consciousness of the personnel concerning the regulatory mechanism has produced a significant difference in the level of fulfillment of local government services. Fair government and high standards of service in themselves are collective benefits and public goods for local communities. That is, when governance undergoes realignment, through the function of the regulatory mechanism that promotes participation and the changes of positive consciousness in the personnel, it is possible to confirm the realization of the collective benefits of improved standards in services.

索引

ア行

アカウンタビリティ 25
アドボカシー 12
アドボカシーなき参加 226
一般事務 80-85
浦安市市民会議 103-106
影響力 34, 126-127, 159-164
（影響力）構造 34, 51-55, 61-62, 207-208
政策執行段階での（影響力） 71-75
最大（影響力） 64-68
エージェント（代理人） 26, 29-32, 33-36, 39-40, 76, 92, 111, 118-119, 121-124, 212, 218, 226
NPO・市民団体 45-46, 49, 87-88, 89-91, 107-109, 181-183, 206-207, 224
NPM 24, 28

カ行

階統性 →ヒエラルキー
外部効果 26, 31
外部委託 34, 44, 77-79, 194-195, 196-197, 209-210
（外部委託）先 81-83
（外部委託の）業務内容 83-85
革新首長 88-89
舵取り 27
ガバナンス
　──意識 169-177, 213-215
　ガバメントから──へ 22, 32, 77, 92, 129
　広義の── 215
　河野の── 26
　──の開放度 36
　──の効果 36-37
　──の定義 23
　──のパフォーマンス 26, 29, 205
　ハーストの── 21
　ローカル・── 19, 68, 75, 112, 129, 218-220
　ローズの── 20, 78

ガバメント（国家，政府） 22
議員定数 133-139
　──の削減率 134-135
議会
　──の議席率 151-153
　──事務局 142-145
　地方議会改革 132
　──の機能 131-133
　──の透明性 139-142
　──類型 153-155
協働 92, 95, 129
協働型議会 131
行政革新度 191-192, 199
行政サービス度 191-192, 199
行政評価 44, 194
業務委託 →外部委託
規律付け 26, 34-36, 95, 110, 147, 166
首長選挙 155-159
グローバリゼーション 22
計画策定 43
権限委譲 23
公共サービス 11-12, 78
国家中心アプローチ →道具的アプローチ
国家の空洞化 21, 129
国家－社会関係の再編成 23
ごみ収集 43, 80-85

サ行

サービス 19, 31-32
サービス充実度 195-196, 215-218
最大動員システム 224
形式的（参加） 76
実質的（参加） 76
自己組織的 220
施設運営事務 80-85
下請け 30, 76, 225
自治会・町内会 44, 49, 82-83, 120, 136, 178-181, 224
自治基本条例 35, 101
市町村合併 47, 115, 117

市民意識調査　101
市民参加　138-141, 177-178, 193, 206-207
市民社会　9-12
市民社会組織　12, 33-34, 39, 68-76, 121-124
社会中心アプローチ　→国家中心アプローチ
社会福祉法人　83
集合的利益　23
首長選挙　154-155
住民投票条例　101
職員意識　168
情報源　124-125, 129
情報公開　193-194
情報公開条例　35, 100
条例定数制度　134
審議会・懇談会　41, 54, 64-71, 75-76, 101, 105, 225-226
水平的政治競争モデル　148
ステイクホルダー（利害関係者）　26, 29-32, 33-36, 39-40, 75-76, 92, 110, 111, 118-124, 212, 218, 226
政策アウトプット　190
政策波及　96, 99-100
政策受益団体　43
政務調査費　142-145
相互行為アプローチ　24-25, 37, 220
双方向接触　120
ソーシャル・キャピタル（社会関係資本）　31, 39, 11

タ行

地域権力構造　60
地域福祉計画　43, 174
地区割り　136
地方分権　102-103, 110

透明度　197
道具的アプローチ　23, 37, 220

ナ行

ネットワーク　111, 113-115, 117-118, 120, 124, 127-129
　——の開放性と双方向性　111, 120, 127
　——の活性化　120

ハ行

パートナーシップ　28, 78-79, 92, 95
パブリック・コメント　35, 101
パフォーマンス　189-191
バランスシート　195
PFI　195
ヒエラルキー（ハイアラキー，階統的）　23, 29, 211, 219
非ゼロサム的関係　224
福祉国家　19
福祉団体　120, 129
プリンシパル（本人）　27, 29-30

マ行

まちづくり条例　99, 101
無所属（無党派）議員　150-153
モニター制度　101
モニタリング　44

ヤ行

役員　70-73, 75-76

ラ行

リソース　86-87

著者略歴

辻中　豊（つじなか　ゆたか）
1954年　大阪府生まれ
1981年　大阪大学大学院法学研究科単位取得退学，京都大学博士（法学）
現　在　筑波大学大学院人文社会科学研究科教授
主要著書・論文　『利益集団』東京大学出版会，1988年，『現代日本の市民社会・利益団体』木鐸社，2002年，"From Developmentalism to Maturity: Japan's Civil Society Organizations in Comparative Perspective," in Frank J. Schwartz and Susan J. Pharr eds. *The State of Civil Society in Japan*, Cambridge University Press, 2003

伊藤修一郎（いとう　しゅういちろう）
1960年　神奈川県生まれ
2000年　慶應義塾大学大学院政策・メディア研究科博士後期課程修了，博士（政策・メディア），MPA（ハーバード大学）
現　在　筑波大学大学院人文社会科学研究科教授
主要著書・論文　『自治体政策過程の動態』慶應義塾大学出版会，2002年，『自治体発の政策革新』木鐸社，2006年，「自治体政策過程における相互参照経路を探る」『年報公共政策研究』3号，2003年

久保慶明（くぼ　よしあき）
1983年　栃木県生まれ
現　在　筑波大学大学院人文社会科学研究科博士課程
主要著書・論文　「地方政治の対立軸と知事－議会間関係：神奈川県水源環境保全税を事例として」日本選挙学会年報『選挙研究』25（1），2009年，「ローカル団体の存立・行動様式」辻中豊・森裕城編『現代社会集団の政治機能：利益団体と市民社会』木鐸社，2010年

近藤康史（こんどう　やすし）
1973年　愛知県生まれ
2000年　名古屋大学大学院法学研究科博士後期課程修了，博士（法学）
現　在　筑波大学大学院人文社会科学研究科准教授
主要著書・論文　『左派の挑戦』木鐸社，2001年，『個人の連帯』勁草書房，2008年，「比較政治学における『アイディア』の政治」『年報政治学』木鐸社，2007年

濱本真輔（はまもと　しんすけ）
1982年　兵庫県生まれ
2009年　筑波大学大学院人文社会科学研究科博士課程修了，博士（政治学）
現　在　日本学術振興会特別研究員
主要著書・論文　「選挙制度改革と自民党議員の政策選好」『レヴァイアサン』2007年，「選挙制度と議員の選挙区活動」『日本政治研究』2008年，「小選挙区比例代表並立制の存立基盤」日本政治学会編『年報政治学　2009－Ⅰ』2009年

柳　至（やなぎ　いたる）
1983年　山口県生まれ
現　在　筑波大学大学院人文社会科学研究科博士後期課程
主要著書・論文　『地方自治体における政策廃止の過程』筑波大学大学院人文社会科学研究科修士論文

山本英弘（やまもと　ひでひろ）
1976年　北海道生まれ
2003年　東北大学大学院文学研究科博士課程修了，博士（文学）
現　在　山形大学地域教育文化学部専任講師
主要著書・論文　「社会運動の発生と政治的機会構造」数土直紀・今田高俊編『数理社会学入門』（所収）勁草書房，2005年，「ローカル・ガバナンスによる問題解決」土場学・篠木幹子編『個人と社会の相克』（所収）ミネルヴァ書房，2008年，『現代日本の自治会・町内会』（共著），2009年

横山麻季子（よこやま　まきこ）
1976年　東京都生まれ
2007年　筑波大学大学院人文社会科学研究科博士後期課程単位取得退学
現　在　北九州市立大学法学部政策科学科准教授
主要著書・論文　「評価による行政サービスの向上」『日本評価研究』6（2），2006年，"Evaluation Systems and Changes in Local Government Personnel Consciousness" Japanese Journal of Evaluation Studies, 8(2), 2008 年，"Evaluation Systems in Local Government: Are Evaluation Systems Useful Tools of Administrative Reform?" Interdisciplinary Information Sciences, 15(2), 2009 年

ローカル・ガバナンス
―地方政府と市民社会―

2010年3月20日第1版第1刷 印刷発行 ⓒ

編著者　辻中　豊
　　　　伊藤　修一郎

発行者　坂口　節子

発行所　㈲　木鐸社（ぼくたくしゃ）

印刷　アテネ社　製本　高地製本所

編著者との了解により検印省略

〒112-0002 東京都文京区小石川 5-11-15-302
電話（03）3814-4195番　FAX（03）3814-4196番
振替 00100-5-126746　http://www.bokutakusha.com

（乱丁・落丁本はお取替致します）

ISBN978-4-8332-2429-1　C3031

辻中豊（筑波大学）責任編集
現代市民社会叢書

各巻　A5判250頁　本体3000円＋税前後

本叢書の特徴：
　21世紀も早や10年を経過し，科学と技術進歩により，世界が否応なく一体化しつつあるのを我々は日々の生活の中で，実感している。それに伴って国家と社会・個人およびその関係のあり方も変わりつつあるといえよう。本叢書は主として社会のあり方に焦点を当てるものである。2006年9月〜2007年3月にわたって行われた日本で初めての全国調査「近隣住民組織」（以下自治会と総称）は，従来の研究の不備を決定的に改善するものである。本叢書はこの貴重なデータに基づき，多様な側面を多角的に分析し，日本の市民社会を比較の視座において捉える。

（1）辻中豊・ロバート・ペッカネン・山本英弘著

現代日本の自治会・町内会：
第一回全国調査にみる自治力・ネットワーク・ガバナンス

2009年10月刊

（2）辻中豊・森裕城編著

現代社会集団の政治機能：
利益団体と市民社会

2010年3月刊

（3）辻中豊・伊藤修一郎編著

ローカル・ガバナンス：
地方政府と市民社会

2010年3月刊

（4）辻中豊・坂本治也・山本英弘編著

2010年4月刊

現代日本の「NPO」政治

〔以下続刊〕

（5）小嶋華津子・辻中豊・伊藤修一郎

比較住民自治組織